KB151136

누구도 홀로
외롭게 병들지 않도록

누구도 홀로
외롭게 병들지 않도록

영국 사회를 뒤흔든
프롬 마을의
컴패션 프로젝트

줄리안 아벨·린지 클라크 지음

이지혜 옮김

남해의봄날 ◉

루스 보스웰과 피비 클레어 클라크를 추모하며,
캐롤린, 비윅, 서리스, 주드에게 드립니다.

컴패션은 도덕의 기초다.

* 아르투어 쇼펜하우어 *

친절한 행위는 아무리 사소하더라도

그냥 버려지는 법이 없다.

* 이솝 *

공감은 우리 내면에서 최선을 끌어내는 엔진이다.

* 메릴 스트립 *

가장 분명한 것은 간과하기 쉽다.

* 무명인 *

일러두기
이 책의 가장 중요한 단어인 컴패션(compassion)은 맥락에 따라
동정심, 연민, 인정, 측은지심 혹은 돕고 싶은 마음 등으로 번역할 수 있다.
다양한 의미를 함축하고 있어서 대부분은 '컴패션'으로 음역했다.

서문

이 글을 쓰기 두어 시간 전, 영국 전역에서 수천 명이 대문과 창문을 열어젖히고 그동안 고생한 의사, 간호사, 간병인, 의료 보조 직원에게 박수를 보냈다. 코로나19 바이러스의 확산에서 모두를 보호하고자 생명의 위협을 무릅쓴 채 일하는 의료진은 개인과 지역사회가 지닌 컴패션의 긍정적 힘을 보여 주는 생생한 본보기다. 이 책의 주제는 바로 컴패션이다.

이 책의 주요 내용을 집필한 것은 '코로나 바이러스'나 '사회적 거리 두기'라는 용어가 우리 생활에 파고들기 몇 달 전이었다. 이런 표현 이면에 자리 잡은 우울한 현실은 전 세계에 고통과 슬픔, 근심과 괴로움을 불러왔고, 우리가 누리던 평범한 일상을 망가뜨렸다. 이 유행병은 현 체제의 약점을 드러내며, 의료 서비스와 사회복지를 제공하고 유지하는 방식을 근본부터 바꾸어야 한다는 절박한 요구에 관심을 기울이도록 했다. 그런 변화가 추구해야 할 방향을 생각해 보는 것이 이 책의 진짜 목적이자 관심사로, 현재 겪고 있는 심각한 위기는 이러한 주제가 매우 시의적절하다는 우리의 확신에 무게를 실어 준다.

코로나 바이러스는 우리 생활 방식의 바탕을 이루는 여러 전제, 특히 인간에게 무엇도 대항할 수 없다는 자연 앞에서의 치기 어린 호언장담에 의문을 제기했다. 모든 사람이 감염에 취약하고, 그 누구도 생존을 장담할 수 없다. 이런 불안감이 인간 심리에 미치는 장기적인 영향은 아무도 예측할 수 없는 만큼 앞으로 심각한 문제가 될 것이다. 그러나 이 바이러스 덕분에 우리는 인류가 서로 얼마나 가까이 연결되어 있는지, 얼마나 깊이 의존하는지 확실히 깨달았다. 이는 이 위기의 시기에 우리가 의지할 수 있는 인류애와 '컴패션(compassion)'이라는 막대한 자원을 실감하게 해 주었다.

이 책은 삶의 모든 영역에 밀접하게 연결되어 큰 영향을 미치는 여러 문제에 관련해 누구에게나 언제든 도움의 손길이 필요할 수 있다고 주장하면서, 컴패션이라는 타고난 인간의 능력에 기초해 희망의 실례를 보여 주려 한다.

컴패션은 더 나은, 지속 가능한 삶의 방식에 확고한 토대가 되어 주는 가치다.

2020년 4월

들어가는 글

타인의 고통에 마음이 움직일 때
우리는 가장 인간답다

의료와 보건 분야에서 새롭고 효과적이며 긴급한 요구
가 대두하고 있다. 이 중요한 변화는 최근에 개발한 신약
이 아니라, 인류가 지닌 가장 귀중한 자산을 의료 분야에
적용함으로써 가능해졌는데, 그것은 다름 아닌 '컴패션의
힘'이다.

　　　사회적 질병이 유행병처럼 창궐하는 시기, 외로
움이라는 문제가 우리 사회의 허약한 심장에 잡음을 남
기고 국가 보건 의료 제도(National Health Service, 이하
NHS)가 전례 없는 압박에 시달리는 이때, 영국 서머싯의
작은 마을 프롬은 다른 길을 택했다. 프롬 메디컬 프랙티
스(Frome Medical Practice)는 두 여성 책임자 헬렌 킹스턴
박사와 제니 하트놀, 그리고 1000명이 넘는 커뮤니티 커넥
터와 세 곳의 이야기 카페, 남성 작업장과 여성 작업장, 합
창단, 10개가 넘는 공동 지원 그룹, 주민 2만 8000명이 함
께 어우러지는 색다른 접근법을 선택했고, 그 결과는 놀라
웠다. 전 세계 방송사와 정책 입안자, 전략가와 전문가의
시선이 이 작은 마을에 집중됐다.

　　　프롬 메디컬 프랙티스는 질병 퇴치에 중점을 두
는 의약품이 우리의 건강과 행복을 지켜 주는 것이 아니
라, 좋은 관계야말로 웰빙의 진정한 원천이라고 주장한다.

이러한 주장은 마을 공동체를 의료 체계의 중심으로 되돌려 놓았을 뿐 아니라, 응급실 입원 횟수를 현저히 낮추는 모델을 만들어 냈다. 어쩌면 컴패션이야말로 최고의 명약일지 모른다.

프롬이 특별해서가 아니라, 어느 마을에서나 실현 가능한 일이다. 당신이 사는 마을에서도 실행에 옮길 수 있다. 물론 프롬 주민 한 사람 한 사람도 컴패션이라는 단순하고도 강력한 힘을 지니고 태어났고, 그에 대한 이야깃거리를 가지고 있다. 그 힘이 알약 형태를 띠었다면 현대 의학의 신기술로 불렸을 것이다. 그러나 컴패션은 완전히 무료이며 다른 사람을 위해 시간을 내야겠다고 마음먹을 때 발휘되는 효과가 순진한 낙관론을 뛰어넘는다는 가슴 벅찬 증거를 제시한다.

프롬에서 어떻게 이런 일이 일어났는지, 이 마을에서 내린 중요한 선택이 어떻게 그런 놀라운 성과를 불러왔는지, 어떻게 하면 우리도 개인과 공동체로 살아가면서 그런 중요한 선택을 내릴 수 있는지. 이것이 이 책이 들려주고자 하는 이야기다.

제1부

따뜻한 마음:
컴패션과
지역사회 이야기

병원에서 마주친 두 친구

우리가 평탄한 삶을 살고 문제없는 인생을 유지하기 위해 아무리 애쓴다 해도, 대부분은 존재의 근간을 뒤흔드는 뜻밖의 사건을 만나게 된다. 고대 그리스 철학자 헤라클레이토스는 그런 사건의 원인에 '케라우노스(keraunos)', 즉 번개라는 이름을 붙였는데, 그것이 모든 것을 좌우한다고 믿었다. 케라우노스는 심장마비, 질병, 사고나 부상, 아주 중요한 것을 잃거나 중요한 일이 무산되는 경험, 실패, 사별, 사회 격변 등 아주 다양하고 고통스러운 형태로 찾아올 수 있으며, 모든 것을 바꿔 놓을 만큼 큰 영향을 미친다. 누구든 이 같은 스트레스와 맞닥뜨리면 도움과 위안을 원하는데, 이럴 때 인간성의 가장 큰 특징인 연민이나 동정심, 즉 컴패션의 힘에 눈을 돌려야 한다.

친한 친구 사이인 두 남자의 사연으로 이 이야기를 시작해 보려 한다. 두 사람은 각자 곤경에 빠졌는데, 급작스러운 위기가 불러온 시련과 삶을 변화시키는 기회가 두 사람을 한곳에 모이도록 했다.

그중 작가인 남자는 도예가 아내와 40년 가까이 결혼 생활을 해 오던 중에 2011년 아내가 치매 진단을 받았다. 돌아보면 그 전에 몇 가지 전조가 있었다. 아내는 만성 편두통에 시달렸고, 도예 공방에서 쓰러지는 바람에 머리를 심하게 다쳐 뇌 혈류를 조절하는 심박 조율기를 삽입하는 시술을 받았다. 그럼에도 치매 진단은 두 사람 모두에게 케라우노스급 충격으로 다가왔다.

이 70대 부부는 돌이킬 수 없는 현실을 함께 헤

처 나가야 했다. 남자는 가족과 친구들의 도움을 간간이 받으며 24시간 아내를 돌보았다. 그러나 약물이 치매 진행 속도를 조금 늦출 수는 있어도, 병의 진행을 아예 막을 수는 없었다.

부부는 가능한 한 유쾌하고 달관한 태도를 유지하려 애썼다. 하지만 언어능력을 중요하게 여기던 두 사람은 자신들에게 닥친 상황에 대해 일관성 있는 대화를 나누는 것조차 어려움을 느꼈다. 더듬더듬 대화를 이어가다 보면, 주변 세상이 조금씩 좁아지는 듯한 기분이었다.

처음 진단을 받고 나서 5년쯤 지난 어느 날 저녁, 남자는 아내가 자신이 건넨 말에 대답하지 않고 멍하니 앉아 허공을 바라보는 모습을 보았다. 얼마 전 잠시 떨어져 있던 사이, 아내는 뇌졸중으로 쓰러져 몸을 움직이기 불편해졌고 언어능력도 상실했다. 긴급 출동한 응급 요원이 아내를 배스에 있는 로열 유나이티드 병원으로 옮겼고, 그곳에서 전문가의 세심한 진료를 받았다. 그렇지만 아내의 상태를 호전시킬 수 있는 조치는 별로 없었다. 남자는 더 이상은 이 상황을 혼자 감당할 수 없을 것 같아 두려웠다.

그런 절망 속에서 그는 친절한 퇴원 담당 간호사와 상의할 기회를 얻었다. 그 간호사가 부부의 고향인 프롬에 있는 지역 병원으로 전원할 것을 제안하자, 남자는 크게 안도했다. 아내를 그 병원으로 옮기고 나니 스트레스가 조금은 줄어든 듯한 기분이었다. 물론 이것이 임시방편에 불과할 뿐이고, 결국 요양 시설로 옮겨야 한다는 걱정은 남아 있었지만 말이다. 그런데 어느 날, 아내의 침대 너머 병실 건너편을 바라본 남자는 옛 친구가 다가와 인사를 건네는 것을 보고 깜짝 놀랐다. 자신에게 다시 한번 자비가 찾아와 상황을 반전시킨 것처럼 느껴졌다.

그 친구는 어릴 때부터 의미 있는 일로 세상에 이바지하고 싶다는 강한 바람을 간직하고 있었다. 컴패션이 공공선의 바탕이라고 생각한 그는 의대에 진학했다. 하지만 병원에서 수련의 생활을 하는 동안, 자신에게 동기를 부여하는 가치와 주변에서 목격한 의료 현실이 불협화음을 낸다는 것을 깨달았다.

그는 점점 숨 막히는 병원 문화가 환자는 물론 의료진의 필요를 충족시키기에는 부족하다는 것을 알게 되었다. 1993년, 그는 말기 질환 환자를 위한 완화 치료 전문가가 되기로 결심했다. 그리고 그 분야에서 수년간 일하면서 확신하게 되었다. 임종을 앞둔 사람들을 돕기 위해 자신이 할 수 있는 최선의 일은 죽어 가는 환자를 돌보는 사람들에게 사랑하고 웃고 배려하는 능력이 얼마나 중요한지 알리고, 그러한 능력을 키워 주는 것이라고. 그리고 삶의 의미를 발견하는 데 가장 큰 역할을 하는 것은 우리가 잘 알고 사랑하는 장소에서 우리가 알고 사랑하는 사람들과 함께하는 것이라고 주장했다. 위중한 질환을 앓는 사람들이 자신의 집에서 가족과 함께 머무는 것을 선호하는 이유도 그 때문일 것이다.

하지만 가족이 모든 일을 감당할 수는 없다. 그는 임종을 앞둔 환자를 가까운 사람들끼리만 돌보는 일이 얼마나 큰 부담인지 잘 알았다. 죽음과 임종, 상실과 돌봄은 인간이라면 누구나 겪어야 할 일이다. 그리고 가족이나 친구, 이웃이나 지역사회의 인정 많은 사람 등 누구든 다른 사람을 도우면서 공유하는 경험은 거기 참여한 모든 사람의 돌봄에 대한 태도를 바꿔 놓을 수 있다. 그는 완화 치료 분야에서 시작해 이런 방법을 중심에 둔 '컴패션 커뮤니티(Compassionate Communities)'라는 신생 운동에 점점 더 깊이 몰두했다. 이후 몇 년간 그는 이 주제로 논문을 발표하고, 지역과 영국 전역으로 퍼져 나간 이 운동을 성공적으로 이끌던 중, 하루에 두 번이나 케라우노스를 맞았다.

2015년 말, 그가 일하던 호스피스 병원이 심각한 재정난에 맞닥뜨렸다. 대다수 자선단체가 그렇듯, 업무 전반을 감독하는 이사회는 호스피스 업무에 대한 지식이 부족하거나 전문성이 전혀 없는 사업가로 구성되어 있었다. 변화가 시급했으므로 임시 최고 경영자를 새로 선임했는데, 그는 호스피스 병원의 재정 문제를 해결할 방법으로 직원과 사업 규모를 크게 감축하는 것을 선택했다.

컴패션이 아닌 실용주의를 선택한 이 결정은 수년간 이 호스피스 병원에서 꾸준히 지향해 온 정신에 정면으로 배치되는 것이었다. 몇 개월간 불편한 시간이 흐른 후, 그는 원장 자리를 내려놓고 컨설턴트로 진료를 계속하기로 마음을 굳혔다. 그러고 나서 이 모든 충격에서 회복되기를 바라며 일주일간 휴가를 냈는데, 임시 최고 경영자에게서 업무에 복귀할 필요가 없다는 이메일을 받았다. 그리고 한 시간 뒤, 15년간의 수고 끝에 찾아온 허무한 마침표라는 충격에서 채 헤어 나오기도 전에, 전화 한 통을 받았다. 어머니가 말기 백혈병으로 런던의 병원에 입원했다는 소식이었다.

그다음 한 달 동안 그는 어머니를 치료하기 위해

다른 식구들과 함께 전국을 누볐다. 그는 의사라는 직업과 큰 스트레스에 직면했을 때는 돌봄 공동체가 필요하다는 다년간의 경험을 살려, 곧 마지막을 맞을 어머니를 위로하고 따뜻하게 감싸 줄 가족과 친구를 모았다. 어머니는 그가 평생 지켜본 모습 중 가장 평안하고 차분한 상태에서 숨을 거두었다. 어머니의 마지막을 곁에서 지킨 경험은 그는 물론 이 돌봄에 참여한 모든 이에게 여러 면에서 확신과 변화를 가져다주었다.

2016년 10월 어느 날, 프롬의 병원에서 옛 친구와 뜻밖에 만났을 때 그는 프롬 메디컬 프랙티스 직원들과 함께 '컴패션 커뮤니티'의 임종 돌봄 프로그램을 만들고 있었다. 그는 자신의 가치를 공유하는 전문가 동료들과 긴밀히 협력하는 중이었던 만큼, 아내의 죽음을 앞둔 옛 친구에게 절실히 필요한 조언을 해 줄 수 있었다. 그는 친구에게 가장 큰 걱정이 무엇인지 친절하게 묻고는, 아내가 집으로 돌아가야만 하는 것이 가장 염려된다는 이야기를 들어 주고 그 염려를 누그러뜨려 주었다. 다행히 남자의 가족과 친구들이 발 벗고 나서서 도왔다. 도와 달라고 요청하는 일에 영 익숙하지 않았던 남자에게, 두어 시간 바람 쐬며 산책할 수 있도록 아내를 대신 돌봐 준다거나 맥주 한잔하면서 이야기나 하자고 먼저 제안해 준 사람들은 그야말로 구원과도 같았다. 이들의 친절 덕분에 남자는 아내를 돌볼 힘을 다시 얻곤 했다.

몇 주가 지나자 둘의 대화는 단순히 서로 근황을 나누는 것을 넘어, 그런 경험에 내포된 가치와 사회적 관심사를 공유하는 데까지 나아갔다. 두 사람은 각자 다른 방식으로 케라우노스의 영향을 견뎌 냈다. 그 사건은 두 사람의 인생을 바꿔 놓았고, 둘 다 자신과 주변 사람들의 적극적인 컴패션이 이 변화를 끌어낸 원동력이었음을 깨달았다. 그러는 사이, 이들 주변에서는 비슷한 깨달음을 얻은 마을 병원 리더들의 주도하에 연관된 일들이 벌어지고 있었고, 그 일들은 한층 더 깊은 논의를 불러왔다.

두 친구는 협업을 이어 갔고 <리서전스 앤드 에콜로지스트(Resurgence & Ecologist)> 잡지에 '컴패션이 최고의 명약이다'라는 글을 발표하기에 이르렀다. 그들은 이 글에서 '컴패션 프롬 프로젝트(Compassionate Frome Project)'를 이끄는 헬렌 킹스턴 박사와 그 팀이 맡은 일에 대해서, 개인 건강과 사회복지 영역의 중요한 문제를 창의적인 지역사회 발전 프로그램과 연결하는 것이 얼마나 큰 영향을 미치는지 다루었다. 그 일이 불러온 결과가 의미 있을 뿐 아니라 놀라웠기에 이 글은 세계적인 관심을 모았다. 독자들은 이미 눈치챘겠지만, 그렇게 두 친구는 이 책의 공동 저자가 되었다.

컴패션이란 무엇인가?

컴패션(compassion): 명사.
다른 사람의 고통이나 괴로움에 마음이 움직여
그 고통을 덜어 주고 싶어 하는 느낌이나 감정.

영국 전역과 세계 곳곳에서 선한 마음과 의지를 지닌 사람들이 자신과 주변 사람들, 나아가 온 세상 사람의 삶의 질을 높이기 위한 창의적인 프로젝트에 묵묵히 힘쓰고 있다. 이런 활동은 대부분 잘 알려지지 않은 곳에서, 권력의 중심에서 벗어난 곳에 있는 평범한 사람들에 의해 일어난다. 이들은 타인에 대한 적극적인 관심을 동기로 삼는데, 이것이 컴패션의 고유한 특징이다. 이 헌신적인 집단은 눈앞의 이익을 좇지 않고, 의식적으로든 무의식적으로든 근본적인 사회 체제를 변화시키는 데 필요한 기반을 마련하고 있다. 진정한 의미에서 이들은 우리가 더욱 온전한 인간이 되도록 격려하곤 한다.

최근 영국의 한 작은 마을에서 벌어진 사건에서 영감을 받은 이 책은 컴패션의 능동적인 힘을 삶의 모든 영역에 이용할 수 있는 근본적인 능력으로 회복한 사례를 보여 주려 한다. 그 과정에서 우리는 컴패션을 베푸는 타고난 능력이 신체 구조와도 굉장히 밀접하게 연결되어 있음을 보여 주는 연구에 주목했다. 컴패션을 '마음의 지능'이라고 말하는 것은 단순히 비유가 아닐지도 모른다.

무엇보다 이 책은 처음부터 끝까지 컴패션은 선택의 문제이며, 컴패션을 진정한 변화를 불러올 수 있는

근본 가치로 삼는 사회를 만들지 말지는 우리 자신이 결정
할 수 있다고 주장한다.

　　대부분의 사람은 '컴패션'이 무슨 뜻인지 알고 있
지만, 내면에서 일어나는 절박한 감정을 이타적으로 외부
에 드러내려는 이러한 욕구를 설명하기는 어렵다고 느낀
다. '공감(empathy)'이라는 단어는 크게 도움이 되지 않는
데, 라틴어 파생 명사를 헬라어 파생 명사로 대체했을 뿐
이기 때문이다. '연민(sympathy)'도 비슷해서, 컴패션의 온
기와 힘을 오롯이 담아내기에는 너무 약하다. '사랑(love)'
이라는 단어는 서로 전혀 모르는 사람들 사이에 일어나는
진정한 감정의 흐름을 묘사하기에는 지나치게 포괄적이
다. '자선(charity)'은 현대의 용례에서는 '유감(pity)'과 마
찬가지로 자칫 생색을 내는 분위기를 풍길 수 있다. '다른
사람의 슬픔에 동참하는 것'이라는 컴패션을 정의하는 문
장조차 의지적 행동에 불을 붙이는 마음의 움직임에 대한
상상력을 축소하는 것처럼 느껴진다. 그렇다면 더 간단하
게 '마음의 온기'라고 부르면 어떨까.

　　누군가는 길거리에 쓰러진 낯선 사람을 도우러
달려간다. 많은 사람이 슈퍼마켓을 나서면서 형편이 좋지
않은 사람들을 위해 남몰래 푸드뱅크에 먹을 것을 남긴다.
해마다 자신의 이득은 생각하지 않고 각종 자선단체의 모
금 행사에 시간과 에너지를 쏟는 사람들도 있다. 이 모두
는 컴패션이 자선과 지원 활동에 국한되지 않고, 인간 본
성 깊숙한 곳에 뿌리를 내리고 있다는 확실한 증거다.

　　날마다 전 세계에서 가난한 사람들이 낯선 사람
을 집으로 맞아들여 얼마 안 되는 소유를 나눈다. 현대 도

시인들은 습관적으로 동정심을 베풀고 있어서 자신의 행동이 컴패션이라고 생각하지 못한다. 상대방의 건강과 안부를 묻는 것, 붐비는 기차에서 어르신께 자리를 양보하는 것, 길을 알려 주는 것, 다른 사람의 아이를 달래 주는 것 등 주변에서 흔히 볼 수 있는 예는 타인에 대한 관심과 의존도가 우리 삶에 밀접하게 연관되어 있음을 암시한다.

도덕성과 복잡한 인간관계를 다룬 조지 엘리엇의 명작 소설 <미들마치(Middlemarch)>를 보면 빅토리아 시대 사람들이 '컴패셔니트(compassionate)'라는 단어를 특정 감정을 묘사하는 형용사뿐 아니라 어떤 행동을 열정적으로 표현하는 동사로도 사용했다는 사실을 알 수 있다. 이런 용례는 간단히 예를 들어 우리가 텔레비전에서 자선 단체 홍보 영상을 볼 때 컴패션을 단순히 느낄 뿐만 아니라, 그 느낌대로 행동하도록 마음이 움직이는 것을 가리킨다. 타인을 불쌍하게 여기고 그들의 고통을 없애는 데 적극적으로 참여한다는 것이다. 안타깝게도 이 단어의 그런 적극적인 의미는 오래전에 사라져 <콘사이스 옥스퍼드 영어 사전(Concise Oxford Dictionary)>에는 나오지 않는다.

조지 엘리엇보다 조금 앞선 동시대인 독일 철학자 아르투어 쇼펜하우어는 컴패션의 불가해한 본질을 골똘히 생각했다. 누가 보더라도 그는 성미가 고약하고 자기만 아는 염세적인 사람이어서 친밀한 인간관계를 유지하기 힘들었다. 아마도 그런 이유로 그는 자신의 에세이 <도덕의 기초에 관하여(Über die Grundlage der Moral)>에서 왜 어떤 사람들은 역경에 맞닥뜨린 타인을 구하려고 위험을 무릅쓰는지 반드시 질문해 보아야 한다고 말한 듯하다.

그는 이렇게 물었다.

> 어째서 타인의 기쁨이나 슬픔이 내 의지를 움직일 수 있는가? 다시 말해, 마치 그것이 내 목적이기라도 한 것처럼 그것들이 내 동기가 될 수 있는가? 심지어 나 자신의 안녕과 고통—평상시 내 행동을 유발하는 단 두 가지 원인—을 무시하면서까지 말이다.

그는 그 답을 찾는 과정에서 베다◊와 불교 철학 같은 동양 전통 철학과 고대 서양 철학에서 발견한 비슷한 사고의 흐름을 연구하는 데 몰두했다. 이런 사고의 흐름은 결국 '인간의 다수성'은 환상에 불과하며 '이 세상 모든 개인—그 수가 얼마나 많든지 상관없이—에게는 단 하나의 진정한 존재만이 드러난다. 이 존재는 만물 속에 존재하며 언제나 똑같다'라는 형이상학적 통찰로 이끌었다. 그는 이 원리에 근거해 자기를 희생하는 컴패션 행위는 '타인이 내 자발적 의지의 최종 관심사가 될 때에만' 나타나며 '둘 사이의 차이를 소멸시키는 방식으로 행동함으로써 그와 나를 어느 정도 동일시할 수 있다'고 했다.

물론 누군가의 생명을 급하게 구하려는 사람의 마음이 이 같은 철학적 사색 과정을 밟으며 일어날 리는 만무하다. 하지만 우리는 쇼펜하우어에게서 중요한 통찰을 얻는데, 그가 컴패션을 상상하는 활동이자 의지를 다해

───◊ vedanta : 고대 인도 브라만교의 경전 —역주

노력하는 것이라고 정의한다는 것이다. 이때 의지는 '우리는 하나이고 똑같은 단일 존재'라는 깊은 깨달음, 심지어 무의식적인 자각에서 비롯한다. 도덕성의 질문은 곧 형이상학적 문제로, 이어서 종교의 문제로 연결되며, 종교나 교파를 막론하고 진정한 실천의 핵심에는 자신이 대접받고 싶은 대로 이웃을 대접해야 한다는 황금률이 자리한다.

그러나 종교가 있든 없든, 컴패션을 친밀한 관계 가운데 오가는 적극적인 마음의 움직임으로 보기 위해 형이상학적 사고까지 언급할 필요는 없다. 아이를 보살피느라 자신은 안중에도 없는 엄마나 나이 든 부모를 돌보는 아들, 질병이나 고통에 시달리는 이웃을 기꺼이 돕는 사람에게서 얼마든지 컴패션을 목격할 수 있다. 조금 더 범위를 넓히면, 매년 대형 자선단체에서 기근과 지진을 비롯한 재해로 긴급 구호가 필요할 때마다 캠페인을 통해 눈 깜짝할 사이에 수백만 달러가 모인다.

컴패션은 자신과 타인을 상상으로 동일시하는 행동으로 그 사람의 고통과 고난을 기꺼이 이해하려는 마음에서 시작될 수도 있다. 이렇게 마음을 열어 상대를 더 깊이 이해하면, 머리로는 그 고통을 덜어 줄 방법을 찾는다. 비록 그 방법이 내게 괴롭거나 불편하거나 위험할 수 있더라도 말이다. 개인의 삶과 직업적인 삶에서 상상력과 의지가 한데 모일 때 세상에 도움을 줄 뿐 아니라, 주변 사람들과 더불어 살아가는 더 광범위한 환경에 긍정적이고 변혁적인 영향을 미칠 수 있다.

2018년 5월 25일, 프롬 메디컬 프랙티스의 의사

헬렌 킹스턴 박사는 다우닝가 10번지◊에 초대받아 상을 받았다. 이런 상상력의 결과로 헬렌 킹스턴 박사와 그 팀이 이룬 업적을 인정받았기 때문이다. 헬렌은 불과 5년 전, 동료이자 지역사회 개발자 제니 하트놀과 함께 헬스 커넥션즈 멘딥(Health Connections Mendip)을 시작했다. 나중에 컴패션 프롬 프로젝트로 불린 이 프로젝트의 두드러진 성공은 정부의 관심을 끌었다.

처음부터 이 프로그램은 일차 보건 의료◊◊를 컴패션 커뮤니티의 창의적 자원과 통합하기 위해 고안되었다. 헬렌 킹스턴 박사의 비전은 다음과 같았다.

> 우리는 특수하거나 공통된 필요에 반응해 그 필요를 창의적이고 적극적으로, 또 충분하게 지원하는 공동체, 통합된 돌봄과 지원이 모두에게 열려 있어 누구나 쉽게 접근할 수 있는 공동체를 만들길 원했습니다.

컴패션 프롬 프로젝트는 마을에 새로운 활력을 불어넣었을 뿐 아니라, 입원율 증가라는 고질적이고 악명 높은 문제에 실용적인 답을 내놓았다.

표에서 볼 수 있듯, 컴패션 프롬 프로젝트를 진

◊ 영국 런던에 있는 총리 공식 관저 —역주
◊◊ primary health care : 건강에 관련해 가장 먼저 대하는 보건 의료로, 환자의 가족과 지역사회를 잘 알고 있는 주치의가 환자-의사 관계를 지속하면서, 보건 의료 자원을 모으고 알맞게 조정해 주민이 흔히 겪는 건강 문제를 해결하는 분야다. —역주

2013~2018년 프롬과 서머싯 지역 분기별 응급실 입원 현황

프롬 응급실 입원

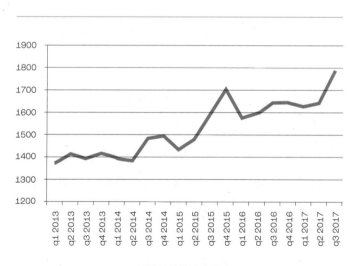

서머싯 응급실 입원

행한 2013년부터 2017년까지 인구 2만 8000명이던 프롬의 응급실 입원 비율이 14퍼센트 줄었다. 반면 같은 기간 약 50만 명이 거주하는 서머싯의 응급실 입원 비율은 29퍼센트 상승했다.◇

입원율 하락과 연관된 이 수치는 프로젝트를 추진할 때는 예상하지 못했던 또 다른 좋은 결과를 불러왔는데, 이 부분이 사람들의 이목을 끌었다. 이 프로젝트는 단순히 돈을 절약할 뿐 아니라, 지역사회의 훌륭한 의료 서비스가 신약 개발에 좌우되는 것이 아니며, 경영 관리에 따른 파격적인 혁신이나 직원과 기술에 대한 대규모 자본 투자도 필요 없다는 사실을 보여 주었다. 훌륭한 의료 서비스란 지역사회 내에서 이용 가능한 자원—물적 자원은 물론 컴패션이나 선의 같은 영향력—을 활용해 필요한 사람들에게 그것을 연결해 주는 것이다. 적극적인 컴패션이 사람들의 사기를 북돋아 줄 뿐 아니라, 그들의 건강과 행복에도 긍정적인 영향을 준다는 증거가 드러난 셈이다.

동료를 대표해 헬렌이 받은 '포인츠 오브 라이트(Points of Light)'는 자신이 속한 공동체에서 삶의 질을 향상시킨 미국인 자원봉사자의 업적을 기리기 위해 조지 부시 전 대통령 재임 시 처음 도입된 상이다. 상 이름에 등장하는 '불빛(Light)'은 자원봉사자를 상징한다. 상이 도입된 지 10여 년이 지난 2014년, 영국의 데이비드 캐머런 정부도 이 성공에 자극받아 파트너십 프로그램을 개발했다.

───◇ 출판된 논문의 상세 내용은 다음에서 볼 수 있다. British Journal of General Practice, bjgp.org/content/68/676/e803/tab-article-info

헬렌은 컴패션 프롬 프로젝트 전 직원을 대표해 상을 받으며 이렇게 말했다. "끈끈한 관계와 공동체의 중요성을 공유함으로써, 우리는 개인이 자신의 공동체와 연결되고 소속감을 형성하도록 체계적으로 돕는 방법을 찾았습니다."

이 수상 소감에서 핵심 단어는 복수 대명사 '우리'다. 총리 관저에 초대받은 사람은 헬렌뿐이었다. 그녀는 겸손한 데다 정확성과 공정성에 대한 확고한 신념을 겸비했다. 헬렌은 이 프로젝트의 성공에는 자신에게 없는 능력을 갖춘 많은 사람의 노력이 필요했고, 그들이 자신의 생각과 기대를 훨씬 뛰어넘어 잠재력을 발휘했다고 이야기했다.

물론 현명한 리더십이 없었다면 이 프로젝트는 성공하기 힘들었을 것이다. 헬렌 킹스턴과 제니 하트놀의 리더십은 자신을 내세우지 않으면서도 강인한 성품을 드러낸다. 이 프로젝트는 따뜻하고 섬세한 인간관계를 맺는 이들의 능력에 기반을 두고 있다.

컴패션에서 나오는 단순한 욕구

헬렌 킹스턴은 차분하면서도 따뜻한 유머와 공감 능력을 갖추고 있어 처음 만나는 환자에게도 신뢰감을 주는 의사다. 그녀는 집중해서 잘 들어주고, 적재적소에 제대로 된 질문을 던지며 한 사람 한 사람에게 진정한 관심을 기울인다. 동시에 당면한 문제를 세심하게 평가해 유용하고도 실용적인 문제 해결법을 제시한다. 거기에는 무엇이든 함부로 판단하지 않는 이해심도 포함된다. 사람들이 혼란스러울 때 내릴 법한 나쁜 선택에도—그런 선택의 결과가 그들의 건강이나 의욕에 해로운 영향을 미칠 수 있음에도—이해할 만한 '논리'가 있을 수 있다는 것이다. 그녀는 그런 곤경에 빠진 사람들이 다른 문제 해결 방식을 시도하도록 충분히 격려받는다면, 더 나은 결정을 내리고 놀라운 변화를 이끌어낼 수 있다는 확신을 지켜 나갔다.

헬렌이 컴패션 프롬 프로젝트를 시작한 동기는 단순하다. 자신이 진료하는 사람들에게 가능한 한 최고의 의료 서비스를 제공하고 싶었기 때문이다. 그녀는 프롬의 대형 병원에서 일반의◇ 수련을 마치고, 거기서 잡 셰어링을 조건으로 파트너가 되었다. 동시에 배스에 있는 로열 유나이티드 병원에서 파트타임으로 심장병 임상 어시스턴트로 일했다. 정규 파트너◇◇가 되고 나서는, 워민스터 근처 스몰브룩 진료소의 작은 팀에 합류했다. 환자 4000명을 책임지는 이 진료소는 규모가 좀 더 작았다. 이곳의 의사들은 환자 개개인을 잘 알고 그들의 성품과 병력을 숙지했으며, 오랫동안 진료소를 지킨 접수 담당자는 환자 개인의 필요와 연관이 있을지도 모르는 사항이나 소식을 알려 주

◇ GP(General Practitioner) : 동네마다 있는 병원의 일반의를 말한다. 영국에서는 몸이 아플 때 주치의이기도 한 GP를 만나 일차 검진을 받고, 좀 더 전문적인 치료가 필요하면 종합병원을 찾는다. —역주

◇◇ full partner : 단순히 병원에 고용된 의사가 아니라, 병원 경영에도 참여하는 의사를 파트너라고 한다. —역주

는 귀중한 정보원이었다.

스몰브룩 진료소의 환경은 마음에 들었지만, 대증 치료는 진정한 해결책이 아니어서 그곳 의료진도 고통받는 환자들을 지켜보는 것에 이미 익숙했다. 환자들도 그와 다른 좀 더 종합적인 도움은 받기가 어려웠다. 2018년 11월 14일, <가디언(Guardian)>에 실린 앤 로빈슨 박사의 글은 그런 스트레스 상황을 잘 묘사해 준다.

> 오늘 아침 진료소에서 만난 환자 중 대다수는 내가 해 줄 수 있는 것이 없었다. 그들은 평생 겪어온 우울감, 낮은 자존감, 광장공포증과 염려 등으로 사회와 격리되어 있었다. 한 노인과 젊은 아이 엄마는 외로움과 부족한 사회적 지원 때문에 힘들어했다. 어느 60대 남성은 심장마비에서 회복했지만 금연과 운동, 건강한 식단으로 생활 방식을 점검하도록 스스로 동기를 부여하는 데 어려움을 겪고 있다. 요통이 심한 청년은 온갖 검사를 다 해 봐도 병명이나 치료법을 찾기 힘들다. 몸이 허약한 어느 할머니는 넘어질까 봐 두려워한 나머지 가택 연금형을 받은 죄인 신세가 되어 버렸다.

이런 괴로운 만남이 진료소에 넘쳐난다. 의사들은 염려나 우울, 감당하기 힘든 외로움이나 다른 어려움 때문에 자살 충동을 느껴 심각한 고통을 받는 사람들을 만나곤 한다. 의사들은 병원에서 제공하는 돌봄이 절망 속에서

진료소를 찾는 환자들에게 유일한 인간적 접촉일 수 있다
는 사실을 잘 안다. 그러나 그들은 환자에게 조금 더 공감
해 주는 것 외에는 해 줄 수 있는 게 별로 없다. 그 때문에
진료를 마치고 나서 지치고 불편한 마음이 들기도 한다.

헬렌은 의사 생활에서 겪은 만만찮은 상황에서,
염려와 우울을 비롯한 여러 문제로 고통받는 환자를 위해
자신이 할 수 있는 일을 했다. 처방전 예산에서 절약한 비
용으로 그들을 스몰브룩 진료소나 공공 건강 서비스 관련
기관에 고용된 지역 건강관리사◇와 연결해 주었다. 건강
관리사는 사람들이 생활 방식을 더 건강하게 바꾸도록 일
대일로 돕는 일을 한다. 하지만 그녀는 병원의 전형적인
진료 상담만으로는 실질적으로 환자들의 삶의 질을 높여
주지 못한다는 사실을 점점 더 절실히 깨달았다. 그렇다면
실행 가능한 대안은 없을까?

헬렌의 비전으로 다시 돌아가 보자. 그녀는 '특수
하거나 공통된 필요에 반응해 그 필요를 창의적이고 적극
적으로, 또 충분히 지원하는 공동체, 통합된 돌봄과 지원
이 모두에게 열려 있어 누구나 쉽게 접근할 수 있는 공동
체'를 염두에 두었다. 이런 접근 방식을 통해 헬렌의 팀이
제공할 수 있는 진료보다 범위를 넓혀 대상을 설정할 수
있다. 환자들은 다양한 활동을 통해 다른 사람들과 살아
숨 쉬는 관계를 맺음으로써 훨씬 더 큰 치료 효과를 얻을
것이다. 이런 활동은 그들의 개인적·사회적 신뢰를 돈독하

───◇ health couch or health trainer : 영양, 심리, 운동 등 건강에 대한 총
체적 지식을 바탕으로 개개인의 상황이나 문제를 해결해 건강
한 생활 방식을 실천하도록 돕는 조언자 ─역주

게 해 자신을 괴롭히는 문제를 해결할 방법을 스스로 찾도록 돕는다.

그런 프로그램에는 컴패션 공동체의 여러 자원을 서로 연결하는 네트워크 구축이 필수다. 당연히 그 네트워크는 환자 개개인의 삶의 변화를 지원하고 격려하는 개인과 집단으로 구성된다. 그 때문에 적절한 사회 조직 기술을 갖춘 직원이 필요한데, 스몰브룩 진료소의 예산으로는 그런 직원을 고용할 수 없었다.

이 일에 대한 헬렌의 창의적인 비전은 확고했지만, 활동 범위를 제한하는 제약 조건들 또한 분명해서 그녀는 점점 더 큰 좌절감을 느꼈다. 그러나 헬렌은 이것이 꼭 해결해야만 하는 문제라고 느꼈기 때문에 다루기 힘든 문제 앞에서도 당황하지 않았다. 그러다 2013년, 가까운 프롬에서 자신이 염두에 둔 방식으로 일할 기회를 얻었다. 프롬에서는 이미 혁신적인 발전이 이루어지고 있었다.

프롬에는 전통적인 정당으로부터 시의회의 권리를 되찾기 위해 '프롬을 위한 무소속(Independents for Frome)' 연합이 발족했다. 이 과정은 후에 '조립식 민주주의(flatpack democracy)'로 알려졌다. 그들은 지역의 필요를 효과적으로 충족시키는 활동과 마을 공동체 생활 활성화에 관심을 집중했다. 헬렌이 잘 아는 이곳에서 그녀의 꿈이 실현될지도 몰랐다.

프롬강이 굽이치고 양 떼가 평화롭게 풀을 뜯는 풍성한 산비탈 목초지에 둘러싸인 서머싯의 프롬은 한때 번성한 울 산업의 중심지로 맨체스터보다 더 중요한 산지였다. 마을의 직조 장인들이 지은 저택은 등록문화재로 이들이 과거에 얼마나 큰 부를 누렸는지 알려 주는 증거였다. 그러나 프롬의 선조가 살던 좁은 길에 늘어선 석조 가옥에는 여전히 노동자들이 살고 있다. 주변 골짜기에서 채취하던 철광석은 20세기까지 이어진 주조 산업의 원료를 제공해 지역 번영에 기여했다. 이 주조 산업을 통해 템스 강 빅토리아 제방의 '보아디케아와 그 딸들'과 올드 베일리 법원 꼭대기에 있는 '정의의 여신상' 등 런던의 유명 조각상이 탄생했다. 한때는 이곳에 견직물 공장과 대형 날염 공장도 있었다고 한다.

과거 활기 넘치던 산업 시대를 떠올리게 하는 건물 중 일부는 미술관이나 공방 등으로 개조되었고, 나머지 건물은 개발을 기다리는 산업 부지로 남았다. 오래된 여인숙이나 원래 모습 그대로 보존된 성당도 과거 전성기를 누리던 지역사회의 역사를 말해 준다. 하지만 영국의 많은 소도시가 그렇듯, 프롬도 산업혁명과 함께 북쪽으로 중심지가 이동하면서 곤경에 빠졌다. 여러 차례에 걸친 경제 불황과 회복을 통해 마을은 거듭났고, 최근에는 상당한 발전을 이루었다. 오늘날 프롬의 번화가를 걷다 보면 여러 독립 상점과 사람들로 북적거리는 카페를 볼 수 있다. 3월부터 12월까지 매월 첫째 주 일요일에 열리는 프롬 장터에서는 지역 상인과 장인, 예술가를 만날 수 있다. 여느 마을과 다름없지만, 프롬은 다시 한번 활기를 찾았다.

2013년에 프롬의 대형 병원이 빅토리아식 병원 건물 옆에 있는 노후한 1960년대 단층 건물에서 벗어나 널찍한 진료소로 옮기면서 발전이 시작되었다. 마을 중심가에서 멀지 않은 이 인상적인 건물의 외양은 그에 걸맞은 의료 서비스를 제공할 것이라는 기대감을 불러일으켰다. 많은 의사와 간호사가 멋진 건물에서 일하고, 진료와 치료 시간도 단축되리라고 예상했다. 하지만 긴축 재정으로 빠듯한 예산을 유지해야 하는 시기에, 그런 기대감을 충족시키기란 쉽지 않은 일이었다. 그럼에도 헬렌은 자신에게 잘 맞았지만 상황에 맞춰 제한적으로 일해야 했던 스몰브룩 진료소를 떠나 프롬에 있는 대형 병원에 다시 합류하기로 마음먹었다. 그녀가 이 마을을 염두에 둠으로써, 보다 폭넓고 근본적인 차원에서 변화가 일어날 터였다.

그 무렵, 임상위원회◊는 서머싯 전역의 단일 병원들에 대한 지원금을 손보는 계획을 진행 중이었다. 이 계획은 데이비드 슬랙이 이끄는 임상위원회의 전폭적인 재정 지원 덕분에 빛을 보았다. 이를 통해 리더십 위임과 혁신 문화가 자리 잡을 수 있었다. 신뢰가 쌓였고 자원은 세세한 관리 없이도 활성화되었다. 프롬 메디컬 프랙티스에는 통합 관리자도 부임했다. 사회복지 분야 경력자인 마이클 베인브리지는 헬렌의 정신을 공유하고, 후원을 아끼지 않았을 뿐 아니라, 자유까지 허용했다.

헬렌은 이런 기회를 놓치지 않고, 평소 의료 혁신을 불러오리라 믿어 의심치 않았던 모델을 개발하기 위해 자금 유치에 나섰고 성공했다.

───◊ Clinical Commissioning Group(CCG) : 지역 주치의가 주도하는 주치의 그룹. 지역 내 보건 부문 정책의 우선순위와 전략을 결정하고 관련 예산을 집행하며, 지역 내 주치의를 평가·관리해 의료의 질을 향상하는 일을 한다. ─역주

이제 헬렌은 약 3만 명에게 의료 서비스를 제공하는 대형 병원의 신뢰할 만한 파트너로서, 서머싯 멘딥 지역의 일반의를 대표해 직원을 추가로 고용할 만큼 충분한 기금을 지원받았다. 그녀가 생각하는 지역사회 기반의 보건 의료 프로그램을 실행에 옮기기 위해서는 직원들이 반드시 필요했다. 그러는 사이, 헬렌과 비슷한 비전을 목표로 삼는 또 다른 여성이 프롬 안팎에서 활발히 활약하고 있었다.

제니 하트놀은 최근 가족 때문에 할스덴에서 서쪽으로 이사했다. 할스덴은 한때 런던에서 총기 범죄로 악명 높던 지역인데, 거기서 그녀는 자선단체를 만들고 다른 협력 집단들과 함께 이 험한 지역에서 삶의 질을 높이기 위해 창의적인 행사를 기획하곤 했다. 그녀는 비슷한 일을 계속할 수 있는 직업을 찾아 2006년 서머싯에 왔다.

그러나 안타깝게도 그런 일자리는 없었고, 생계를 유지하기 위해 서머싯 파트너십의 건강관리 서비스에서 일을 얻었다. 제니는 건강관리사로 일하면서 하루에 8명씩 일대일로 만나 6주간 그들이 과제를 수행하고 건강한 생활 방식이라는 목표를 이루도록 도왔다. 그러면서 걱정과 우울 등 그들을 심약하게 만드는 문제가 완화되었다.

낙천적이고 붙임성 있는 제니 하트놀은 그런 곤경에 빠진 사람들을 격려하는 데 익숙했다. 런던 우범지대에서 일한 적이 있는 그녀는 친근한 사회적 관계를 통해 우울하고 외로운 사람들의 소외감을 줄여 주고 스스로 삶을 더 적극적으로 관리해 자신감을 얻도록 도울 수 있었다. 그녀는 사람들이 몸과 마음의 건강과 활동성을 유지하도록 하는 노스 켄싱턴의 자선단체 '오픈 에이지'와 함께 일하면서 이러한 일의 가능성을 깊이 인식했다. 어쩌면 서머싯에서도 그와 비슷한 일을 할 수 있지 않을까?

제니는 프롬이 서머싯 카운티의 나머지 지역들과 다른 점에 주목했다. 프롬에서는 일반의가 아니라 친구나 이웃에게 건강관리 프로그램을 소개받는다. 이는 프롬 사람들이 서로 대화하면서 선의와 관심을 적극 드러낸다는 사실을 말해 준다. 이런 유쾌한 분위기는 마을에서 활동하는 클럽, 동호회, 창작 단체와 자선단체가 매우 많다는 점으로도 증명되었다. 마을에는 누군가 이용해 주기만을 기다리는 자원이 있었다. 그러나 그녀가 단순한 일대일 만남보다는 지원 그룹을 만들고 지역사회의 공동체 생활에 동참하면서 런던에서 터득한 경험을 활용하겠다고 했을 때 지지해 준 사람은 거의 없었다. 크게 실망했지만, 제니는 불평만 하기보다는 자신의 신념에 의지해 문제를 해결하기 위해 발 벗고 나섰다.

노련한 그녀는 프롬에는 지역의 다양한 활동에 대한 정보를 수집해 누구나 이용할 수 있도록 안내하는 주관 기관이 없다는 문제를 포착했다. 그런 곳이 있다면 사람들은 활용 가능한 자원의 존재를 알고, 그것들을 누군가와 연결해 마을에 활력을 불어넣을 수 있을 것이었다. 제니도 헬렌처럼 부족함을 탓하기보다는 오히려 그 안에서 어떤 행동이 나온다고 보았고, 그에 관련해 그녀가 할 수 있는 일이 있었다.

그녀는 자발적으로 개인 시간을 내 자기 집 주방에서 프롬 안팎의 활동에 관련된 모든 정보를 연구하고 수

집했다. 그렇게 해서 2011년 '고 프롬(Go Frome)'이라는
행사를 조직하고 인터넷 안내 사이트를 만들었다. 이 프로
젝트의 주목적은 마을 안팎에서 무료로 참여할 수 있는 유
쾌한 체험을 가능한 한 많은 사람에게 홍보하는 것이었다.

　　어떤 의미에서 제니가 한 일은 뻔하다고도 할 수
있지만, 마을 사람 중에는 그런 아이디어를 내는 사람이
없었다. 프롬 공동체에서 활용할 수 있는 광범위한 자원을
소개한 그녀의 노력은 열광적인 호응을 얻었다. 특히 그녀
가 한 일이 얼마나 큰 영향력을 발휘하는지 아는 프롬 병
원 의료진이 그녀에게 미팅을 제의했다.

　　미팅 전날, 마을에 폭설이 내리는 바람에 제니는
병원까지 걸어가야 했다. 허둥대느라 외모는 엉망진창이
고 약속 시간에도 늦어 버렸다. 제니는 온통 눈으로 뒤덮
인 코트 차림으로는 의사들에게 좋은 인상을 주지 못할 거
라고 생각했다. 바쁜 의사들의 조급한 시선이 걱정스러웠
다. 그런데 대화 시간에 맞은편에 앉은 여성이 그녀의 시
선을 사로잡았고, 곧바로 강한 유대감을 느꼈다.

　　얼마 후, 다시 건강관리사로 일하던 제니의 눈에
한 지역신문의 구인 광고가 들어왔다. 프롬 병원에서 지역
사회 개발과 웹 디자인을 함께 할 사람을 찾고 있었다.

　　그녀는 'IT 기술만 제외하면 완벽한 적임자였을
텐데'라고 생각하며 아쉬움을 달래야 했다. 하지만 그 병
원에서 두 기술을 모두 갖춘 적임자를 찾기가 쉽지 않으리
라는 생각이 들었다.

　　제니가 그 자리에 지원하기로 했을 때는 구인 기
간이 끝난 후였다. 그녀는 전화를 걸어 아직도 지원할 수

있느냐고 물었고, 괜찮다는 대답을 들은 후 면접 일정을 잡았다. 그녀는 만성질환 환자들이 조금 더 독립적이고 활력 있게 생활할 수 있도록 도울 자신만의 계획을 전달할 만반의 준비를 끝냈다. 그 계획이란 같은 질환—예를 들면 뇌졸중, 만성 폐 질환, 황반변성—에서 회복 중인 사람들을 모아 서로 돕는 지원 그룹을 만드는 것이었다. 그룹이 제대로 구성되면 환자와 간병인은 물론 지역사회 전체가 조언과 후원을 주고받는 네트워크가 형성될 것이다. 이 지원망은 환자들의 건강 상태를 호전시킬 뿐 아니라, 환자들과 이들을 돌보는 간병인을 괴롭히는 사회적 고립을 해결해 줄 것이다.

제니는 마을 의료 서비스를 통해 할 수 있고 해야 할 것들에 대한 3년짜리 계획을 언급했지만, 그 자리는 1년 계약직이었다. 이 점을 충분히 인지하고 면접을 마친 제니는 자신의 제안이 너무 야심 차지는 않았는지 생각했다. 그런데 바로 그때 전화벨이 울렸고, 놀랍게도 그 직책을 얻게 되었다.

훨씬 나중에야 그녀는 면접이 형식일 뿐이었다는 이야기를 들었다. 병원의 실세이자 제니가 첫 미팅에서 통한다는 느낌을 받은 헬렌은 제니가 구인 광고에 응하지 않아 무척 실망했다고 한다. 사실 그 구인 광고는 제니의 관심을 끌기 위해 낸 것이었는데 말이다. 그래서 늦게라도 제니가 지원서를 냈을 때 헬렌은 크게 안도했다.

서로 다른 사건이 동시에 일어날 때 창조적인 힘이 발휘된다고 굳게 믿는 제니 하트놀은 자신과 헬렌이 서로 만날 운명이었다고 확신했을 것이다. 둘은 모두 단호하고 실용적이며 겸손하다. 두 사람은 강력한 인도주의적 가치관에 충실하면서도 사교적인 유머 감각을 갖추었다. 헬렌은 의료인이고 제니는 지역사회 개발자로 각자의 직업은 다르지만 우정을 쌓았고, 이후 둘의 파트너십은 지역사회의 일차 의료와 복지 사이에 반드시 필요한 네트워크를 만들어냈다. 제니는 "제가 하던 일이 헬렌이 생각하던 일과 같았어요. '프롬 메디컬 프랙티스에서 일하게 되겠구나' 하고 감이 왔죠. 헬렌을 만났을 때 우리가 같은 꿈을 꾸고 있다는 걸 알게 되었어요"라고 말했다.

헬렌이나 제니 그 누구도 자신이 비범하다고 주장하지는 않겠지만, 서로를 특별한 사람이라고 말한다. 둘은 상대에게서 장점을 끌어내고, 서로 지지하는 관계다. 하지만 둘 다 이 프로젝트가 성공하는 데 많은 사람이 중요한 역할을 했다고 강조했다. 두 사람 모두 예상치 못한 혁신적인 방식으로 말이다.

이 감동적인 사업 덕에 작은 마을 서머싯이 세상에 알려졌다. 프롬에서 벌어지는 일을 보고 노하우를 배우길 원하는 총리의 고문, NHS 전략가, 영국 기자, 스웨덴 텔레비전 방송국 관계자, 해외 연구자와 국내외 의료 관계자가 몰려들었다. 그들은 프롬에서 진행한 일을 자세히 살펴보고 거기서 무언가를 배우려는 의지가 있었다. 영국의 다른 지역과 오스트레일리아, 뉴질랜드 등지에서 감동적인 사연이 속속 도착했다. 제니의 말에 따르면, '프롬 지역뿐 아니라 전 세계의 신경 연결 통로가 불을 밝히기 시작했다'.

동정심이 사라진 세상

나이가 들면 삶에 큰 변화가 찾아와요. 자녀들은 성장해 집을 떠나고, 각자 자기 생활 꾸리기도 바쁘니 주기적으로 집에 찾아오는 건 기대하지도 않죠. 제가 느끼는 외로움을 말로 설명하기는 어려워요. 저는 아주 끔찍한 상황에 처했답니다. 누군가 날 찾아와 주지 않으면 죽을 것만 같았어요.

* 수, 프롬 주민 *

의료인들은 환자가 병에 걸리면 흔히 따라오는 후유증 때문에 골머리를 앓아 왔다. 아프면 몸이 피로해진다. 피로감은 기동성에 영향을 미쳐 집 밖을 나설 힘과 동기를 모두 꺾어 놓는다. 요리나 청소 같은 집안일을 하고 싶은 마음도 사라진다. 밖에 나가 경제활동을 하려는 의지도 줄어들게 마련이다. 이러한 무력감 때문에 사회적으로 고립되고, 자존감도 낮아진다. 위축된 환경에서는 자아 정체성마저 흐려진다. 그러다 자신이 살아야 할 이유가 없다고 생각할 수도 있다.

외로움은 이런 위축의 결과인 동시에 원인이다. 병에 걸린 사람들 주변에 그들을 보살펴 주는 지원 체계가 없을 때 이런 일이 쉽게 발생한다. 망가져 가는 우리 사회의 심장에서 들리는 잡음이 점점 커지자, 영국 정부는 '외로움 담당 장관'을 임명하고 이 상황을 바로잡을 구체적 책임을 부여하기에 이르렀다. 서민의 가혹한 현실과는 동떨어진 정치인들의 이러한 행정 조치가 과연 수많은 사람의 인생을 망친 사회적 위기에 대처하는 최선의 방법인지는 이 책에서 제기할 여러 질문 가운데 하나다.

확실한 것은 점점 더 많은 사람들이 외로움과 그에 따른 자긍심 부족으로 고통받고 있다는 점이다. 외로움은 진료 대기자 명단을 늘리는 원인 중 하나이며, 응급 입원을 부르는 위험한 상태를 유발한다. 한 연구에 따르면 지속적인 외로움이 조기 사망 위험을 20퍼센트나 증가시킨다고 한다.

우리 사회에서 컴패션이 사라졌음을 알리는 징후는 노인과 환자의 건강 문제뿐만이 아니다. 2019년 여론조사 매체 유고브가 복지 재단인 프린스 트러스트의 의뢰로 실시한 조사에 따르면, 설문에 응답한 영국의 젊은이 2000명 중 18퍼센트 이상이 '인생은 살 만한 가치가 있다'라는 문항에 동의하지 않았다. 이는 10년 전보다 두 배 늘어난 수치다. 같은 조사에서 응답자 중 27퍼센트는 '내 삶에는 목적이 있다'라는 문항에 동의하지 않았고, 50퍼센트 가까운 사람이 소셜 미디어에서 엿볼 수 있는 타인의 인생과 자신의 인생을 비교할 때 무능함을 느낀다고 했다. 이런 염려와 절망감의 표현은 다른 사람을 해친 후 자살하거나 흉기 범죄로 사망하는 10대 인구가 증가하고 있다는 사실과 맥을 같이한다.

꧁ 컴패션은 어디로 갔는가? ꧂

오랫동안 시인과 소설가, 예술가와 자선가는 컴패션이 부족할 때 초래되는 결과를 상기시키려 애써 왔다. 하지만 어느 때보다 큰 풍요와 편리를 누리는 요즘, 이런 충격적인 통계는 매우 심각하고 암담한 사회문제로 나타나고 있다. 우리의 희망찬 미래는 젊은이들의 어깨에 달려 있는데, 이 시대 젊은 층은 염려와 패배에서 비롯된 외로움으로 몸부림치고 있다. 그뿐 아니라 수많은 어른도 서로 돌보는 관계에서 생겨나는 가치와 의미를 누리지 못한 채 외롭게 늙어 가고 있다.

부유한 나라에 속하는 영국에서 푸드뱅크의 필요성이 급증하는 현실이 경제 긴축 체제를 불평등하게 적용하는 시대를 대변하듯, 유고브 여론조사에서 나타난 절망적인 답변은 컴패션이 부족해 만성 영양실조를 겪는 시대의 모습을 보여 준다. 어떻게 이런 일이 벌어졌는지 자세히 살펴보면, 적절한 해결책을 찾는 데 도움이 될 것이다. 하지만 그 전에 먼저—굉장히 짧게 압축해서라도—이 병이 만연하게 만든 최근 사회·경제사의 어두운 면모를 살펴봐야 한다.

전 세계 종교들이 어떤 계율을 가르치든 상관없이, 수 세기에 걸쳐 권력과 영토와 부를 둘러싼 끊임없는 싸움과 생존을 위한 힘겨운 투쟁이 이어지면서, 컴패션의 중요성은 주요 뉴스에서 찾아보기 어려울 정도로 밀려났다. 그런 면에서 현대는 과거와 크게 차이가 없다. 확실히 다른 점이 있다면, 이런 오랜 투쟁의 수혜자가 전 세계 80억 인구 중 고작 26명에 불과하다는 충격적인 사실이다. 이들은 가장 가난한 50퍼센트 인구의 재산에 맞먹는 부를 장악하고 있다.◊

물론 부의 분배가 잘 이루어지지 않는 곳에는 늘 불평등과 불의가 존재했다. 그러나 대다수와 극소수 사이 막대한 부의 간극이 존재한 시기가 있었다 해도, 당시에는 지금 우리가 느끼는 정도로 그 격차를 인지하지 못했을 것이다. 우리는 현 상황을 잘 알고, 이 상황을 바꿀 수 있다는

─────◊ 데버라 하둔의 옥스팜 보고서 '99퍼센트를 위한 경제(*An Economy for the 99%*)'에서 인용했다(Oxfam International, January 2017; DOI: http://dx.doi.org/10.21201/2017.8616).

것을 안다. 그렇게 많은 사람이 겪을 수밖에 없는 끔찍한 가난이 무책임한 행동의 직접적 결과라는 것도 안다. 그런데도 우리는 마치 홀리기라도 한 것처럼 지속할 수 없는 행동 양식을 고집한다. 이런 행동 양식은 수많은 사람에게 겪지 않아도 될 참사를 불러올 뿐 아니라, 자연 질서를 망가뜨린다. 동시에 겉으로는 두드러지지 않지만, 우리 영혼에도 상당한 피해를 줄 수 있다. 산업혁명 이후 300년 동안 많은 사람들이 누린 풍요와 안락과 편리가 주는 물질적 혜택이 아무리 좋아 보여도 인류의 감성을 좀먹는 악영향을 끼쳤다.

필립 풀먼은 황금 나침반 시리즈 3부인 <호박색 망원경(The Amber Spyglass)>에서 강렬한 비유로 이런 상황을 이야기한다. 저자는 다른 우주로 간 과학자가 호박색 망원경이라는 기구를 만드는 과정을 묘사하는데, 이 망원경으로는 맨눈으로 볼 수 없는 것을 선명하게 볼 수 있다. 과학자는 이 망원경으로 자신이 생명의 물질―컴패션을 배우고 사랑하게 하는 힘을 주는 물질―이라고 생각하는 반짝이는 '먼지' 입자를 볼 수 있다. 하지만 그녀가 사는 억압된 세상에서는 이 먼지가 새어 나가고 있었다.

🌿 인류의 산업화 🌿

세상이 급속히 변하던 19세기 초, 윌리엄 블레이크를 포함해 풀먼에게 영감을 준 낭만주의 시인들은 산업사회의 새로운 기계화 방식이 인류 삶의 질과 문화에 악영향을 미칠 것이라 예상했다. 상아탑을 차지한 멋진 학자들과는 거리가 멀었던 그들은 잉글랜드 북부의 많은 공장이 대서양 노예무역의 수익으로 세운 것이라는 사실을 알았다. 노예무역은 수많은 사람을 동물과 물건 같은 인간 이하의 존재로 격하하는 제도로, 컴패션을 완전히 없애야 가능한 일이다. 시인들은 노동자가 도시로 이동해 자연과 밀접하게 접촉하지 못하면서 옛 공동체와의 유대가 깨지고, 사람들이 냉혹한 기계의 처분을 받으며 마음과 생각이 거칠어질 것이라고 예견하기도 했다. 새로운 과학은 회의적인 물질주의를 불러왔고, 이는 한때 신성하게 여기던 자연을 개발 가능한 물질, 즉 무생물의 영역으로 축소했다.

이런 변화 때문에 사람들은 과거의 미신에 의문을 제기했지만, 철학자 A. N. 화이트헤드가 약 100년 전에 말한 대로 '정신의 교리는 독립적 실체이며, 사적인 경험 세계뿐만 아니라, 사적인 도덕 세계로 직접 연결된다'. 따라서 강경한 개인주의자들을 제한된 도덕적 관점에서 해방시켜 열린 기회를 이용할 수 있도록 해 준다. 의식적이든 무의식적이든, 이런 철학적 전제가 산업혁명의 동력 중하나였다. 권리를 빼앗긴 빈곤층은 시골 생활이 여러 면에서 힘들다고 여겼지만, 암울한 도시 환경에서는 더 척박한 삶을 살았다.

대부분 퀘이커 교도인 일부 인자한 기업가들이 노동자의 삶을 개선하려고 했는데, 도를 넘는 행동에 반대한 이들의 캠페인은 제한적이나마 개혁을 낳기도 했다. 마르크스와 엥겔스 같은 좀 더 급진적인 사상가들은 혁명적인 변화를 요구했지만, 기성 권력을 존중하고—신성한 권한을 주장하며—철저한 사회 분업을 억지로 수용하는 것이 일반적이었다. 그런 세상에는 컴패션이라는 섬세한 꽃을 피울 수 있는 가볍고 깨끗한 공기가 희박했다.

그러는 사이 산업을 뒷받침하는 원자재와 새로운 시장 개척에 대한 욕구는 제국 확장에 더욱 박차를 가했다. 영국에는 석탄이 풍부했지만, 광물, 고무, 석유, 무명을 비롯한 다른 필수 원료는 외국에서 수입해야 했고, 주로 자신들이 편리하게 야만인(즉 인간 이하의 존재)으로 간주해 정복하거나 여차하면 몰살해도 아무 문제 없다고 여기는 사람들이 거주하는 나라를 식민 대상으로 삼았다. 이런 면에서 영국의 제국사는 대부분 영광과는 거리가 멀다. 미국은 자신의 '명백한 운명'◊에 따라 서부 확장을 당연시했고, 이는 노예제에 기반을 둔 국가가 대륙의 토착민을 대량 학살하는 결과에 이른다. 그런 잔혹 행위는 악이 동정심 없는 마음속 빈 곳에 빠르게 파고들며, 다음 세기는 이보다 더 심각한 사건이 발생할 수도 있다는 주장에 신빙성을 더해 준다.

🌿 컴패션을 둘러싼 전쟁 🌿

1914~1918년 발발한 제1차 세계대전은 제국 간의 무력 충돌로, 잔인하고 결론 없는 전투가 벌어져 수많은 사람이 목

————◊ manifest destiny : 19세기 중·후반 미국 팽창기에 유행한 이론으로, 미합중국은 북미 전역을 정치·사회·경제적으로 지배하고 개발하라는 신의 명령을 받았다는 주장이다. —역주

숨을 잃은 것은 모두 아는 사실이다. 그런데 이는 제2차 세계대전을 불가피하게 만들었다. 두 번째 세계대전은 무시무시한 대량 학살을 불러왔고, 핵무기의 위력으로 대도시들이 파괴되면서 절정에 달했다. 그러고도 끔찍한 폭력으로 얼룩진 20세기는 끝나지 않아서 이후에도 강대국들은 자국의 영토와 상관없는 지역에서 전쟁을 계속해 나갔다.

우리는 이제야 전쟁의 참화 한가운데 있던 군인과 민간인이 전쟁에서 얻은 트라우마의 영향을 깨달았다. 정도의 차이는 있어도, 폭력이 만연한 세상에서 아무 영향도 받지 않고 무사히 빠져나갈 수 있는 사람은 없다는 사실을 실감한다. '컴패션 피로(compassion fatigue)'도 그 부끄러운 징후 중 하나라고 할 수 있다. 시인 셰이머스 히니가 노벨상 수상 연설에서 말했듯, '우리가 날마다 현대사회의 야만성을 보여 주는 텔레비전 생방송을 수없이 시청하면 정보는 많이 얻을지 몰라도, 강제수용소와 굴라크◇◇를 보여 주는 오래된 뉴스 영화에 지나치게 익숙해질 정도로 내성이 생기는 위험에 처하게 된다'.

전쟁에서 이기려면 그림자 투사라는 막대한 노력이 필요하다. 그림자 투사란 우리 마음과 생각 속 어둠을 인정하지 않는 것이다. 그 어둠을 모두 적의 탓으로 돌리고, 그들을 악마화한다. 적을 나와 같은 연약한 인간이 아닌 쥐나 오물로 생각하는 편이 훨씬 쉽기 때문이다. 그렇게 하려면 불쑥불쑥 솟아오르는 컴패션을 의도적으로 억눌러야 하는데, 그렇게 억누르는 것 자체가 심리적 손상

───◇◇ gulag : 1930~1955년 존재하던 소련의 강제수용소 ─역주

의 한 형태다. 그림자 투사는 우리 대 그들로 양분된 이야기가 만연한 세상에 우리를 가둠으로써, 의심과 두려움을 증가시키고 우리 마음을 냉담하게 만든다. 그 때문에 우리는 안정감을 느끼지 못한다. 이런 문화에서는 감정을 노출하는 것, 특히 남성의 감정 표현을 연약함의 표시로 여길 때가 많다. 그 결과 주변에서 감지되는 잠재적 위협에 맞서면서 지지 않고 자신을 방어하려는 태도를 취하게 되었다. 자신에게 이익이라고 믿는 것은 더 철저히 보호하고, 미래는 더 두려워하게 된 것이다.

제2차 세계대전 이후 경제가 회복된 후에도 '나부터 챙기자', '나만 괜찮으면 됐지' 같은 정서가 일상에 자리 잡았다. 이런 사고와 마음 상태는 성인과 철학자가 우리 존재와 도덕성의 기반이라고 주장한 인간의 유대감과는 정반대다. 이렇게 행동하는 사람이 점점 더 많아지면 세상에서 컴패션이 사라지는 좋지 않은 결과가 나타난다.

컴패션보다 우위에 놓인 상업

전쟁과 폭력만 이런 상황에 한몫을 한 것은 아니다. 1928년, 지그문트 프로이트의 조카 에드워드 버네이스는 <프로파간다(Propaganda)>라는 책을 출판했다. 이 책은 상업적 이윤을 위해 판매하는 상품에 대한 공공 수요의 의도적인 창출을 옹호해 인류 복지 전반에 중대한 영향을 미쳤다. 버네이스는 다음과 같이 주장했다.

대중의 조직적인 습관과 의견을 의식하고 지적으로 조작하는 것은 민주주의 사회에서 중요한 요소다. 이 보이지 않는 사회의 메커니즘을 조작하는 사람들은 우리나라의 진정한 통치권자인 보이지 않는 정부를 구성한다. 우리가 본 적 없는 사람들이 우리를 지배하고, 우리의 사고를 좌우하며, 우리의 취향을 형성하고, 아이디어를 제안한다. (…) 전 대륙에 특정 제품을 공급할 수 있는 잠재력이 있는 단일 공장은 대중이 제품을 요구할 때까지 기다릴 여유가 없다. 오히려 값비싼 공장을 수익성 있게 만들 수 있는 지속적인 수요를 보장하기 위해서는 광고와 선전을 통해 수많은 대중과 지속적인 접촉을 유지해야 한다. (…) 우리가 이 집단심(集團心)의 메커니즘과 동기를 이해할 수 있다면, 대중은 눈치채지 못하게 하면서 우리 뜻대로 그들을 통제할 수 있지 않겠는가? 최근의 선전 관행은 그것이 가능하다는 것을 입증했다.

미국의 정치인들은 의미와 가치에 대한 이런 상업적 접근법을 적극적으로 받아들여 사람들에게 더 많은 사치품을 구입하도록 장려했다. (월 스트리트 대폭락 직후인) 1929년, 허버트 후버 대통령이 조직한 위원회에서 최신 경제 동향을 평가하기 위해 발표한 보고서는 이렇게 주장했다.

"경제적으로 우리 앞에는 무한대의 평야가 펼쳐

져 있다. 새로운 욕구가 충족되는 한, 더 새로운 욕구에 끝없이 자리를 내줄 새로운 욕구가 있다."

사람들을 욕구불만으로 만들어 실제로는 필요하지 않은 물건을 사도록 자극하는 이 계획에서 판매와 마케팅 산업이 탄생했다. 그 후 이 산업은 다국적 기업의 이익을 극대화하는 방식을 찾는 데만 급급한 나머지, 사람들이나 그들을 둘러싼 환경의 전반적인 복지에 미치는 영향에는 관심을 기울이지 않을 때가 많았다. 추수감사절과 연말연시에 대규모 할인 기회를 잡으려는 치열한 경쟁은 소유로 정체성을 확인하려는 욕구에 대한 자극이 어떻게 우리의 가치관과 윤리적 행복에 영향을 미치는지 생생하게 보여 준다. 도박 산업이 텔레비전 광고에 담아 퍼뜨리는 이기적인 에너지나 더 좋아 보이는 상품에 돈을 쓰도록 부추기기 위해 성적 이미지를 사용하는 것에 대해서도 똑같이 말할 수 있다.

더 이해하기 쉬운 예를 들면, 광고 효과도 건강에 영향을 미친다. 담배 산업은 수많은 생명에 미친 폐해에 대한 책임을 의도적으로 무시한 역사적 표지였다. 인류의 삶을 유익하게 하기 위해 존재해야 할 제약 회사도 약물 시험 결과를 위조하고, 자신들의 방식에 반대하는 학자들의 명성을 깎아내리고, 영리하게 자사 제품을 광고했으며, 개인 의료 종사자들에게 돈을 건네 잠재적 부작용에 대한 정보를 감춘 채 자기들 제품을 처방하게 했다. 거대 제약 회사는 대부분 그런 범죄 행위로 수천만 달러의 벌금을 내야 했지만, 이것이 잘못된 방식을 개선하겠다는 의지를 끌어내지는 못했다. 원인과 결과 분석에서 객관성을 유지해야 할 연구조차 이런 과정에 영향을 받아, 이제는 동료들의 심사를 받는 과학 학술지에서도 자금과 비용의 출처로 야기된 이해 충돌에 대한 진술을 요구한다.

　　제약 회사가 어느 정도까지 비굴해질 수 있는가 하는 것은 미국의 오피오이드 전염병 사례에서 확인할 수 있다. 2011년부터 2017년까지 합성 오피오이드(통증 완화를 위해 개발한 마약성 진통제) 과다 복용 사례가 1000명당 1건에서 9건으로 증가했다. 같은 기간에 약물 과다 복용 사망자 수는 2만 명에서 5만 명으로 늘었다. 코에 뿌리는 스프레이 형태의 합성 오피오이드 제조사 인시스 테라퓨틱스는 의사들에게 오피오이드 중독을 부르는 약품을 처방해 달라고 뇌물을 건네 유죄를 받았다. 안타깝게도 이런 행위는 인시스 테라퓨틱스사에만 국한된 것이 아니었다. 존슨앤존슨은 4억 6500만 달러의 벌금형을 받았고(이건은 현재 항소 중이다), 다른 두 제약 회사도 주 검사들과 합의해야 했다. 또 다른 두 회사는 각각 2억 7000만 달러와 8500만 달러의 벌금형을 받았다. 많은 이에게 존경받는 약리학자 피터 괴체는 <위험한 제약 회사(Deadly Medicines and Organized Crime)>에서 제약 회사가 사용하는 다양한 기술과 전략을 소개한다. 제약 회사조차 수많은 죽음을 초래할 여지가 있는 것이다.

　　한편 대기업과 정계의 유착 관계는 두 집단 사이를 끊임없이 오가는 사람들을 통해 조심스럽게 형성된다. 이런 제휴 관계에서 정치 자금을 제공한 기업 고문은 핵심 의사 결정에 관련된 직책을 보장받는다. 이는 통상적인 일이 되었는데, 이런 미묘한 조작을 통해 수익성이 확대되는 반면, 의료 산업 핵심에 자리 잡아야 할 가치인 컴패션은 구색을 맞추는 정도로 전락하고 만다.

　　산업화로 고통받는 것은 몸의 건강만이 아니다. 이언 맥길크리스트는 <주인과 심부름꾼(The Master and His Emissary)>에서 과학과 기술이 가져온 물질적 이점에는 뜻밖의 대가가 따른다고 말한다. 최신 과학과 기술의 힘이 불러온 기하급수적 발전은 인간의 사고방식에 불균형을 가져왔다. 그 결과 우리는 의미와 맥락, 가치의 토대를 제공하는 우뇌를 배제하고, 냉철하고 추상적이며 분석적인 좌뇌에 더 많이 의지하게 되었다. 의미와 맥락, 가치는 컴패션의 상상력이 제 역할을 하는 데 꼭 필요한 요소다.

🌿 디지털 혁명 🌿

디지털 기술은 좌뇌 사고 과정의 직접적 부산물이다. 21세기가 시작된 후 디지털 혁명은 개인의 행동과 사회적 관계에 큰 변화를 불러왔다. 이 변화가 얼마나 컸는지, 현재와 그리 멀지 않은 과거가 단절되기에 이르렀다. 사람들이 휴대 전화를 든 손을 얼굴 가까이 대고 길을 걸으며 주변에서 벌어지는 일은 눈치채지 못한 채 보이지 않는 상대와 이야기하는 모습은 젊은 층에게 일상 풍경이 되었다. 그러나 나이 든 사람들은 그런 단절을 사회적 일탈로 간주한다.

　　좌뇌가 어떻게 인간관계를 바꿔 놓는지 보여 주는 이러한 예시가 바람직하다고 여겨지는 의사소통 수단에 미치는 악영향을 과장했다고 생각할지도 모른다. 일상화된 좌뇌 사고는 윤리적·심미적 민감성을 좀먹어 컴패션에 관심을 두지 못하게 하는데, 이와 관련한 증거는 어디에서나 찾아볼 수 있다. 세계경제에 파괴적인 영향을 미친 전산화된 금융 거래, 온라인 범죄와 선거 과정의 변질, 산업 현장의 자동화에 따른 실업, (가장 우려되는) 인공지능의 빠른 발달 등의 움직임이 낳을 결과에 대해 사람들은 무감각해지고 있다. 좀 더 폭을 넓히면, 이는 직접적인 인간관계에서 비롯되는 따스한 페로몬의 접촉보다 가상현실의 유혹을 선호하는 수많은 개인의 삶에서도 확인할 수 있다.

이와 같은 인공적 환경의 확대는 사회에도 좋지 않은 영향을 미쳤다. 다양한 가게와 소상공업이 발달해 대화를 나누고 함께 아이들을 돌보며 자연스럽게 방범 활동이 이루어지던 도시에서는 작은 골목이 사라졌다. 그리고 고속도로와 고층 건물이 들어섰다. 고속도로와 고층 건물은 공동체 생활에 큰 도움이 되지 않는다. 사회는 점점 더 세분되어 자연환경과 단절되었다. 이 사회의 모든 존재가 자연에 달려 있는데도, 그것을 망가뜨리고 만 것이다.

직장에서는 사람들이 반평생에 걸쳐 습득한 기술이 순식간에 쓸모없어지고, 사업체는 스스로 통제하기 힘든 치열한 시장 원리의 지배를 받는다. 투기적인 자본주의가 이익을 얻기 위한 다국적 활동을 통해 전 세계경제를 지배하는 비인격적 결정을 내리고 있기에 중앙정부는 상대적으로 무력감을 느낀다.

다른 한편으로 아이들은 학교에서 수많은 시험을 치러야 하는 압박에 놓이는 사이사이에 친구나 낯선 사람을 온라인에서 만나는 데 쉽게 중독되거나, 따돌림으로 괴롭힘을 당할 수도 있다. 아이들과 학부모, 보호자는 어떤 식으로든 변화를 따라가기 위해 애써야 한다. 이런 변화를 따라잡지 못한 노인들은 이미 자신들이 이해하지 못하는 문화적 유배지에 갇힌 신세가 되었다. 최근 온라인에서 벌어지는 정치적 활동이 보여 주듯, 디지털 세상에서는 파악하기 어려운 사건이나 사물의 진실도 누구나 쉽게 손에 넣는다. 어떤 매체가 되었든 자신이 신뢰하는 신문이나 텔레비전 채널, 비슷한 소리만 확대 재생산하는 소셜 미디어가 그 일을 해 준다.

그래도 친절은 살아 있다

다행히 이런 우울한 면이 전부는 아니다. 앞서 언급했듯 컴패션의 여지는 아직 남아 있어서, 적극적으로 겉으로 드러나든 마음속 깊이 새겨져 있든 모든 사람에게 존재한다. 역사의 교훈은 쓰라리지만, 인류는 우리가 자초한 절망의 주인공인 동시에 희망의 근거이기도 하다.

　　　컴패션 커뮤니티 프로그램을 만든 프롬의 시도와 같은 프로젝트는 희망이 있다고 강력히 주장한다. 영국은 물론, 전 세계에 변화를 불러오기 위해 활발히 활동하는 사람들이 많다. 더 의미 있는 것은, 이런 프로젝트가 비인격적인 이데올로기에 따라 위에서 주입하는 방식이 아니라, 지역의 긴급한 필요에 반응하는 보통 사람들에서부터 시작되고 있다는 사실이다. 프롬 지역사회가 당면한 문제는 본질적으로 영국 내 다른 지역이 지닌 문제와 비슷하다. 강조점과 강도가 다를 뿐이다.

앞으로 살펴보겠지만, 프롬에는 작은 친절과 일상의 컴패션 등 마음을 따뜻하게 하는 사연이 많다. 이런 친절과 컴패션은 함께 시간을 보내는 지역사회 구성원들에게는 자연스러운 면모다. 컴패션 프롬 프로젝트는 이런 기본적인 친절에서 시작해 마을 전체로 퍼져 나갔다. 그렇다면 이들에게 힘이 되어 준 풀먼의 '먼지'는 무엇이었을까? 다음 장에서는 컴패션이 작동하지 않는 영양실조 같은 상태, 외롭고 우울한 사람들, 그리고 그들이 살아가는 팍팍한 사회의 건강과 복지에 영향을 미치는 문제에 해결책을 제공한 생물학적·사회적·윤리적·영적 요소를 살펴보려 한다.

좋은 관계가 질병을 예방한다

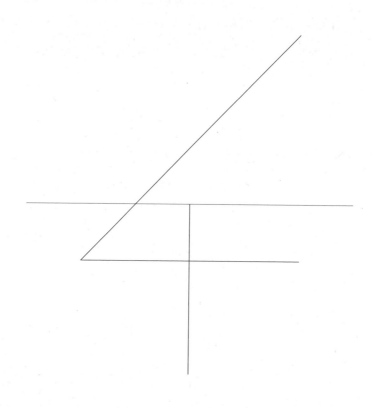

5년 전 뇌졸중이 왔습니다. 퇴원하고 나서 한동안 집에만 있으면서 자기 연민에 빠졌죠. 서너 달쯤 지나니 아내가 헤어지자고 하더군요. 그렇게 갈라서고 나니 세상에 나 혼자뿐인 것 같았어요. 그런데 '작업장'에 나가면서 인생이 완전히 달라졌어요. 그 전엔 살아야 할 이유를 모르겠다고 여기는 지경에 이르렀는데, 그때 손자 녀석이 떠오르더군요. 그래서 겨우 마음을 다잡고 뭐든 해 봐야겠다고 결심했습니다. 작업장에서 그 결심을 실천에 옮겼어요. 자신감도 되찾고, 새 친구도 많이 사귀고, 이제는 자원봉사도 합니다. 전에는 꿈도 꾸지 못했던 일들이에요. 여기서 사귄 두어 명은 제가 아무 때나 전화해서 뭐 하냐고 물으면, 별일 없다면서 바로 저를 찾아와요. 그런 친구가 생긴 건 정말 오랜만입니다.

* 스티브, 프롬 프로젝트를 소개한
스웨덴 텔레비전 다큐멘터리
<특파원(Korespondentern)> 인터뷰 중에서 *

컴패션 프롬 프로젝트가 맨 처음 국내외에서 주목받은 것은 바로 독특한 결과 덕분이다. 첫 번째 프로젝트를 통해 해당 지역 병원의 응급실 입원율이 줄어든 것이다. 응급실 입원율 하락이 프로젝트의 유일한 성과는 아니지만, 굉장히 중요한 성과인 것은 틀림없다. 서양 의료 서비스가 직면한 해결하기 힘든 문제에 잠재적인 답을 제시했기 때문이다.

지난 20년간 영국 정부는 '지역사회 돌봄' 정책을 만들어 병원 의존도를 낮출 방법을 모색했다. 병원에 대한 의존이 의료 서비스에서 가장 많은 비용을 차지하기 때문이다. 하지만 시간이 흐르면서 이 정책은 실패했다. 이 정책이 지역 의료 기관에 감당하기 힘든 스트레스를 주었고, 그 때문에 역설적이게도 병원 응급 치료 요청이 늘어났다. 응급실에 환자들이 몰려드는 겨울철이면, 전 세계가 문명의 승리라 평가한 영국의 국가 의료 서비스는 재앙 수준으로 휘청거렸다.

입원 건수의 증감은 그날그날 예측하기 힘들었고, 오르락내리락하는 수요에 맞추어 병동을 열었다가 닫곤 했다. 병동을 폐쇄하면 거기서 일하는 팀을 해체하고 직원은 해고한다. 하지만 입원 건수가 늘어나면 병동을 다시 열어야 한다. 다른 병동의 의료진이 새로 연 병동까지 책임져야 하는데, 그러면 원래 병동의 팀워크는 약해지기 마련이다. 새로 팀을 꾸리는 데는 상당한 시간이 필요하기에 양쪽 병동 모두 치료의 질이 떨어지고, 이는 환자의 안전에 영향을 준다. 전염병이라도 돌면 필요한 만큼 병상을 확보하기 위해 일반 수술을 연기해야 한다.

2018년 1월, 병원에 누적된 스트레스가 매우 심각해져서 영국 전역의 일반 수술이 모두 취소되었다. 그 여파로 진료 대기 시간이 길어졌고, 대기 중인 환자들의 상태가 악화되는 연쇄 작용이 일어났다. 결국 치료 과정이 더 복잡해졌다. 이렇듯 수년간 영국 병원에서 병동을 열었다 폐쇄하는 악순환은 치료의 안전성을 떨어뜨렸을 뿐 아니라, 비용을 크게 늘리는 결과를 불러왔다.

이런 문제는 영국의 국가 보건 의료 제도에만 국한되지 않는다. 그래서 프롬 실험에서 발표한 결과가 통계적 평가로 나타났을 때 영국 안팎에서 환영받은 것은 당연한 일이다. 보건 전문가와 정치인은 프롬의 마법 중 어떤 것이 효과가 있었고, 지역사회 개발 프로그램과 지역 건강관리 개선 사이에 어떤 혁신적 연결 고리가 있는지 알고 싶어 했다. 그 답이 바로 컴패션이었다.

🌿 사회적 관계와 인류의 건강 🌿

우리는 앞서 자신을 희생하는 컴패션을 설명하면서 철학자 쇼펜하우어의 통찰을 살펴보았다. 그는 우리 각자가 (따로 떨어져 있는 듯 보여도) 모든 의식이 하나로 합쳐진 한 바다 안에 존재한다고 여겼다. 이는 특정 장소에서 새로운 발전이 수면 위로 떠오르면, 다른 곳에서도 비슷한 관점의 변화가 이미 일어나고 있다는 견해와도 일치하는 듯하다. 이와 같은 맥락에서 개인 건강과 사회 건강의 상관관계를 적극적으로 탐색한 이들은 헬렌 킹스턴 박사와 제니 하트놀뿐만이 아닐 것이다.

이전에도 미국 유타주 브리검 영 대학교의 한 팀에서 실시한 연구 프로그램이 매우 흥미로운 결과를 내놓았다.

이 프로그램을 이끈 줄리안 홀트-룬스타드 교수는 자신의 연구를 다음과 같이 소개했다.

> 이 연구 프로그램은 사회적 관계의 질과 양이 장기적인 건강 상태와 사망 위험, 그리고 그런 연관성으로 발생할 수 있는 생물학적 경로(심혈관, 신경 내분비, 유전적 요소)에 미치는 영향을 검토한다. 또 친밀한 관계에서 일어난 부정적 일들(양가감정, 결혼 생활의 고통)의 잠재적 악영향을 고려한다. 이 연구는 부부 관계, 어머니와 자녀의 관계, 친구 관계 등 사회적 관계를 검토했다. 내 연구는 학제 간 연구로, 실험과 자연 관찰, 메타 분석, 개입 연구 등 다양한 방법을 취한다.

2010년, 홀트-룬스타드 교수 팀은 '사망 위험 요인인 외로움과 사회적 고립: 메타 분석 검토'라는 논문을 발표했다. 다양한 개입을 검토해 그것들이 사망 위험에 미치는 영향을 비교한 이 논문은—건강한 사회적 관계가 건강에 필수라는—이미 알려진 사실을 확인해 주었다. 하지만 더 중요한 것은, 이 논문이 인정 넘치는 환경이 다른 예방 전략보다 효과가 훨씬 더 크다고 결론 내렸다는 점이다. 놀랍게도 연구는 건강한 사회적 관계가 금연이나 금주, 건강한 식단, 규칙적인 운동, 체중 감량, 고혈압 관리 같은 방법보다 생명을 연장하는 데 더 큰 효과가 있음을 보여 주었다.

이런 연구 결과는 예상치 못했기에 더 중요한 발견이다. 우리가 아는 다른 어떤 변화보다도 주변과 맺는 관계를 개선하는 것이야말로 건강 증진 효과가 크다는 사실을 증명했기 때문이다. 현 상황을 다루기 위해 다른 개입이 필요할 수도 있지만, 마음대로 사용할 수 있는 가장 효과적인 예방 의료, 곧 기대 수명을 연장할 가능성이 가장 큰 방법은 좋은 사회적 관계를 만들고 유지하는 것이다. 프롬 지역에 건강과 사회적 돌봄을 제공하려는 헬렌 킹스턴 박사의 비전에 기초가 되는 것이 바로 이 점이다. 우리는 수전 핀커의 책 <빌리지 이펙트(The Village Effect)>에서 홀트-룬스타드 교수의 결론을 다시 확인해 주는 내용을 찾을 수 있다. 핀커는 책에서 이렇게 주장했다. "다른 이를 돌보는 일이 자신을 위한 치료가 된다거나, 지역사회를 위해 고민하는 일이 치료제를 대신할 거라고 생각하는 사람은 그리 많지 않을 것이다. 그렇지만 서로 얼굴을 마주하는 다양한 사회관계가 병을 이겨 내게 하는 생물학적 에너지를 만들어 낸다는 증거는 아주 많다."

또 핀커는 책에서 얼굴을 마주하는 의사소통이 수명과 전반적인 행복을 증진하는 핵심 요소임을 알려 주는 다양한 출처를 인용하며 사회적 관계가 건강에 미치는 직접적 영향을 자세히 검토한다.

최근 더 많은 연구로 명확해진 이 같은 연구 결과의 예를
서머싯에서 1만 킬로미터쯤 떨어진 곳에 위치한 오키나와
섬에서 볼 수 있다. 일본 오키나와는 100세 이상 장수 인구
가 많은 곳으로 유명한데, 세계보건기구에서 '장수 섬'이라
는 별명을 붙였을 정도다. 이런 긍정적인 현상의 원인을 찾
는 연구자들은 특정한 유전적 이점은 제외했는데, 먼 곳으
로 이주한 오키나와 사람들은 장수하지 못했기 때문이다.

　　오키나와는 기후가 온화하고 주민들이 건강한
식습관을 지니고 있지만, 이런 요소가 장수를 설명하기에
는 중요도가 떨어진다는 데 의견이 모이고 있다. 그보다는
이들의 문화적 가치관과 잘 발달한 사회생활이 더 중요한
역할을 한다는 것이다. 오키나와 사람들은 영적 의식을 공
유하는데, 이 영성은 기도와 명상, 마음 챙김, 역경을 만나
도 긍정적 태도를 잃지 않으려는 결단에 뿌리를 두고 있다.
이들을 지배하는 가치는 '유이마루', 곧 상호 협력 정신이
다. 유이마루는 그룹 활동이 활발한 오키나와 문화 깊숙이
뿌리를 내리고, 삶에 의미를 더하며, 활력을 불러일으킨다.
이 활력은 이들이 매일 아침 함께 부르는 노래 가운데 울려
퍼진다. "마음의 온기가 몸의 질병을 예방해 준다네."

　　분명 그들은 즐거운 시간을 자주 가질 것이다.
현대사회에서는 많은 노인이 골칫거리와 부담이 될까 봐
두려워하는데, 오키나와에서는 '어르신들이 우리 보물'이
라고 한다. 이런 점을 포함해 다른 많은 부분에서 이들의

유익한 생활 방식은 시사하는 바가 크다.

우리는 태어나는 순간부터 눈을 마주치는 친밀한 행위를 통해 다른 사람과 관계 맺는 법을 배운다. 갓난아이는 어머니의 눈을 가장 먼저 알아본다. 그리고 자라면서 타인의 표정과 어조, 몸짓을 읽는 선천적인 기술을 통해 관계를 맺고 성숙해 간다. 언어를 습득하기 전에 이런 섬세한 의사소통 방식으로 막대한 정보를 교환한다. 얼굴을 마주하는 교류는 사람들이 자신의 말과 행동에 어떻게 반응하는지 알게 해 주고, 우정을 형성하고 확인하는 매개이기도 하다. 여러 시인이 오랫동안 주장해 왔듯, 사람은 처음에 눈짓으로 사랑에 빠진다. 또 상대의 표정을 읽는 능력은 위험을 알려 주기에 우리가 목숨을 유지하도록 도와주기도 한다.

물론 복잡한 세상에서 성공적인 사교 생활에 필요한 기술을 온전히 발전시키는 데는 오랜 시간이 걸린다. 따라서 인간은 유아기와 아동기부터 이런 기술을 습득한다. 대개 건강한 사회적 관계를 발달시키는 능력은 아동이 어른이나 다른 아동과 창의적인 놀이와 친밀한 교류를 하는 데 투자한 시간에 따라 결정된다고 할 수 있다. 의사소통의 성공 여부는 우리 행동이 주변 사람들에게 미치는 정서적 영향을 우리가 얼마나 이해하느냐에 달려 있다. 그런 이해가 전제되어야 자기중심성을 벗어나 온전하고 성숙한 관계로 나아갈 수 있다. 이렇게 해서 우리는 좋은 동반자가 되는 법을 배운다. 그리고 삶을 고양하는 컴패션의 사회적 가치를 이해하게 된다.

줄리안 홀트-룬스타드 교수 팀의 연구는 건강한

사회적 관계가 장수의 특징임을 확인해 주었다. 좀 더 폭을 넓히면, 수전 핀커는 책에서 다음과 같이 주장하면서 얼굴을 마주하는 사회적 교류의 치유적 가치를 강조한다. "자신에게 중요한 사람들과 긴밀한 접촉을 유지하는 일을 등한시한다면 고혈압이나 비만, 혹은 하루에 담배 한 갑을 피우는 것만큼 건강상의 위험을 겪을지도 모른다."

하지만 인간 관계가 건강에 미치는 영향을 좀 더 깊이 이해하려면, 활발한 사회적 관계를 맺을 때 무의식적인 신체 대사 활동을 통해 내면에서 일어나는 능동적·반응적 현상도 고려해야 한다.

🎝 컴패션 유지의 필수 요소 🎝

1906년에 옥시토신의 중요성을 처음 발견한 사람은 헨리 데일이다. 뇌하수체에서 분비되는 이 펩티드 호르몬은 자궁을 수축해 출산 시 중요한 역할을 한다. 그래서 이 호르몬에는 '일찍 태어나다(sudden delivery)'라는 뜻의 두 그리스어 어근에서 비롯된 명칭을 붙였다. 옥시토신은 가슴의 유선을 자극해 산모와 아이의 정서적 유대를 돕는다. 하지만 후대 연구자들은 옥시토신에는 훨씬 더 다양한 효과가 있으며, 인간의 생명과 행위의 다른 여러 중요한 측면에 결정적 역할을 한다는 사실을 발견했다.

신체적인 면에서 이 다재다능한 호르몬은 상처를 치료하고 항염증제 역할을 한다. 정서적인 면에서는 우울감을 완화하고 긴장을 풀어 주며 신뢰감을 높인다. 좀 더 널리 알려진 기능으로는 성인들 간의 미묘한 유대 형성에 중요한 역할을 하고 성적 매력과 성욕을 자극하는 활동과 깊이 연관되어 있다. 이 때문에 흔히 '사랑의 호르몬'으로 알려져 있다. 사람들은 기본적으로 사랑하고 사랑받는 것을 좋아하는데, 신경전달물질 역할도 하는 이 호르몬은 이런 만족스러운 감정을 매개하는 데 핵심 역할을 한다. 그래서 인간은 여러 면에서 옥시토신에 중독되었다고 할 수 있다.

어디에나 있는 이 호르몬의 특징에 대한 연구는 꾸준히 이어지고 있으며, 인간 신체와 심리의 장기적인 건강에 관여하는 생리학적·행동적 영향이 더 많이 밝혀지고 있다. 하지만 이 책에서는 건강한 사회적 관계가 옥시토신 분비를 촉진한다는 사실을 강조하는 것으로 충분하다. 우리는 길에서 우연히 만난 사람과 나눈 기분 좋은 대화 같은 짧은 사회적 접촉을 통해서도 옥시토신의 존재와 효과를 느낄 수 있다.

어느 유명 기자가 이 책의 저자 중 한 사람에게 들려준 이야기는 이런 가벼운 교류가 얼마나 중요한지 알려 준다. 그는 아프가니스탄에 종군기자로 파견되었을 때 가장 그리웠던 것이 가벼운 사회적 접촉이었다고 했다. 본국에 있을 때 아이들이 운동하는 모습을 지켜보면서 다른 아이들 부모와 나눈 사소한 대화 같은 것들 말이다. 다음 장에서 살펴보겠지만, 프롬에서는 가벼운 대화를 주고받을 수 있는 편안한 장소를 마련한 것이 마을이 활기를 되찾는 데 결정적 역할을 했다. 어떤 사람들은 그 장소를 생명의 은인처럼 여기기도 한다.

이런 경험에서 느낀 만족에는 편안한 교류에서 비롯된 옥시토신 분비라는 무의식적 요소가 자리한다. 하지만 그런 경험을 단순히 호르몬의 작용으로 생각하기보다는, 능동적인 사회 활동과 신체의 미묘한 기능이 호르몬을 매개로 피드백을 주고받는 순환 현상으로 이해하는 편이 더 낫다. 우리는 그런 순간들의 가치와 중요성을 인식할 수 있으며, 의식하지 못한 호르몬 반응도 그 과정을 돕는다. 그리고 생리적·생화학적 변화를 통해 그런 행동 양식이 강화되면 건강한 사회적 관계를 맺는 능력은 한층 발달하고 성숙한다. 다시 말해, 컴패션은 우리의 기분을 좋게 만드는 연결을 낳는다. 옥시토신은 우리 몸의 신진대사에 주입된 스트레스 경로와는 정반대로 작동한다. 정서적 긴장과 화가 관계를 망친다는 것은 누구나 아는 사실이다. 이런 긴장과 화는 혈압을 극도로 높이고 생화학 경로와 염증성 경로를 자극해 신체에도 악영향을 미칠 수 있다. 스트레스 경로는 단기적으로 우리를 위험에서 보호하는 데 도움을 주지만, 스트레스 반응이 장기화되면 여러 면에서 심각하게 건강을 해친다. 이것이 바로 수술실과 병동을 가득 메운 만성질환을 일으키는 원인이다.

설상가상으로 우리는 전혀 도움이 되지 않는 다양한 방식으로 스트레스를 다루려 하기도 한다. 건강을 위협하는 음식이나 술, 약물 등 다양한 중독에 의지하는 것이다. 이런 일이 벌어지면 스트레스가 커져 건강이 망가지는 악순환에 빠지기 쉽다. 그러나 우리는 호르몬 반응과 기타 생물학적 과정이 미묘하게 작용하는 건전한 관계를 통해 건강과 행복을 증진할 수 있다는 확실한 의학적 증거를 발견했다. 사회적 관계를 통해 스트레스의 악영향도 피할 수 있다. 두 가지 경우 모두 그 중심에는 컴패션이 있다.

인간 존재의 가장 기본적인 차원에서 호르몬은 인간이라는 종의 생존과 번성을 위한 생식 행위를 촉진한다. 그러나 이 호르몬은 좀 더 성숙한 정서적 차원에서 우정과 사랑이라는 유대 관계를 발전시키기도 한다. 우리는 생화학·호르몬 전달자들이 분주하게 활동하면서 효과적인 사회관계를 창조하는 모습을 어디서나 발견할 수 있다. 그리고 진화적 관점에서 인간의 행동과 생리를 분리할 수 없다는 것이 확실해졌다. 그 두 가지에 있어 결정적인 것이 바로 컴패션 능력이며, 우리 사회의 생존이 거기에 달려 있다.

🌿 개인이 성장하려면 온 마을이 필요하다 🌿

다윈을 지나치게 단순하게, 때로는 이념적으로 해석한 사람들은 경쟁력이 진화의 지배적인 힘이라고 강조했다. 영국의 철학자 허버트 스펜서가 정의한 대로, 이 무자비한 세상에서는 '적자생존' 원칙이 작동한다는 것이다. 하지만 그런 관점은 상호 보완하는 힘인 협동의 필수 역할을 과소평가한다. 협동이 없다면 삶은 견디기 힘들고, 생존조차 어렵다. 인간도 대다수의 생물종처럼 사회적 동물이며, 우리는 저 깊은 생물학적 차원에서 컴패션이 건강한 사회 관계에 꼭 필요한 접착제라는 것을 알고 있다. 그러나 인간과 동물은 똑같은 호르몬을 가지고 있지만, 컴패션이라는 감정과 연관된 호르몬 분비는 진화의 산물이 아니다. 생화학은 무작위로 움직이는 우연한 진화 행위가 아니다. 오히려 수억 년에 걸쳐 이루어진 개선 과정이다. 따라서 환경에 가장 잘 적응한 이가 살아남는다는 적자생존보다는 컴패션이 가장 많은 이가 살아남는다는 말이 더 적절할 것이다.

컴패션은 내면 아주 깊숙이 새겨져 있기에 다른 사람들의 고통을 덜어 주려는 마음이 들 때 그것을 알아차릴 수 있다. 그것은 아기 울음소리를 듣고 어머니가 젖을 먹이거나 차가 많은 길을 건너는 어르신을 돕는 것처럼 아주 단순한 행동일 수 있다. 그런 순간은 삶에서 반복해서 일어나는데, 인간이 컴패션을 타고났기 때문에 나타나는 반응이다. 제대로 개발하기만 한다면, 컴패션은 우리가 어느 곳에 있든 모든 사회적 상호작용에 적용할 수 있는 매우 소중한 자원이다.

인류가 사냥과 채집을 하던 시기부터 우리는 개인보다 집단으로 일할 때 훨씬 더 많은 성취를 이룰 수 있다는 사실을 알았다. 지금처럼 이동이 잦고 대다수가 핵가족인 산업화 사회에서도, 아이를 키우는 일은 집단으로 이루어지는 행위다. 때로는 부담스러운 의무로 여겨질 수 있는 일도 가족이나 친구의 도움을 받으면 더 쉽고 즐거운 일이 된다. 더 중요한 사실은 최고의 자녀 양육 노하우는 세대를 거쳐 전수된다는 것이다. 그런 까닭에 할머니, 할아버지는 자기 손주뿐 아니라 이웃 아이를 돌보는 일에서도 중요한 역할을 담당한다. 하지만 우리는 잦은 사회적 이동으로 대가족을 이루는 삶이 현저하게 어려워진 시대에 살고 있다. 그런 변화로 많은 것을 얻었을지는 몰라도, 그만큼 잃은 것도 많다. 그중에서도 가장 가슴 아픈 손실은 가족 내에서 세대 간의 만남이 단절된 것이다. 그런 단절과 이혼율 증가를 포함해 여러 사회 변화 과정에서 빼놓을 수 없는 것이 과학기술의 발전이 불러온 압박이며, 이를 통해 정신을 못 차릴 정도로 빠르게 세대 간 격차가 벌어지고 있다. 속도 빠른 시각적 자극에 익숙한 요즘 아이들은 할아버지, 할머니의 이야기와 조언에 귀 기울이는 것을 힘들어할 수도 있다. 하지만 그런 세대 간 연결이 끊기면, 자녀 돌봄의 질은 악화되기 마련이다. 오키나와 사람들이 주장하듯, 손주를 돌보는 조부모가 어린 세대에게 보여 주는 인내와 깊은 관심은 값을 매길 수 없는 귀한 자산이다. 마찬가지로 교사들이 학생들의 복지와 사회적 통합에 관심을 쏟는 학교에 다닌 아동은 사회적 관계를 형성하는 데 필요한 기술을 습득할 가능성이 높다는 사실이 점점 더 분명해지고 있다.

　　우리 자신이나 가까운 사람이 아플 때도 건강한 사회적 관계의 가치는 커진다. 그들의 지지는 단순히 따뜻한 우정을 전달하는 것 이상의 의미를 지니고 있다. 혼자 애쓰는 개인보다 자발적으로 도와주려는 사람들이 모인 팀에서 문제를 더 잘 해결하는 경우가 많다. 이들의 다양한 지식이 어려움에 빠진 사람을 효과적으로 이끌어, 적절한 의료 서비스를 받도록 도울 수 있다. 좀 더 현실적으로 예를 들자면, 여러 사람이 사랑과 웃음과 우정을 표현하면서 장보기와 요리, 청소를 도와준다면, 보호자 혼자 건강을 해치면서 환자를 돌보는 것을 막을 수 있다. 슬픔과 상실과 사별을 겪는 와중에도 그렇게 공유한 경험은 모두의 삶의 질을 향상시킬 수 있다.

🌿 경쟁과 컴패션 중 선택하기 🌿

인류는 컴패션의 바다에서 헤엄친다. 인간은 사회 집단에서 제대로 함께할 때 호르몬에서, 생리 현상에서, 행동 양식에서 컴패션의 영향을 느낀다. 살면서 어쩌다 한 번씩 실천하는, 기분 좋게 관계 맺는 방식으로만 컴패션을 생각한다면 핵심을 놓치는 것이다. 컴패션은 알게 모르게 우리 몸의 구조에 새겨져 있다. 친구에게 안부를 묻거나 차 한 잔을 건넬 때 컴패션은 우리 곁에 존재한다. 컴패션은 사회적 기능에 꼭 필요한 요소다. 우리는 생존을 위해 컴패션이 반드시 필요한 상호 의존적 존재이기 때문이다.

　　컴패션의 역할을 더욱 강조하고 싶은 일부 독자는 이 장의 내용이 부족하다고 느낄지도 모른다. 공격적인 경쟁심과 수직적 계층 구조 안에서 주도권을 잡으려는 충동 역시 인간의 본성과 행위에 내재한다는 사실 또한 진화의 타당한 근거임을 별로 언급하지 않기 때문이다. 여기서는 동물계와 인간사라는 논란의 장에서 날마다 벌어지는 수많은 일에 확연히 드러나는 문제를 상세히 살피기보다는, 이 문제에 대해 꼭 필요한 균형적 관점을 갖추는 것을 목표로 삼는다. 지금은 극단적인 균형 상실이 인간을 포함한 많은 종의 지속적인 삶을 위협하고 있어서 균형을 되찾는 일은 점점 더 중요하고 시급해졌다. 그와 동시에 치열한 경쟁 사회에서 컴패션이라는 요소를 실효성 있는 행동으로 발전시켜 나갈 때 느끼는 어려움을 과소평가하는 것도 순진한 일일 것이다. 그런 변화 과정에는 창의적 시각과 단호한 용기가 필요하다. 비록 어렵더라도 변화는 얼마든 일어날 수 있으며, 컴패션 프롬 프로젝트가 거둔 놀라운 성공이 그 증거다.

다음 장에서는 프롬에서 일어난 일을 자세히 살펴봄으로써 이를 더 상세하게 설명하고, 세상을 바꾸는 컴패션의 능력을 개인과 공동체에서 효과적으로 활성화하는 방법을 검토할 것이다. 컴패션을 사회복지와 주민 건강의 관계를 더욱 돈독하게 만드는 힘으로 활용하면, 적절한 비용으로 더 포괄적인 효과를 발휘하는 의료 서비스를 지역 사회에 폭넓게 제공할 수 있다는 사실을 프롬의 사례에서 확인할 수 있다.

컴패션의 역할을 제대로 이해하고 그것과 관련된 풍요로운 자원을 활용하면, 건강과 행복을 증진할 수 있다. 컴패션의 힘을 빌리면 장수를 누릴 수 있고, 병원에서 마지막 날을 맞을 확률도 낮출 수 있다. 컴패션을 창의적으로 적용해 사회 전체에 활기를 불러올 수도 있다.

컴패션 프롬 프로젝트의 성공이 들려주는 그곳 사람들의 이야기는, 그런 비전이 서류상으로는 그럴듯하지만 실생활과 관련이 별로 없는 추상적이고 개념적인 전략이 아니라는 사실을 증명해 줄 것이다.

프롬에서 일어난 작은 기적

사려 깊고 헌신적인 시민으로 구성된 소그룹이 세상을 변화시킨다. 이것이 변하지 않는 유일한 진실이다.

* 마거릿 미드 *

마거릿 대처가 1987년에 <우먼스 오운(Woman's Own)> 잡지와 나눈 인터뷰에서 "사회라는 건 없다"라고 선언한 후로 수십 년간 정치·경제 영역의 인사 관리를 뒷받침하는 가치 체계에 급진적인 변화가 이루어졌다. 그 변화는 개인과 공동체의 삶에 광범위한 영향을 미쳤다. 저명한 정신분석가이자 타비스톡 포트먼 NHS 재단 트러스트에서 피츠존 부서(Fitzjohn's Unit)◊를 맡고 있는 데이비드 벨은 그 근본 원리를 정확하게 요약했다. 벨은 <시류를 거슬러(Against the Tide)> 서문에 이렇게 썼다. "신자유주의는 의료를 포함한 삶의 모든 영역에 침투하는 시장 형태로 나타난다. 이 신자유주의는 세계관의 패권을 차지했는데, 그런 세계관은 사회를 각자 자기 필요를 채우려 애쓰는 개인의 총합으로 이해(오해)한다."

벨은 이런 변화의 결과로 정신의학 분야에서 '인간 고통의 산업화'가 나타났다고 주장한다. 이는 환자를 '병의 진행 과정에서 수동적인 수혜자'—즉 잘 분류된 여러 정신 질환의 예로서—이자 이 과정의 주체가 아닌 객체로 보는 성향을 가리킨다. 벨은 그런 비인격적 관점으로는 '자기 삶의 이야기와 자신을 둘러싼 인간관계에서 고통을 느끼는 독특한 존재'인 개인을 입체적으로 이해하지 못한

———◊ 타비스톡 포트먼 NHS 재단 트러스트는 흔히 '타비스톡 클리닉'으로 불리는 NHS 산하 정신 건강 연구소다. 그중 피츠존 부서는 성격 장애 등 고도의 전문적 돌봄이 필요한 성인을 대상으로 외래 서비스를 제공한다. —역주

다고 주장한다. 그들이 맺는 인간관계는 가장 친밀하게는 개인 관계나 가족 관계겠지만, 사회적 관계도 포함된다. 또 지역사회에 퍼져 있는 이야기가 삶의 질을 결정하기도 하는데, 정신 질환으로 고통받는 개인은 그런 이야기들에 직접적이고 때로는 억압적인 영향을 받는다. 다행히 컴패션 프롬 프로젝트의 결과는 공동체 생활이 여러 긍정적인 방식으로 개인에게 변화를 일으키는 효과가 있다는 사실도 보여 준다.

사회생활의 질에 영향을 주는 좀 더 광범위하고 비인격적인 힘에 대해 벨이 내린 진단은 옳다(이 책도 그 말이 사실임을 입증한다). 우리는 고통받는 개인의 주체적 정체성이라는 인격적 가치는 물론, 공동체라는 개념이 뜻하는 진짜 가치에 대한 진정한 이해도 놓치고 있는 셈이다. 달리 표현하자면, 신자유주의 시장 원리로 삶의 근본적 측면이 사유화되고 상업화되는 것은 개인의 정신 건강뿐 아니라, 그들이 소속된 공동체의 건강과 활력에도 해롭다.

사회가 점점 복잡해지고 분화하면, 그에 따른 문제가 생기고 기술 관료적 '해결책'이 등장한다. 다양한 분야의 전문가들이 이 해결책을 설계하고, 보통 사람들의 삶과는 갈수록 동떨어지는 듯한 정치인들이 이를 하향식으로 적용한다(예를 들어 정치인들이 자기 자녀들은 보내지 않는 학교의 행정과 교육과정, 그리고 자신은 이용하지 않는 공공 의료, 복지 체계의 조직과 운용을 좌우할 때가 많다).

벨이 주장하듯 인간사에 대한 이런 신자유주의

관점이 전 세계 주류 정치·경제적 사고를 장악하고 있다. 사실상 삶의 모든 영역에서 이런 관점을 공격적으로 추구하는 사람들이 공적 의사 결정을 하는 중앙집권적 권력을 위임받거나 장악하거나 통제하고 있으며, 그들에게 부역하는 기술 관료들이 전문 지식을 제공한다. 그 결과 지역 사회에는 다소 의도적으로 불신이 조장되는데, 이러한 불신은 주민의 현장 경험을 평가하거나 이해하는 데 영향을 미치고, 주민 활동과 생활 방식을 적절하게 통제하는 데도 쓰인다. 따라서 그런 비인격적인 세력에 많은 개인이 무력감을 느끼고, 이 무력감이 불러일으키는 불만과 불신은 깊어만 간다.

컴패션 커뮤니티 개발의 철학과 실천은 이런 불만족스러운 방식을 근본적으로 뒤엎는다. 그것은 중앙집권화된 권위의 기반이 되는 전제와는 철저하게 다른, 다음의 두 전제 아래 움직인다.

1. 개인에게는 자기 문제를 정의하고 해결할 능력이 있다.
2. 개인이 모인 공동체에는 사회적 자산과 기술과 재능이 풍부하다.

이것이 컴패션 프롬 프로젝트를 처음부터 뒷받침해 온 가정이었다.

NHS 산하 프로젝트의 공식 명칭은 헬스 커넥션즈 멘딥이고, 그 사명 선언문은 다음과 같이 시작한다.

2013년부터 시작된 헬스 커넥션즈 멘딥은 신뢰에 기초해 사람들과 지역사회를 위해 올바른 일을 함께 하는 모델을 만들고자 혁신적이고 역동적이며 유기적인 방식으로 일해 왔습니다. 우리는 사람들이 더 많이 원하고, 나누고 싶어 하는 것들이 조명을 받을 수 있도록 함께 일합니다. 사람들은 자신에게 중요한 일에 관해서 나름의 해결책을 찾으며 참여하길 원하는데, 그들이 그런 영역에서 자신의 에너지와 창조성을 쏟을 수 있도록 돕습니다. 우리는 접착제가 되어 사람들이 서로 관계를 맺도록 도움으로써 신뢰, 친절, 창조력, 연결에 기반하면 '할 수 있다(can do)'는 본보기를 보여 주었습니다.

누구나 따라 할 수 있는 프롬 모델의 성공 사례는 그런 접근법이 응급실 입원율을 낮추는 동시에 지역사회 전반에 활력을 불어넣어 개인의 건강과 복지를 개선할 수 있음을 보여 주었다. 이 놀라운 결과를 이루어 내는 데 핵심이 된 방법은 다음과 같다.

- 첫째, 마을에서 이용하고 있는 사회적 자원을 수집했다. 클럽, 합창단, 자선단체, 동호회에서는 사람들을 모아 함께 활동하면서 부수적으로 컴패션 커뮤니티의 핵심 특징인 온기와 유쾌함, 웃음, 우정도 이끌어 낸다.
- 다음으로, 이런 자원의 잠재력을 최대한 활용하

기 위해 적절한 홍보와 지원 활동을 펼쳤다.

- 마지막으로, 과거에는 파악하지 못했던 필요를 확인하고, 그 필요를 채우기 위한 창의적 수단을 준비했다. 이를 위해 결핍을 더 창의적인 발전을 위한 기회로 바꾸는 데 도움이 될 만한 전문 지식과 기금, 지역사회의 기술과 재능을 모았다.

이렇게 해서 다양한 질병으로 일상을 유지하기 힘든 개인의 상황과, 그대로 방치하면 절망과 자살로 이어질 수도 있는 사회적 고립을 우정과 지원망으로 해소할 수 있었다.

헬렌 킹스턴 박사와 제니 하트놀은 현실적인 면에서 사람들의 필요와 가능성에 집중함으로써 변화를 부르는 프로그램을 함께 끌어냈다.

🎗 공동체에 대한 신뢰 🎗

어떤 면에서 제니 하트놀은 의료와는 상관없는 자신의 독특한 배경을 업무에 활용했다. 미술을 공부했지만, 학계에서 성공할 자신이 없었던 그녀는 대학을 중퇴했다. 이런 배경 덕분에 일을 성사시키는 창의력이 자신의 강점이라는 것을 깨달았다. 그녀는 외국을 여행하면서 춤과 율동 치료사로 훈련받은 후, 여러 분야에서 일했다. 약물과 알코올 의존증, 학습 장애, 정신 건강 문제가 있는 사람들을 돕는 일도 했다.

그러다 런던의 침체 지역인 브렌트구 할스덴에 공간을 빌려 자선단체를 만들었다. 가난한 사람들, 특히 이민자 공동체가 모여 물건을 교환하고 사회 활동에 참여하는 곳이었다. 그곳은 한때 시내 중심가가 하던 역할을 했다. 사람들은 거기 모여 생필품을 사면서 사회적 관계를 형성하고 유지했다. 과거에는 슈퍼마켓에서 물건을 사면서 하던 일이지만, 이제 그런 모습은 찾아보기 힘들다. 사람들을 그곳으로 불러 모은 활동도 나름 유익했지만, 가장 유익한 것은 그 활동에 따라온 마법 같은 효과였다. 사람들의 우울감은 감소했고 서로 지지하고 격려하며, 새로운 우정을 쌓았다.

제니는 여러 회사를 적극적으로 설득해 의류 회사에서는 아동복을, 출판사에서는 재고 도서를 기부받았다. 학부모와 자녀를 대상으로 춤과 율동 수업을 하고, 다양한 관심사와 활동으로 사람들을 끌어모으는 행사도 후원했다.

제니는 당시를 이렇게 회상했다. "우리는 브렌트 사회 전체와 함께 일했어요. 사람들이 노래를 부르면서 영어를 배우는 모습이 얼마나 경이로웠는지 모릅니다. 저를 찾아와 '그때 선생님은 모르셨겠지만, 저는 산후우울증을 겪고 있었어요. 선생님이 만든 모임이 저를 살렸어요'라고 말한 사람도 있었어요. 이런 이야기를 한두 번 들은 것이 아닙니다."

이와 같은 긍정적 경험을 통해 제니는 상상력을 발휘해 헬스 커넥션즈 멘딥의 씨앗을 뿌렸다.

그러나 제니가 가족과 함께 런던을 떠나 프롬으

로 이사하자마자 그런 만족스러운 일을 시작한 것은 아니다. 그녀는 NHS 프로젝트의 지역 파트너 프로그램에서 건강관리사로 일했다. 이 프로젝트는 건강한 생활 방식을 가지려 노력했으나 유지하기 힘들어 포기하려는 개인을 도와 응급실 입원율을 줄이는 것이 목표였다.

좀 더 공격적이고 적극적으로 만성질환을 다루기 위해 설계한 과거의 NHS 프로그램은 의사들에게 의료적 처치에 집중함으로써 입원할 정도로 심각한 문제가 있는 환자를 관리하고, 환자가 개선된 자기 관리 프로그램에 동참하도록 설득하라고 권했다. 하지만 얼마 못 가 만성질환자를 적극적으로 치료하는 것이 오히려 의료 서비스에 대한 필요를 가중할 뿐이라는 사실이 밝혀졌다.

어떤 방법으로도 입원율을 낮추지 못하자, 새로운 건강관리 계획을 도입했다. 그 계획에 깔린 전제는 사람들은 대체로 자신의 질병을 관리할 능력이 없으므로 전문가의 지도가 필요하다는 것이었다. 언뜻 들으면 효과적인 방법 같지만 사실상 질환을 주체로, 환자를 객체로 바라보는 것이어서 데이비드 벨이 많은 정신 질환 치료가 부적절하다고 진단한 것과 별다를 바 없었다. 좀 더 넓은 맥락에서 보면, 의사를 기운 빠지게 만드는 기존 문제에 답이 될 수 없었다. 진료실을 찾는 사람들이 토로하는 고통의 주된 원인은 사회적 고립에 따른 외로움이기 때문이다.

사회적 고립과 중증 질병의 관계를 좀 더 확실하게 이해하기 위해 당뇨를 앓는 독거노인의 경우를 생각해 보자. 당뇨는 고혈당 때문에 인슐린 수치가 높아져 발병한다. 이 상태를 방치하면 신체 기관이 심각하게 망가진다. 식단 개선과 운동, 적절한 투약으로 위험한 합병증을 관리할 수 있다. 그러나 환자가 외로움을 느낀다면, 건강관리사가 관리를 위해 꾸준히 제공하는 동기만으로는 상황을 개선하기에 역부족일 수도 있다. 자신의 비참한 상황을 더 이상 견디지 못하는 환자는 질병과 타협할 수도 있다. 이럴 때 환자가 새로운 우정을 맺고 동반자를 발견할 기회를 얻어 외로움이라는 문제를 해결할 수 있다면, 살아야 할 이유를 다시금 깨닫고 자신을 더 잘 돌보며, 다시 몸을 움직여 세상으로 나가야겠다는 욕구가 강해질 수 있다.

제니 하트놀이 런던의 경험에서 배운 것은 사람들을 유쾌한 환경으로 불러 모으면 그들의 행복에 엄청난 변화가 생긴다는 것이다. 그래서 그녀는 건강관리사라는 상대적으로 제한된 역할을 하면서도 프롬과 그 주변 지역에서 이미 활발하게 작동하고 있는 사회적 자원에 관한 정보를 모았다. 또 웹사이트를 만들어 사람들이 이 정보를 편리하게 이용하도록 했다. 제니는 이 자료를 가지고 사회 기반 건강관리 프로그램으로 개발하도록 도와 달라고 고용주에게 요청했지만, 시간과 비용이 너무 많이 소요될 것이라는 답변을 들었다.

그 시기를 돌아보며 그녀는 이렇게 말했다. "꼭 해야 할 일이었지만, 업무가 바빠 손댈 수 없었습니다. 그래서 굳이 일의 경계를 나눌 필요가 없는 개인 시간에 그 일을 했습니다. 직장에서 누군가 제게 이런 일은 하면 안된다고 말하면, 저는 그냥 '할 수 없군'이라고 생각하지 않았어요. '나는 독립적인 인간이니 얼마든지 그 일을 할 수 있다'고 생각했죠."

그렇게 해서 프로그램이 시작되었다. 컴패션의 힘을 활용하기 위한 첫 번째 단계는 어떤 필요가 있고 어떻게 그 필요를 해결할지 살피는 것이다. 어떤 일을 결정할 때는 저항에 부딪힐 수밖에 없는 경우도 있는데, 제니는 관리자가 허락하지 않아도 단념하지 않았다. 관리는 그 속성과 역할상 적극적인 행동을 돕거나 방해하기 마련인데, 이에 관해서는 나중에 다루려 한다. 지금은 실무자야말로 일을 효율적으로 하기 위해 무엇이 필요한지 판단하는 최고적임자라는 사실을 제니가 그의 결단으로 확실히 보여 주었다는 것으로 충분하다. 관리자의 권위는 상급자라는 지위에서 비롯되는데, 그 때문에 생생한 현실 감각을 잃고 자신의 사고에 갇힐 수 있다. 그 한계를 인식하면 창의적이고 컴패션 가득한 변화를 일으키는 근본 원리에 다가갈 수 있다.

제니 하트놀은 할스덴에서 얻은 통찰 덕에 사람들을 활발한 사회적 관계로 이끄는 단순한 활동이 그들 스스로 문제를 인식하고 정의해 적절한 해결책에 이르도록 도울 수 있다는 신념을 갖게 되었다. 의사소통과 유쾌한 활동이 늘어나면 이런 실용적인 면 외에도 의도하지 않은 효과가 따라오기도 한다.

이전 작업에서 성공한 경험은 그녀가 건강관리사로 일하면서 직면한 문제에 더욱 잘 대처하도록 도와주었다. 좀 더 광범위하게 말하면, 이는 지역사회 개발에 대한 대조적인 두 접근법이 어떻게 다른지 알려 준다.

가장 흔히 적용하는 첫 번째 방식은 당국에서 임명한 전문가들이 만든 전략에 기초한다. 이들은 결함을 규정하고 그것을 해결하기 위해 합리적인 계획을 세우는 식으로 일한다. 두 번째 방식은 지역사회 나름의 강점과 기술, 자원 같은 공동체의 지식과 경험에 기초하며, 지역사회의 필요와 문제에 유기적으로 대응하는 맞춤형 해결책을 찾아내는 능력을 필요로 한다. 물론 전문가의 조언이 필요한 분야에서는 그들에게 도움을 요청한다. 지역사회 개발에서 진정한 참여를 이끌어내려면, 후자의 방식을 바탕으로 해야 한다.

이 과정은 지역사회에서 시작된다. 공동 생산이나 공동 개발 같은 계획에서 흔히 지역사회를 아랫사람으로 가정하는 경우가 있다. 전문가가 결정한 계획을 아무

말 없이 받아들이는 것을 당연하게 여기는 것이다. 해결할 문제를 파악하고, 이 문제에 영향을 받는 사람들이 해결책을 찾도록 하는 상담을 진행하는 것은 전문가의 몫이다. 하지만 참여적 개발은 거기서 한 걸음 더 나아간다. 지역사회 내에서 함께 모여 어우러지는 삶을 통해 주민들은 활동의 우선순위를 스스로 정의하고 확정한다.

제니는 처음부터 이런 작업 방식을 적용했다. 그녀는 지역사회의 다양한 그룹을 정리하면서, 이 목록에 빠진 그룹이 있다는 사실을 알게 되었다. 헬스 커넥션즈 멘딥의 운영 방식 중 하나는 지역사회의 제안을 기다리고, 사람들이 그 제안을 행동에 옮기도록 후원하는 것이다. 예를 들면 어떤 다발성경화증 환자가 같은 질환이 있는 사람들을 만나고 싶어 했다. 제니의 팀은 이 환자가 지역에서 소그룹을 만들도록 도와주었다. 이와 비슷하게, 대학 입학시험을 준비하는 한 학생은 커뮤니티 커넥터가 되고 싶어 했다. 제니는 이 학생이 자신이 다니는 학교에서 환자 참여 그룹을 만들 수 있도록 도와주었다. 그렇게 해서 전국 최연소 환자 참여 그룹이 탄생했다. 필요할 때는 전문가의 조언을 구하지만, 모든 과정에 반드시 전문가의 조언이 필요한 것은 아니다.

'파크런(Parkrun)'은 많은 사람이 느끼는 필요에 부응해 공동의 유익을 위해 사람들이 모이면서 자연스럽게 이루어진, 효과적인 지역사회 중심 행동의 예다. 2004년 폴 신턴-휴이트가 처음 파크런을 시작했다. 폴은 런던 마라톤에 출전하려고 훈련 중이었는데, 부상을 당해 평소처럼 클럽에서 함께 달릴 수 없었다. 게다가 얼마 전 직장까지 잃는 바람에 고립감에 빠지지 않을지 걱정이 되었다. 그는 친구를 몇 명 불러 런던 부시 공원에서 5킬로미터를 달렸다. 그런 다음에는 함께 커피를 마시러 갔다.

지금은 모스크바, 나미비아의 월비스 베이, 도쿄에 이르기까지 전 세계 20개국에 파크런이 보급되었다. 파크런에 참여한 사람은 300만 명에 달할 것으로 추정한다. 이 행사는 참가비가 무료인 데다 초보자부터 과체중인 사람과 노인, 휠체어 사용자, 유아차를 미는 사람, 달리기 동호인 등 누구나 참여할 수 있다. 최고 속도로 달려도 되고, 아주 천천히 달려도 된다. 아무나 시간 맞춰 가기만 하면 된다. 심판도, 기록을 재는 사람도 없고, 그냥 있는 모습 그대로 달리면 된다. 이 프로젝트가 거둔 엄청난 성공의 핵심에는 이런 컴패션 접근법이 자리한다.

운동이 건강에 좋다는 사실을 모르는 사람은 없다. 하지만 확실한 동기가 없으면 운동하러 가지 않는다. 그런데 달리면서 친구들과 어울리거나, 새로운 사람을 만나 대화도 할 수 있다면 밖으로 나가 운동하기가 훨씬 쉬울 것이다. 이런 중요한 동기를 제공하기 위해 그에 맞는 환경을 조성한 것이 파크런을 성공으로 이끈 핵심이다.

이 같은 중요한 요소들이 그룹 활동을 계획할 때 무엇을 어떻게 생각해야 하는지 알려 주는 청사진이라고 할 수 있다. 이 단순한 지역사회 기반 활동의 강점은 서로 도와주는 사회적 관계를 맺게 한다는 것이다. 처음 파크런은 함께 커피를 마시며 마무리했다. 이는 서로 수다를 떨고 우정을 나눌 시간이 예정되어 있었다는 뜻이다. 달리기는 그 과정에서 따라오는 더 중요한 부분, 곧 사회적 관계

와 사랑, 웃음과 우정을 불러오는 데 필요한 핑계에 불과
한지도 모른다.

⚜ 안내 목록 ⚜

여러 지역사회가 주민의 삶을 유익하게 만들 풍부한 자원
을 이미 잘 활용하고 있으므로, 컴패션을 접목해 건강 관
련 사회 개발 프로그램을 시작하는 현명한 첫 단계는 다양
한 자원을 널리 활용할 수 있도록 잘 정리해 목록 형태로
제공하는 것이다.

　　　지역에 분포한 사회적 자원을 지도로 만들고 목
록으로 정리하다 보면, 지역사회의 자원이 과연 무엇인지
의문이 생긴다. 가장 단순한 차원에서 지역사회 자원이란
어디든 사람들이 자유로이 모이는 장소로 정의할 수 있다.
더 나아가 이 책의 목적에 부합하는 가장 핵심적인 특징을
꼽자면, 사람들이 공통 관심사를 통해 우정을 쌓고 관계를
돈독히 할 수 있다고 여겨지는 장소라고 할 수 있다. 그리
고 드러내 놓고 말하지 않더라도 그런 모임의 배후에는 서
로 진심으로 걱정하고 돌보는 컴패션을 중심 가치로 삼아
야 한다는 사실을 반드시 강조해야 한다. 이런저런 이유로
불순한 의도를 품고 모이는 사람도 많기 때문이다. 다른
사람들에게 도움을 주는 모임을 만들고 지원함으로써 컴
패션 공동체는 번성할 것이다.

　　　이러한 모임에는 굉장히 다양한 여가 활동이 포
함된다. 스포츠 클럽, 걷기, 원예, 컨트리 댄스, 뜨개질, 독

서, 직조 공예, 합창 등 사람들이 자발적으로 모이게 하는 취미와 다양한 관심사가 안내 목록의 일반 항목에 들어가 있다.

또 특정한 건강 문제나 사회적 돌봄 이슈와 관련한 소모임 정보도 있을 것이다. 이런 모임에는 같은 질병이나 장애를 겪거나 그로 인한 외로움과 고립감으로 힘들어하는 사람들이 모인다. 사별 상담, 거주나 이동 수단 문제, 그 외 일반적인 조언과 안내를 다루는 기존 자원봉사 단체도 이 목록에 이름을 올릴 것이다. 안내 목록은 내용만큼이나 구성과 설계가 중요한데, 제니가 생각한 핵심 조건은 사용하기 쉬워야 한다는 것이었다. 제니는 안내 목록에 필요한 예산을 감안해 구성과 설계를 도와줄 사람을 채용했지만, IT 프로젝트가 흔히 그렇듯 그 과정은 굉장히 길고 지난했다. 원하는 것이 무엇이고 어떻게 그것을 활용할지 잘 알고 있었던 그녀는 어느 주말에 작정하고 나름의 구성안을 내놓았다. 4년이 지난 지금도 그와 똑같은 디자인을 계속 사용하고 있다.

이쯤 해서 전문가와 그들이 봉사하는 지역사회가 널리 사용해 신뢰성이 입증된 웹사이트의 예로 헬스 커넥션즈 멘딥 안내 목록을 살펴보는 것이 도움이 될 듯하다. 검색 사이트에서 'directory Health Connections Mendip'으로 검색하거나 www.healthconnectionsmendip.org/mendip-directory에 접속하면 된다.

헬스 커넥션즈 멘딥 웹사이트에서 한 번만 클릭하면 안내 목록으로 들어갈 수 있다. 첫 페이지에는 다음과 같이 간단한 소개글이 있다.

당신을 더욱 건강하고 행복하게 해 줄 지역 내 소모임과 서비스를 찾으십니까?

서머싯 멘딥 지역에 살고 계십니까? 만성적인 건강 문제가 있습니까? 장기적인 건강 상태를 더욱 잘 관리하고자 당신의 지식과 기술, 자신감을 강화하는 데 도움이 필요하십니까?

위의 질문에 '네'라고 답했다면, 여기 안내 목록을 활용해 멘딥 지역의 지원 프로그램을 살펴보십시오. 일대일 지원이 필요한 분은 헬스 커넥터와 예약을 잡으면 됩니다.

이 페이지에는 50여 개의 지원 그룹을 대분류로 묶은 목록이 실려 있다. 이 목록은 가장 많이 사용된 범주를 파악해 매우 실용적으로 발전해 왔다. 사별, 운동, 웰빙, 흡연 같은 일반적인 항목과 함께 파킨슨증후군, 다발경화증, 치매처럼 특정 질환에 중점을 둔 정보와 그룹을 안내하는 구체 항목이 있다.

주제를 클릭하면 개별 항목이 나온다. 각 항목은 그 주제에 관련된 정보와 연락처, 소모임 시간 등을 담고 있다. 웹사이트 이용자가 각 항목을 장바구니에 담아 두었다가 나중에 한꺼번에 인쇄하거나 곧바로 한 항목씩 인쇄하기 쉽게 되어 있다. 정보를 전달하는 형식이 단순해서 내용을 샅샅이 훑어보지 않고도 필요한 상세 정보를 얻을 수 있다. 의사와 환자가 대화하다가 특정한 관심사가 나오면, 더 자세히 들여다볼 만한 부분을 쉽게 찾을 수 있다.

예를 들어 '사별'을 클릭하면 자녀나 반려동물의

죽음으로 힘들어하는 사람을 위한 상담 자료부터 '프롬 커피와 케이크 사별 지원 그룹'에 이르기까지 30개 목록이 나온다. 일반적인 대분류 아래 다양한 주제와 관심사가 딸려 있어, 각각의 상태에 부합하는 정보나 도움, 조언, 격려, 지원을 직관적으로 찾을 수 있다.

헬스 커넥션즈 멘딥 팀에서는 이 목록이 효과적으로 쓰일 수 있도록 정기적으로 업데이트한다. 소모임이 없어지거나 모임 시간이 바뀌면, 그 정보를 별도의 IT 부서에 전달해 나중에 수정하는 것이 아니라 팀원이 곧바로 정보를 삭제하거나 추가한다.

🐚 이야기 카페 🐚

안내 목록이 유용하다는 사실이 입증되기는 했지만, 제니는 이것만으로는 개인과 지역사회 사이에 활발한 연결 고리를 만들 수 없다는 사실을 처음부터 알고 있었다. 인터넷 사용을 어려워하는 사람들이 있는데, 특히 노인들은 웹사이트에서 필요한 정보를 찾는 것을 탐탁지 않게 여긴다. 그래서 헬스 커넥션즈 멘딥에서는 2013년에 영국 최초의 이야기 카페를 열었다.

제니는 이야기 카페를 연 배경을 다음과 같이 설명한다.

저를 찾아와서 이렇게 말하는 사람들이 있었어요. 구체적인 지원 그룹은 필요 없고, 그냥 사람들을 만나고 싶다고요. 그래서 '이야기 카페'를 열면 어떨까 생각했죠. 다이어리에 그 이름도 적어 두었어요. 다이어리에 뭔가를 적어 놓으면, 언젠가는 이루어지더라고요. 프롬에 있는 '치즈 앤드 그레인'에서 첫 번째 이야기 카페를 열었어요. 이 카페는 보통 월요일 오전에는 문을 열지 않지만, 아침 일찍 카페를 빌려주기로 했어요. 2층을 사용하는 그룹이 없어 제가 건강 걷기 모임을 초대해 다발성경화증 환자를 위한 운동 그룹을 주선했어요. 얼마 안 가 텅 비어 있던 공간에 사람들이 밀려들어 이런저런 운동 모임을 시작했어요. 그러면서 에너지가 생겨났죠. 뒤이어 실업자 모임도 열었어요.

이야기 카페는 사람들이 자유롭게 모여 자신에게 중요한 문제를 허심탄회하게 이야기하는 곳이다. 회원 규약이나 정해진 주제는 없고, 새로운 사람을 언제나 환영한다. 초대는 간단한 절차에 따르는데, 이야기하고 싶어 하는 사람들이 찾아온다. 그저 비슷한 생각을 하는 사람들과 대화하고 싶어서 오는 것이다. 영국인에게는 예의를 차리는 특유의 딱딱한 태도가 있는데, 그럼에도 프롬 이야기 카페가 성공을 거두었다는 사실은 사람들이 기회만 있으면 낯선 사람들과도 얼마든 대화할 생각이 있음을 보여 준다. 동네 사람들은 아침을 유쾌하게 보내기 위해 또는 새로운 친구를 만나기 위해 이 모임을 활용한다. "이야기 카페가 없었다면 무척 외로웠을 겁니다. 이야기 카페 덕분에 월요일 아침에 눈뜨는 것을 얼마나 기다리는지 몰라요"라고 전한 바버라의 감동적인 이야기처럼, 편안한 사교 모임에 참여했다가 인생이 달라질 수도 있다.

지금은 프롬과 그 주변의 다양한 장소에서 정기적으로 모이는 이야기 카페 그룹이 여럿 있다. 모든 이야기 카페에는 헬스 커넥션즈 멘딥 관계자나 훈련된 커뮤니티 커넥터가 자리를 지킨다. 구체적인 정보가 필요한 사람이나 스스로 필요한 정보를 찾고 싶어 하는 사람을 안내해 주기 위해서다.

조가 처음 이야기 카페를 찾았을 때 그의 나이는 92세였다. 군대에서 전역하고 스태퍼드셔에 정육점을 차렸다가 나중에는 식료품 가게를 열었다. 첫 번째 부인과 사별하고 나서 재혼했고, 웨일스로 이사 갔다가 다시 블랙풀로 이사했다. 블랙풀에 정착한 지 얼마 되지 않아 아내가 뇌출혈로 쓰러져 평생 장애를 겪게 되었다. 24시간 아내를 돌보게 된 조는 딸과 가까이 살기 위해 최근 프롬으로 이사 왔다. 얼마 전에는 그도 뇌졸중을 얻는 바람에 이야기 카페에 와서 사람들을 만나기 시작했다. "아내를 돌보느라 밖에 나올 수 없으니 어딜 통 가지를 못했어요. 사람을 만나 이야기하니 참 좋더군요. 이렇게라도 하지 않으면 사람을 만날 기회가 없습니다."

사람들은 이야기 카페에서 대화를 나누다 자연스럽게 마을의 다른 그룹 활동과 연결되기도 한다. 은퇴 후 웨일스에 살던 패트릭 에이브러햄스는 프롬의 친근한 분위기에 끌려 이사한 후 '남성 작업장'을 시작했다. 작업장은 무언가를 만들고 고치는 데 관심이 있는 사람들이 모인 일종의 목공 동호회로, 영국 전역에 모임이 있다(여성을 위한 작업장도 있다). 다른 그룹들처럼, 사람들은 공통 관심사에 이끌려 함께 모이지만, 사랑과 웃음과 우정이 부산물로 따라온다. 이런 모임은 매우 강한 사회적 연결을 만들어 내는데, 창고에서 홀로 외롭게 작업하는 것과는 정반대다. 남성 작업장 협회가 영국 전역의 소모임 운영을 후원한다.

이야기 카페에 정기적으로 참석하는 패트릭은 이렇게 말한다.

> 여기 와서 다양한 사람을 만나는 것이 참 좋습니다. 이사 온 지 얼마 안 되어 외로움과 고립감을 느끼는 사람도 만날 수 있죠. 낯선 사람이 가득한 방에 문을 열고 들어가는 건 쉽지 않은 일입니다. 제가 사람들을 작업장에 초대하면 이런 질문을 받곤 합니다. "선생님도 오시죠?" 문을 열고 들어갔을 때 아는 사람이 있었으면 하는 거죠. 아무 부담 없이 자연스럽게 모임에 참석할 수 있는 분위기가 중요합니다. 거기서 사람들은 남자든 여자든, 나이가 많든 적든, 자신과 비슷한 사람을 만나는 경우가 많습니다.

프롬 지역 FM 라디오 방송 '작업장에서 생긴 일(Shed Happens)'을 진행하는 패트릭은 매트를 인터뷰했다. 매트는 심각한 스트레스를 받은 끝에 일을 그만두고 남성 작업장을 찾게 된 사연을 들려주었다.

직장에서 몇 가지 문제가 있었습니다. 우울증 진단을 받았죠. 의사는 이야기 카페에 가서 사람들과 대화를 나누어 보라고 권했어요. 귀가 솔깃했습니다. 우울감을 느끼는 게 전부 제 탓이라고 생각했거든요. 그런데 이야기 카페나 작업장에서는 아무도 다른 사람을 판단하지 않습니다. 패트릭을 만났는데, 그가 작업장에 같이 가자고 했어요. 거기서 전에는 만나 본 적 없는 멋진 남자들을 만났습니다. 이야기를 나누어 보니, 나를 평가하는 사람은 아무도 없고, 다들 나와 비슷한 문제를 안고 있었어요. 넉 달 동안 작업장에 드나들면서, 다시 일터로 돌아갈 수 있겠다는 자신감이 생겼습니다. 작업장이 없었다면 어떻게 되었을까요. 그 사람들은 제게 자신감을 주었습니다. 아무것도 평가하지 않고, 그저 오가는 대화를 통해 조언해 주었어요. 나를 우울감에 빠뜨린 것이 직장이었다는 사실을 깨달았습니다. 계속 스스로를 탓하면서 제 잘못으로 여겼는데, 작업장에 다니면서 생각이 달라졌습니다.

프롬 지역 여성 작업장도 목적은 비슷하다. 한 여성이 남편과 사별하고 오랫동안 외로움을 느끼고 있었다. 어느 날 누군가 여자들이 모여 물건을 만드는 곳이 있다며 소개해 주었다. 작업하면서 서로 수다도 떨고, 만든 물건을 동네 상점에 팔아 기부도 한다고 했다. 여성 작업장이 지역 프로젝트의 일환이라는 사실은 몰랐다. 그녀가 작업장에 가 보기로 마음먹었을 때 그것은 마치 그녀에게 필요했던 무언가와 자연스럽게 맞아떨어지는 듯한 느낌이었다. 친근하고 격식 없는 대화 끝에 자발적으로 일어난 일이었다. 거기서 그녀는 자신을 따뜻하게 환영해 주는 여러 여성을 만났다. 그중에는 프롬에 온 지 얼마 되지 않아 새 친구를 찾는 이들도 있었다. 작업장에 참여하면서 그녀는 활기를 찾았고, 삶에 대한 시각이 완전히 달라졌다.

🌿 커뮤니티 커넥터 🌿

헬스 커넥션즈 멘딥 프로젝트를 시작하기 위해 수많은 고민과 관심, 계획을 쏟아부었지만, 이후 진행 과정은 대체로 마을에 필요하다고 인식하고 있던 일에 창의적으로 대응하면서 이루어졌다. 지역 서비스가 미치지 않고 일반적인 의료 접근만으로는 부족한 영역에 새로운 사회적 자본이 투입되었다. 또 적절한 해결책을 제시하기 위해 지역사회 구성원의 지식과 기술, 자원을 빌렸다. 그 과정에 5개년 계획이나 복잡한 서류 작업 같은 건 없었다.

　　제니 하트놀은 사람들을 또래 지원 그룹이나 적절한 사회복지 기관과 연결해 준 후 그들이 행복해하는 모습을 보았다. 이 과정에서 지역 건강 전도사로 불리는 자원 활동가들이 핵심 요원이 되었다. NHS에서는 이들을 다음과 같이 정의한다.

　　자신의 재능을 활용해 사람들이 관계를 맺도록

돕고, 자신의 인생 경험을 나누며 지역사회의 행복과 건강을 증진하는 데 힘쓰는 사람들이 있다. 이들은 가족, 지역사회, 직장에서 사람들이 건강한 사회 활동에 참여하도록 힘을 주고 동기를 부여하고, 지역에 필요한 모임을 만들며, 사람들에게 어떤 지원과 서비스가 맞는지 안내해 준다. 또 건강과 건강한 선택에 대한 인식을 높이고, 건강 메시지를 나누며, 방해물을 제거하고, 적절한 지원망과 환경을 조성해 다른 사람들이 더 건강한 생활을 누리도록 돕는다.

제니는 이들의 활동이 헬스 커넥션즈 멘딥에 큰 도움을 주는 자산이라는 사실을 잘 알고 있었다. 그러나 자원 활동가 집중 훈련 프로그램은 아홉 시간이나 소요되기에 지역 봉사자들에게 요구하기에는 비현실적이었다. 그래서 그녀는 지역사회의 필요에 맞추어 두 시간짜리 훈련 프로그램을 새로 만들고, 동네 '커뮤니티 커넥터' 팀을 만들었다. 프로그램에서는 우선 이 프로젝트가 의료 서비스 공급, 사회복지와 어떻게 조화를 이루는지 설명하고, 도움이 필요한 사람을 위해 지역 자원을 수록한 안내 목록을 활용하는 방법을 알려 주었다. 훈련은 소규모로 시작되었지만, 소문이 퍼지면서 흥미를 끌어 점점 더 많은 사람이 참여했다. 얼마 뒤에는 1000명이 넘는 커뮤니티 커넥터가 프롬과 주변 지역에서 활발히 활동하게 되었다.

'커뮤니티 커넥터'라는 명칭은 약간 공무원 같은 느낌을 주지만, 간단히 말해 친구나 이웃, 지인으로서 자

신의 다정한 성품을 효율적으로 활용하는 사람을 가리킨
다. 프롬 안팎에서 커뮤니티 커넥터로 훈련받은 사람들은
매우 널리 퍼져 있다. 이들은 지역사회의 컴패션 수호자
다. 정보력이 좋은 이들은 일상에서 누군가가 요청할 때마
다 자신의 타고난 동정심을 발휘한다.

　　　이들의 활동 원리는 아주 간단하다. 컴패션이라
는 깊은 우물에 의지하는 것이다. 평범한 대화 도중에 다
른 사람의 고민을 듣고 돕고자 하는 자연스러운 욕구를 느
낄 때 우리는 그간 의식하지 않았던 컴패션의 존재를 깨닫
게 된다. 문제는 우리가 남을 돕는 가장 좋은 방법을 잘 알
지 못한다는 것이다. 도우려는 동기는 있지만 그것을 행
동으로 옮길 적절한 수단이 없다면 당황할 것이다. 하지만
지역 자원을 소개하는 안내 목록이 있고 그 사용법을 배울
수 있다면, 그저 옆에서 불쌍히 여기는 것 이상으로 도움
을 줄 수 있다. 적절한 도움을 받을 수 있는 곳을 알고, 그
런 정보를 다른 사람에게 나누어 주거나 '안내하는 방법'
을 숙지하고 있는 것이다. 그러면 그저 상냥한 대화로 끝
났을 수도 있었을 일에 구체적인 방향이 잡힌다.

　　　상대에게 도움이나 지원, 조언이 필요한지는 다
양한 상황에서 드러날 수 있다. 예를 들면 미용사와 대화
를 나누던 중 어떤 사연을 듣거나, 술집에서 다른 사람이
하는 이야기를 우연히 들을 수도 있다. 최근 가족과 사별
하고 슬퍼하는 사람이 보건소나 이야기 카페에서 격주로
자신과 비슷한 사람들과 만나 서로 응원하고 위로한다는
사실을 알면 도움을 받을 수 있다. 가족을 간병하는 사람
을 위한 모임이 있다는 정보는 치매에 걸린 배우자를 혼자

돌보느라 기진맥진한 사람에게 큰 행운으로 다가올 것이
다. 지역사회에 훈련받은 커뮤니티 커넥터가 많을수록 유
익한 대화가 이루어질 가능성이 높고, 이는 지역 주민 삶
의 질에 더 큰 영향을 준다.

미용사, 바텐더, 카페 주인은 물론, 택시 운전사,
가게 주인, 약사, 경찰 활동 보조인, 대학생도 훈련을 받고
커뮤니티 커넥터가 될 수 있다. 온갖 사건과 사고를 통해
많은 사람을 만나는 경찰관, 구급대원, 응급실 요원 같은
전문가도 지역사회 자원과 관련한 지식을 십분 활용해 긴
급한 상황에 처한 사람들을 안내할 수 있다. 사실상 커뮤
니티 커넥터는 모든 사람에게 열려 있는 역할이다.

프롬에서 카페를 운영하는 로티는 커뮤니티 커
넥터 훈련을 받았다. 그녀는 커뮤니티 커넥터에 대해 이렇
게 설명했다. "사람들에게 늘 관심을 두고, 필요할 때는 언
제든 도움을 주는 일이에요. 우리는 사람들을 연결해 주
기만 할 뿐입니다. 웹사이트나 전화번호, 소모임을 소개해
주죠. 프롬 사람들은 인정이 넘쳐요. 그리고 소속감을 느
끼길 원하죠."

줄리 캐리-다운스는 프롬의 커뮤니티 커넥터 훈
련 프로그램 운영자다. 그는 원래 정신과 간호사였다가 변
호사로 진로를 바꾸었다. 하지만 두 직업 모두에 큰 매력
을 느끼지 못하고, 지역신문에 난 광고를 보고 이 자리에
지원했다. 이후 커뮤니티 커넥터 훈련 프로그램 운영자로
서 프로젝트 전반에 깊이 관여했고, 나중에는 그 역시 헬
스 커넥터가 되었다. 줄리는 자신의 직업에 얼마나 만족하
는지 이야기하면서, 어떤 경찰관이 이 프로그램에 참여한

후 자신이 받은 훈련 중 커뮤니티 커넥터 훈련이 가장 유
용했다는 소감을 언급했다.

> 그들은 일하면서 사람들이 어려운 상황을 맞닥
> 뜨려 고민할 때 안내해 줄 곳이 생겼다고 느꼈습
> 니다. 게다가 동네 경찰관으로서 사람들을 헬스
> 커넥터와 직접 연결해 줄 수도 있었습니다. 커뮤
> 니티 커넥터 훈련을 받은 다른 사람들은 지역에
> 그렇게 많은 자원이 있는 줄 미처 몰랐다는 피드
> 백을 주기도 했습니다.

어쩔 수 없는 개인 사정으로 이 프로젝트를 처음
접한 많은 사람이 나중에 훈련을 받고 직접 커뮤니티 커넥
터가 되었다는 점이 무엇보다 의미 있다.

훈련 프로그램을 시작한 지 1년 후, 제니는 프롬
안팎에서 활발하게 활동하는 커넥터 팀을 대상으로 설문
조사를 했다. 웹 안내 목록이나 이야기 카페를 통해, 혹은
헬스 커넥션즈 멘딥 전화번호를 전달하면서 사람들과 지
역사회 자원을 연결해 주는 대화를 얼마나 자주 하느냐는
질문이었다. 조사 대상자 중 절반이 응답했는데, 1년에 평
균 스무 번 정도 대화를 나눈다고 했다. 이후 사람들이 꾸
준히 이 프로그램을 거쳐 가서, 4년 후에는 1000명 넘게 훈
련을 받았다. 이는 거주자가 수십만 명인 서머싯 멘딥 지역
에서 주민과 안내 목록의 다양한 자원을 연결하는 대화가
매년 2만여 차례 이루어지고 있다는 뜻이다.

제니 하트놀과 헬스 커넥션즈 멘딥 소속인 그녀

의 팀은 평범한 사람들의 선의와 컴패션에 의지하는 것만
으로, 그리고 그들에게 양질의 정보에 접근할 도구를 제공
하는 것만으로, 지역 주민이 어려운 일을 당할 때 입소문
을 통해 적절한 도움을 받을 수 있게 했다.

헬스 커넥터

사람들이 조언을 구하러 찾아오다 보니, 제니는 자연스레
일대일 상담을 자주 맡게 되었다. 이런 만남이 시간을 너
무 많이 잡아먹는 바람에, 그녀가 맡은 여러 업무 중 지역
사회 개발에 집중할 여력이 상대적으로 부족했다. 그녀가
마음속으로 그리던 지역사회 자원을 발굴하고 뒷받침하려
면, 일대일 상담 업무 일부를 다른 사람에게 맡겨야 했다.
그래서 이 프로그램에 헬스 커넥터라는 역할을 도입하게
되었다.

헬스 커넥터가 의료 전문가는 아니다. 임상 심리
에서 나온 동기 면담(motivational interviewing) 기술을 훈
련받은 사람들이다. 동기 면담이란 간단히 말해 사람들이
스스로 목표를 세우고, 그 목표를 달성할 수 있는 행동을
취하도록 돕는 것이다.

헬스 커넥터와 환자의 관계는 의료 전문가의 그
것과는 조금 다르다. 의료 전문가는 진찰을 통해 환자가
지닌 문제의 원인을 진단하고 최선의 치료를 하지만, 헬스
커넥터는 환자의 전반적인 건강에 집중한다.

질병은 삶의 모든 부분에 영향을 미치고, 마찬가

지로 어떤 삶을 사는지에 따라 질병을 경험하는 양상이 달라진다. 단순히 질환과 증상만 다루어서는 질병의 원인일지도 모르는 문제를 우선적으로 해결할 수 없고, 더 나아가 질병 때문에 찾아온 인생의 고비에도 대책을 세우지 못한다.

이런 문제들은 나중에 더 자세히 다룰 것이다. 여기서는 질병을 관리해서 잘 다스리고 세심한 간병을 받는 것만이 곧 진정한 웰빙은 아닐 수도 있다는 것만 분명히 하고 싶다. 건강과 웰빙을 동시에 충족하려면, 두 영역 모두에 신경 써야 한다. 더 나아가 둘은 별개가 아니라 서로 영향을 미치기에 어느 한쪽을 다루려면 양쪽을 모두 고려해야 한다.

헬스 커넥터가 받는 동기 면담 훈련은 면밀한 질문을 통해 내담자 스스로 가장 중요한 문제가 무엇인지 발견하도록 도와준다. 사람은 모두 다르기 때문에 헬스 커넥터는 그 문제가 무엇인지 함부로 속단하지 않는다. 동기 면담의 목적은 열린 마음을 유지하면서, 환자가 자신의 문제에 대해 하고 싶은 말을 들어주고 그 내용을 기초로 해결책을 모색하는 것이다.

앞에서 언급한 노인 당뇨 문제를 다시 생각해 보자. 그들은 예전보다 몸을 움직이기가 더 힘들고, 친구들의 죽음을 경험하며, 밖에 나가 새로운 사람을 사귀는 능력은 제한될 것이다. 이런 불만에 "그래도 자주 나가셔야죠"라고 말한다면(많은 진료실에서 흔히 들을 수 있는 이야기다), 지나치게 단순하고 무신경한 반응일 것이다. 여기서 한발 더 나아간 방법은 가장 의미 있는 사회적 접촉을 찾는 것이다. 외출할 수 있는 환자라면 헬스 커넥터와 대화하면서 어떤 활동이 구미를 당기면서도 즐거움을 줄지 함께 찾아볼 수 있다. 아주 간단하게는 다른 사람들과 대화해 볼 수 있고, 좀 더 욕심을 내자면 합창단에 가입할 수도 있다. 해결책은 각자의 관심사에 따라 다를 것이다.

환자는 합창단 연습에 참석하기 위해 차편이 필요할 수도 있고, 헬스 커넥터가 첫 시간에 동행해 낯선 사람으로 가득한 방에 들어갈 자신감을 불어넣어 주길 원할 수도 있다. 물론 이 낯선 사람들은 앞으로 친구가 될 수도 있지만, 수줍음이 많거나 고립감을 느낄 때는 그런 사실이 잘 와 닿지 않을 수 있다. 그럴 때 함께 가 주겠다고 제안하면, 조금 수월하게 도전할 수 있다. 외출하기 힘든 환자의 경우 자원봉사자가 집을 찾아가 말동무가 되어 줄 수 있다.

진정한 컴패션에서 우러난 도움은 사람들을 똑같이 대하고, 요령 있게 필요한 질문을 던지면서도 상대를 존중하는 것이다. 환자의 상황을 두고 자기주장만 내세우거나 성급하게 반응하면, 상대는 건설적인 대화에 참여하지 못한다.

이런 이유로 헬스 커넥터는 훌륭한 지역사회 개발자와 같은 태도를 길러야 한다. 둘 다 자신이 돕는 사람이 넉넉한 자원이 있다는 신념에서 출발한다. 그들이 현재 겪는 어려움을 헤쳐 나가도록 돕기 위해 지원이 필요하기는 해도, 헬스 커넥터와 개발자는 그들을 이 지원의 수혜자가 아닌 협력자라고 이해한다. 여기서 유일한 전제는 개인이나 공동체의 상황을 개선하는 데 필요한 도구가 이미 존재하고 사용을 기다리고 있다는 것이다.

헬스 커넥터가 지역사회 곳곳의 사람들을 찾아가 업무를
시작하면, 아직 충족되지 않은 필요에 관심이 집중된다.
예를 들어 환자가 이용할 수 있는 공식적인 친구 서비스—
자선단체나 기타 자원봉사 단체—가 없는 마을에서는 헬
스 커넥터가 이들을 도울 비공식 네트워크 목록을 만드는
방법을 찾아볼 수도 있다. 장기 거주자들이 서로 잘 알고
지내는 마을에는 이런 비공식 네트워크가 있을 것이다. 헬
스 커넥터와 지역사회 개발자의 협의가 좀 더 폭넓은 서
비스를 개발하기 위한 적절한 전략으로 이어질 수도 있다.
친구 서비스가 외로움 때문에 문제를 겪는 사람들에게 도
움을 줄 수 있다는 지역 잡지의 기사를 계기로 마을 회관
에서 모임을 열지도 모른다. 그러면 돌봄이 필요한 사람을
아는 누군가가 마을 회관을 찾았다가 지원을 받아 자원봉
사 모임을 시작할 수도 있다. 이런 식으로 외로운 사람들
이 도움을 받고 마을의 결속은 더 강해질 것이다.

　　　도시 환경에서는 헬스 커넥터가 주도성을 발휘
하기 조금 더 힘들 수 있다. 이럴 때는 친구 서비스에 관심
을 가질 법한 기존 교회 모임이나 자선단체에 접근하는 것
이 적절한 전략이 될 수 있다. 몇몇 호스피스에서는 이미
이런 서비스를 운영하고 있다. 예를 들어 런던 해크니에
있는 성 요셉 호스피스에서는 컴패션 이웃(Compassionate
Neighbours) 제도를 운영한다. 이 프로그램은 다문화 지
역사회에서 우정 어린 관계를 만들고 후원한다. 교육을 받

으면서 다양한 민족 출신이 어울리면서 화합을 이루고, 전에는 고립되었던 사람들 사이에서 우정과 이해가 피어나는 모습은 이런 종류의 프로그램이 이끌어 내는 유익함 중 일부다. 더 나아가 제니 하트놀이 주장하듯, 이 프로그램은 개인의 삶에 즉각 영향을 미쳐 파급효과를 만들어 낸다. 한 사람이 가족이나 친구를 도우면, 그 가족과 친구들은 그가 타인의 삶을 어떻게 도와서 풍성하게 만드는지 보고 배운다. 그러면서 가족과 친구들의 태도에도 변화가 생기고 그 변화는 계속 퍼져 나간다.

　　프롬에서는 지역에서 중추 역할을 하는 이야기 카페가 효과적인 지역사회 자원이라는 것이 입증되었다. 예를 들면 이야기 카페를 통해 사별 지원 모임과 특정 질환 소모임이 시작되었다. 이런 모임은 파킨슨병이나 치매처럼 사람을 무기력하게 만드는 증상을 겪는 사람이나 그런 환자를 돌보는 사람을 돕는다. 이런 비공식 모임은 지역 내 개인의 필요에 대한 대응책으로 생겨났으며, 민감한 지역사회 개발자라면 이 모임을 지원할 수단을 찾을 것이다. 어떨 때는 특정 모임이 꼭 필요하다는 공감대는 있지만, 모임을 만들겠다는 사람이 나서지 않을 수도 있다. 그래서 헬스 커넥션즈 멘딥이 직접 나서서 자기 관리 모임 프로그램을 만들었다. 이 프로그램을 계획한 것은 만성질환자가 자신의 병을 잘 관리하도록 돕기 위해서였다. 사회적 연결은 한 사람의 전반적인 건강관리에 꼭 필요하지만, 만성 폐 질환이든 심장병이든 당뇨든, 질병과 연관된 생활 방식과 약 복용에 주의하면서 질병을 관리하는 것도 반드시 필요하다. 프롬의 자기 관리 프로그램은 6주 정도 소요

되지만, 제니와 그 팀은 이 모임에서 도움을 얻은 많은 사람이 익힌 내용을 발전시키기를 원하고, 모임에서 처음 만난 사람들과도 관계를 유지하고 싶어 한다는 것을 알게 되었다. 헬스 커넥션즈 멘딥은 후속 모임을 만들었고, 참가자들은 계속 건강을 관리하면서 거기서 사귄 친구들도 만날 수 있었다. 이들의 우정은 매우 깊어져 여러 해 동안 지속되었다.

🍃 전체적인 그림 🍃

지역사회 개발 서비스라는 용어는 모순되는 말이다. 지역사회 개발을 누군가가 서비스한다는 것이 도대체 무슨 뜻인가? 이 말은 지역사회와 그곳을 개발하는 사람들이 다르다는 뜻이 아닌가? 지역사회에 활력을 불어넣고 개발하는 과정은 구성원들의 책임과 바람에 따라 이루어져야 하지 않을까? 그들의 뜻이 새로운 개발의 원동력이 되어야 하지 않을까? 그들이 바람직한 변화의 주체가 되어야 하지 않을까?

제니 하트놀과 그 팀은 이런 문제를 진지하게 받아들인다. 지역사회 개발은 이들이 하는 일의 일부지만, 목적은 커뮤니티 커넥터나 헬스 커넥터로 자원하는 지역민의 자율적 활동을 통해 그 과정을 가능하게 하는 것이다. 여기에 다양한 그룹 활동과 관심사를 만들어 마을과 주변 지역에 활력을 주는 사람들의 노력이 더해진다.

온갖 요소가 서로 의지하면서 조화를 이루며 맞

아떨어지는 유기적인 방식에서 이런 활력이 나온다. 지역사회 자원을 발굴하고 안내 목록을 지속적으로 갱신하면서 지역사회에 반드시 제공해야 하는 소식이 모인 일종의 정보은행이 형성됐다. 이 정보은행은 누구든 자유롭게 이용할 수 있다.

안내 목록은 이용하기 쉽게 설계했지만, 아무리 잘 만든 웹사이트라 해도 컴퓨터를 이용할 수 없거나 영어를 사용하지 않는 사람에게는 아무 소용이 없다. 얼굴을 마주하는 의사소통이 건강한 공동체 생활의 핵심으로, 이야기 카페에서 나누는 대화를 통해 유용한 정보가 입소문을 탄다. 이와 마찬가지로 해마다 커뮤니티 커넥터가 지역사회에서 일어나고 있는 일을 소개하는 대화가 크게 늘어나는 것도 비슷한 역할을 한다. 일단 서비스 안내 목록과 이야기 카페가 자리를 잡으면, 커뮤니티 커넥터는 전체 그림에서 핵심 역할을 한다. 이들은 훈련을 통해 안내 목록의 내용을 잘 파악하고 있을뿐더러 이런 정보은행에 접근해 그 정보를 적재적소에 사용할 줄 안다. 이런 능력이 글자에 생명을 불어넣어 지역사회 구석구석으로 뻗어 나가는 창조적 활동으로 바꾸어 놓는다.

이런 요인들이 합쳐져 가능성의 문을 열어젖히고, 사람들을 다양한 사회적 자원의 구체적인 영역, 곧 그들이 흥미나 관심을 가질 만한 동호회, 공동 사업, 믿을 만한 지원 등으로 안내한다. 사람들이 원하지 않는 일을 억지로 하도록 밀어붙이기보다는, 삶의 질을 개선하고 발전시키도록 격려한다. 사람들에게 말벗이 되어 주고 웃음과 우정을 나누는 행사나 활동에 기초해 진정한 소속감을 느끼도록 하는 식이다. 개인의 필요나 관심을 지역사회 자원으로 해결할 수 없다고 판단한다면, 개발 서비스는 그런 결핍을 새로운 서비스를 만들어 낼 기회로 활용할 것이다.

🖐 케이시 이야기 🖐

케이시의 이야기는 컴패션 커뮤니티 프로그램이 한 사람을 치유하고 바꿔 놓을 수 있다는 사실을 보여 주는 감동적인 예다. 누구라도 부러워할 만한 케이시의 행복한 삶은 중병을 얻으면서 산산조각 나고 말았다. 하지만 프롬의 활발한 사회 활동에 참여하면서 그녀의 삶은 회복되기 시작했다.

50대 여성 케이시는 결혼해서 두 아들을 두었고, 래브라도종 반려견과 함께 살고 있었다. 아들들은 다 자라 성인이 되었다. 대기업 인사 담당자로 일하던 그녀는 언제부터인가 무릎과 손이 붓고 통증을 느꼈다. 처음에는 애써 증상을 무시하려 했다. 어느 날 아침 진흙투성이 들판에서 반려견을 산책시키다가 무릎을 조금 다쳤을 뿐이라고 생각했다. 하지만 통증은 사라지지 않았고, 병원을 찾아 검사해 보니 류머티즘성관절염 증상이라고 했다. 안타깝게도 매우 공격적인 류머티즘이어서 케이시는 3주 만에 휠체어를 사용해야 할 정도로 상태가 악화되었다.

금세 사라질 증상이 아니라는 것을 알게 됐죠. 일을 그만두라는 조언을 따랐는데도, 상태가 급

격히 나빠졌어요. 이동하려면 전기 스쿠터를 타
야 했고, 목발을 짚고 걷는 게 더 힘들어졌어요.
기분이 점점 가라앉았죠. 인생이 갑자기 멈춰 버
린 것 같았습니다. 의사를 만나 제가 느끼는 고
립감을 털어놓았어요. 혼자 움직이기 힘드니 낮
에 남편과 아이들이 일하러 나가면 집이 너무 불
편했어요. 사랑하는 반려견이 있었지만, 그 아이
도 쓸쓸한 표정으로 저를 지켜볼 뿐이었습니다.
얼마 전까지만 해도 우리가 함께 즐기던 산책을
간절히 바라는 눈빛이었어요.

컴패션 프로젝트의 일부인 헬스 커넥션즈 멘딥
덕분에 케이시는 헬스 커넥터 로즈를 만났다. 로즈가 찾아
오고 나서 케이시의 삶이 달라졌다. 한 시간 반가량 눈물
섞인 대화를 나누면서, 케이시는 로즈에게 주변에 사람들
이 있었으면 좋겠다고 털어놓았다. 케이시는 직장에서 사
람들과 함께 일하고 직장과 가정을 바삐 오가는 생활에 익
숙해져 있었다. 그런 그녀에게 류머티즘 진단은 마치 벼락
을 맞은 듯한 기분을 안겨 주었다. 다시 이전 삶으로 돌아
갈 수 없다는 것을 알지만, 로즈에게 이렇게 물었다. "평생
이렇게 살아야 하는 건 아니겠지요?"

당시에는 몰랐지만, 바로 그 순간 케이시는 전혀
예상치 못한 여정의 출발점에 섰다. 그 여정은 곧 그녀를
새로운 마음가짐과 목적의식을 지닌 사람으로 바꿔 놓았
다. 로즈는 케이시의 이야기를 듣고 그녀가 도움을 청할 만
한 곳을 알려 주었다. 바로 이 추천으로 새로운 여정이 시

작되었다. 케이시는 또 다른 헬스 커넥터가 보건소에서 운영하는 그룹 달리기에 참여하기로 했다. 그 모임은 2주에 한 번 화요일마다 열렸다.

이 그룹은 자신의 건강과 추구하는 행복에 맞는 목표를 세우고 잘 지키려고 '노력하는' 사람들이 모인 곳이었다. 케이시는 이 모임의 '할 수 있다'는 분위기에 금세 빠져들었고 '자기 관리' 통증 그룹에 대해서도 알게 되었다. 매주 두 번 운영하는 6주짜리 프로그램으로, 만성질환을 받아들이는 과정에서 서로 이야기를 나누는 것이 목적이었다. 케이시는 신체적·정신적으로 이 질병을 관리하는 방법에 대해 유용한 안내를 받았을 뿐 아니라, 물리치료와 수(水) 치료, 마음 챙김 프로그램 등 다른 자원도 알게 되었다. 몸을 움직이는 게 조금 수월해지자 그녀는 휠체어를 타지 않고 지팡이를 짚고 다닐 수 있게 되었다. 케이시는 이 모임에 대해 이렇게 설명했다.

> 비슷한 단계에 있는 류머티즘 환자 12명이 만났어요. 의사들은 하나같이 달리 해 줄 치료가 없다면서, 그저 몸을 잘 관리하고, 주변 지원망과 친구를 활용하라고만 했죠. 도와 달라고 말하는 것을 두려워하지 말고, 자신에게 맞는 속도를 찾으라면서요. 모임에는 이제 막 진단을 받은 사람도 있었고, 어려운 시기를 거의 다 넘긴 사람도 있었어요. 그 사람들이 들려준 투병 이야기가 얼마나 큰 도움이 되었는지 몰라요.

만성 통증은 적어도 영국 성인의 3분의 1이 경험하고 있다고 알려졌으며, 외로움, 고립과 함께 사람들의 몸과 마음을 약하게 만드는 주요인이다. 케이시가 말했듯, 의사들이 환자의 통증을 경감해 주기 위해 할 수 있는 일은 별로 없을지도 모른다. 하지만 자신의 질병에 대해 서서히 알아 가고 통증을 조절하는 법을 익히면서, 케이시의 일상은 어느 정도 개선되었다. 그녀는 '통증 탈출' 모임에도 참석했고, 이 모임에서 저강도 운동을 배웠다. 류머티즘성관절염에 따른 신체적 제약을 고려한 운동이었다. 그녀는 모임에 참석하면서 운동을 포기하지 않아도 된다는 사실을 깨닫고 자신감을 얻었다. 모임에서는 건강한 식습관을 권장하고, 갑작스럽게 병이 심해질 때 대처하는 방법도 가르쳐 주었다.

케이시가 밟을 다음 단계는 지역사회로 나가는 것이었다.

> 병원에서 소모임을 운영하는 헬스 커넥터 조는 지역에서도 모임을 운영했습니다. 그 모임에서는 운동만 하는 것이 아니었어요. 미술 교실, 걷기 모임, 5킬로미터 마라톤(아직은 엄두가 안 나지만, 도전해 볼 마음은 있습니다) 등 다양했죠.

이제 케이시는 '길잡이' 과정을 통해, 자신이 18개월 전에 겪은 것과 비슷한 상황에 처한 사람들을 지역사회 자원으로 안내하는 역할을 하고 있다. 다시 운전할 수 있게 된 그녀는 다른 사람들의 이동을 돕는다. 파트타임으로 일하면서 나머지 시간에는 병원에서 커뮤니티 커넥터로 일한다. 병원을 찾는 사람들을 상담하면서, 한때는 자신도 간절히 바랐고 감사하게 받아 누렸던 도움을 다른 사람들에게도 베풀려고 애쓴다.

　이 책의 저자들처럼 처음에는 '케라우노스'의 순간이 케이시를 절망의 구렁텅이로 밀어넣었다. 하지만 그 덕에 컴패션을 실감하는 변화의 여정을 시작했고, 인생의 우선순위가 완전히 바뀌어 이제는 자신이 경험한 강력한 컴패션의 약효를 다른 사람들에게 전파하고 있다.

　　전에는 이웃들과 인사만 주고받았지, 같이 시간을 보낸 적이 없었어요. 그러다 제가 갑자기 무기력하게 집에만 있게 된 거죠. 도와 달라고 하지도 않았는데, 사람들이 모여들었어요. 날마다 돌아가면서 우리 집에 찾아왔어요. 제가 잘 있는지, 필요한 물건은 없는지 확인하러 왔죠. 이런 일은 난생처음이었어요. 저는 평생 가족과 일만 챙겼거든요. 이런 경험을 하고 나니 겸손한 태도와 감사하는 마음을 갖게 되었어요. 사람들이 정말 신경을 많이 써 줬어요. 남을 도우려는 사람들이 있다는 사실이 너무 감사했죠. 친구도 많이 사귀었고요. 이제는 동네에 자주 나가요. 사람들에게 희망이 있다고, 당신은 혼자가 아니라고 말해 주죠. 저와 비슷한 일을 겪은 사람들과는 평생 친구가 되었어요. 이것이 제가 배운 가장 중요한 교훈이랍니다. 사람들이 힘들 때 저도 그들 곁에 있어

주고, 그들도 내 곁에 있어 줄 것이라는 사실. 제 인생을 되찾은 듯한 기분이에요.

🌿 확실한 희망 🌿

케이시와 비슷한 일을 겪는 사람들이 있다. 이들은 자신이 무엇을 원하거나 어떻게 행동해야 할지 확실히 알지 못하거나 자신감이 없다. 지역사회에서 너무 많은 일이 일어나 혼란스러워할지도 모른다. 이런 사람들이야말로 헬스 커넥션즈 멘딥 사업의 토대가 되는 가치가 명시적으로든 암시적으로든 컴패션임을 일깨워 주는 표지다. 컴패션이 모든 사업의 출발점이고 발달 과정이며, 결과물이다.

이 모든 내용에 관련된 글을 쓰는 일에는 한 가지 난관이 있는데, 상당 부분이 뻔하다는 것이다. 사람들이 서로 친절하게 대하고 돕는다면 모든 사람의 삶이 나아지리라는 것을 굳이 강조할 필요가 있을까? 사회가 모든 구성원의 행복과 복지에 컴패션 가득한 관심을 두고 모든 것을 경영하는 데 직접적인 책임을 진다면, 공동체에 활기가 돌고 구성원의 만족도가 높아지는 것은 당연하지 않은가? 어떻게 다른 방법이 더 낫다고 생각할 수 있단 말인가?

혹독한 세상을 경험한 이들은 그런 유토피아적 가정이 비현실적이라고 할지도 모른다. 하지만 현실주의자라 자부하는 이들도 비관적인 인생관에 안주할 때가 많다. 프롬에서 벌어지는 일들은 실현 가능한 대안이라는 모델을 제시한다. 마을 사람들이 그곳을 유토피아로 생각한다는 말이 아니다. 유토피아라는 단어는 '아무 데도 없다'라는 뜻이고, 부적절한 정치적 신념은 때로 멸망으로 이어진다. 세상 어디나 마찬가지로 프롬에도 나름의 문제와 어려움은 있지만, 이런 문제를 줄여 나가는 방안을 고민하는 비전과 실용적인 방법이 있다. 이 비전은 위에서 떨어진 계획이 아니라, 지역사회 내부에서 시작된 것이다.

그 비전은 제니 하트놀과 그녀의 친구이자 동료 헬렌 킹스턴, 헬스 커넥션즈 멘딥 전체 팀의 업무와 성격에 구체적으로 드러나 있다. 이들은 마을 사람들과 협업해 복잡한 문제에서 상식을 만들어 내고 있다. 앞을 내다보는 창의적인 사고와 일을 진행해 나가는 실용적이고 열린 접근법이 결합되면 풍성한 열매가 맺힌다는 것이 입증되었다.

그들이 계획을 세운다는 것은 모든 것이 고정되고 이미 결정되었다는 뜻이 아니다. 오히려 옳은 방향이라고 생각하는 쪽으로 공동체를 이끌어 가면서도 필요와 상황이 생길 때마다 개발 가능성을 열어 두는 융통성 있는 지침이라고 할 수 있다. 그렇게 이 프로젝트는 어수선한 시기에 확실한 희망을 만들어 내고 있다.

제2부

컴패션의 힘을
삶에 적용하기

컴패션을 실천하는 삶

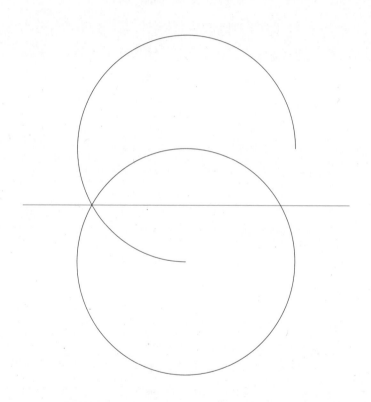

나는 세상이 두 방향으로 움직인다고 생각한다. 재계와 정부 지도자가 지향하는 것은 낡아 빠진 성장 모델이다. 그들은 그러한 체제를 확장하고, 몸집을 키우고, 속도를 높이려고 더 강하게 밀어붙인다. 그러는 사이 지구와 사람들이 그에 맞서 큰 소리로 저항한다. 이제는 모든 경제 포럼에서 시위가 벌어진다. 희망이 있다면, 밑바닥에서부터 사람들이 정반대로 움직인다는 것이다. 그들은 바로 공동체를 향해 움직이고 있다.

* 헬레나 노르베리-호지 *

컴패션 프롬 프로젝트의 성공은 지역사회의 비공식 자원이 최근 우리 사회를 괴롭히는 많은 문제를 해결하는 핵심이 될 수도 있다고 알려 준다. 또 컴패션 공동체를 세우는 일은 특정 이념을 부과하는 것이 아니라, 개개인 내면의 컴패션 능력을 개발하는 데서 시작된다는 사실도 암시한다. 모든 것은 바로 '컴패션이 넘치는 삶'을 가꾸는 데서 비롯된다.

물론 이런 낙관적인 관점에 불리하게 작용하는 요인도 많을 것이다. 경쟁이 치열하고 산업·상업화한 도시와 농촌 지역에서는 사회문제가 점점 더 심각해져서, 컴패션이 활용 가능한 자원인지 의문을 품게 된다. 개인 차원에서는, 마음이 강한 사람과 약한 사람 등 인간의 유형을 다양한 범주로 구분하는 성격심리학 연구는 사람은 컴패션이 있는 사람과 없는 사람, 둘 중 하나라는 흔한 가설을 지지하는 듯하다. 더 나아가 그런 상태가 전혀 바뀌거나 발전하지 않는다는 가정은 인류를 암울한 현실주의자와 지나친 이상주의자로 나누는 엉성한 기준을 견고하게 만든다.

이런 흔한 태도는 우리를 비관적으로 만들기 쉽지만, 지역사회와 삶에서 실제로 벌어지는 현상을 자세히 들여다보면 컴패션이 활동하는 예를 다수 찾을 수 있다. 그 예들은 컴패션이 어떻게 많은 개인에게 활력을 불어넣었는지 보여 주며, 동시에 그 예들 때문에 컴패션의 영향이 촉진될 수 있다는 증거를 제시한다.

자신의 컴패션 능력을 온전히 인식하면, 인종이나 문화적 배경, 개성이나 그 어떤 특징도 상관없이 누구나 이 잠재력을 지니고 있음을 더 깊이 이해할 수 있다. 컴패션이 더 크게도 더 작게도 작용할 때가 있고, 물론 전혀 작동하지 않을 때도 있지만, 그 잠재력만큼은 남아 있다. 그리고 내면의 컴패션을 깨울 수 있다는 자각은 인간의 본성은 변하지 않는다는 비관적인 주장이 사실인지 의문을 제기한다. 앞에서 언급했듯, 진화를 통해 인간이라는 종에 컴패션 능력이 새겨졌고, 그 능력은 인간의 생리와 심리에 남아 있다. 우리는 매 순간 세상에 컴패션으로 반응할 수 있다.

🪷 컴패션 자원을 인식하고 평가하기 🪷

살면서 힘겹고 정서적으로 어려운 상황에 맞닥뜨릴 때, 컴패션으로 대응하고 그 태도를 유지하려는 노력은 더 큰 자각으로 나아가는 여정이다. 이런 노력은 타인의 관점에서 삶의 난제와 경험을 이해하고 경중을 헤아리도록 해서 자신만의 안전지대에 있던 우리를 끌어낸다. 또 자신의 한계를 인정하고, 그 한계를 창의적으로 다루도록 도울 적절한 방법을 찾도록 요구한다. 컴패션은 고통을 줄일 수 있다는 막연한 희망 사항이 아니다. 컴패션은 실용적이고 실제적이며 행동을 요구한다. 그래서 사람들은 무력감을 느끼거나 활력을 앗아 가는 컴패션 피로와 씨름할 때가 많다. 앞에서도 말했듯, 컴패션 피로란 세상에 고통이 너무 많아 어디서부터 시작해야 할지 갈피를 잡지 못하는 상태를 가리킨다. 하지만 컴패션의 힘은 단 한 번에 세상을 바꾸는 것이 아니다. 컴패션은 옆자리에 앉아 있는 사람들과 함께 시작된다.

자신의 장단점을 잘 파악해 현실적인 기대감을 유지하면, 지나치게 야심 찬 목표를 달성하지 못하는 데 따른 실망감을 줄일 수 있다. 석가모니, 마하트마 간디, 마틴 루터 킹 같은 컴패션의 화신은 매우 보기 드문 인물임을 기억해야 한다. 안락한 부르주아의 삶을 포기하고 방직 공장에서 일한 비어트리스 웹 같은 인정 많은 여성의 경우도 마찬가지다. 그녀는 노동자 계층의 어려움을 몸소 체험하고 그들의 어려움을 알리고자 노동자로 일했다. 스물여섯 살 디자이너 패트리샤 무어는 복합 장애가 있는 85세 노인으로 분장한 채 3년간 북미 도시를 돌아다녔다. 그녀는 냉담한 세상에서 노인들이 맞닥뜨리는 여러 신체적 문제를 확인하고자 이런 행동을 했다.

컴패션 행동은 어디에서나, 누구에게나 도움을 주지만, 그 행동이 진정으로 효과를 발휘하려면 우리 각자가 그와 같은 결론에 도달해야 한다. 이런 생각을 하면 컴패션이 일상에서 주요한 동기의 근원이 된다. 이렇게 되면 그저 남에게 해를 끼치지 않는 수준에 머물지 않고 더 나아간다. 컴패션은 수동적인 태도가 아니라 적극적인 태도다. 사람 사이에 상호작용이 있는 곳마다, 삶에 영향을 미치는 결정을 내릴 때마다 적극적인 컴패션은 긍정적인 변화의 원동력이 된다. 케이시를 생각해 보자. 처음에는 간절히 필요한 순간에 받은 컴패션이 그녀의 인생관을 바꿔 놓았다. 그리고 이제는 다른 사람들에게 도움의 손길을 내미는 경험을 통해 자신의 인생관을 바꾸고 있다.

더 나아가 우리는 컴패션을 느낄 수 없는 사람들은 뭔가 잘못되었다는 점을 인식해야 한다. 일탈을 일삼는 이상 성격은 자기 자신과 다른 사람들에게 굉장히 좋지 않은 결과를 불러올 수 있다. 아우슈비츠의 장교 한스 스타크의 책상 위에 붙어 있던 글귀에서 이에 대한 극단적이지만 끔찍한 예를 찾아볼 수 있다. 거기에는 '컴패션은 약점이다(Mitleid ist Schwäche)'라고 부하들에게 충고하는 내용이 적혀 있었다. 이 말은 컴패션이 없는 상태가 단순히 중립적인 행동이 아님을 일깨워 준다. 컴패션이 없다는 것은 다른 사람에게 해를 끼칠 가능성을 적극적으로 선택하는 것이다.

컴패션은 불편한 감정이다. 다른 사람들이 고통당하는 것을 보고 눈을 돌리지 않고 그에 따른 마음의 부담을 고스란히 느껴야 하기 때문이다. 만약 곤경에 처한 사람을 보고도 마음이 굳어 있다면 그들을 포기하고 책임감도 팽개치게 된다. 컴패션이 넘치는 사회로 진화하는 움직임은 자신의 행위에서 그런 변화를 끌어내려고 애쓰는 각자에게 달려 있다.

컴패션을 실천하는 개인에게 심리적 변화가 일어난다는 사실을 보여 주는 훌륭한 과학적 증거가 있다. 몇몇 연구에 따르면 자원봉사자들은 조기 사망률이 더 낮고, 만성질환을 앓거나 장애가 있는 자원봉사자는 시간을 내서 다른 사람을 돕고 난 후 증상이 완화되는 경험을 한다. 학대를 받아 정신 질환을 앓는 성인과 아동은 남보다 편도—감정 소화에서 핵심 역할을 하는 뇌의 일부분—가 작은 경향이 있다. 그러나 컴패션을 개발하는 법을 배우면, 아몬드 모양의 뉴런 집합체인 편도의 크기가 커진다.

✤ 컴패션 실천하기 ✤

컴패션 프로젝트를 생활 속에서 실천하려면, 다른 사람의 고통을 외면하지 않고 창의적으로 그 고통에 동참해야 한다. 그러기 위해서는 세상에, 그리고 가까이에 있는 사람들의 슬픔에 주목해야 한다. 시간을 내 사람들의 이야기를 들어주거나 말없이 곁을 지켜 주는 식으로 말이다. 또 개인의 능력이 닿는 데까지, 언제라도 도움이 필요한 사람을 돕겠다는 적극적인 자세가 필요하다.

고통의 문제에 수치심이나 죄책감으로 반응하기는 쉽다. 그렇지만 컴패션을 기른다면, 눈앞의 문제를 회피하기보다 그 문제에 대처할 수 있다. 소소한 컴패션 행동에 충실하면, 다른 사람들의 삶의 질과 자신의 자아감 모두에 의미 있는 영향을 미칠 수 있다. 개인은 일대일로 유익한 에너지를 교환할 수 있을 뿐 아니라, 공동체 생활을 강화하는 데도 연쇄적인 효과를 일으킬 수 있다. 상대에게 사려 깊은 질문을 하고 긍정적인 반응이 돌아오면 서로의 사정에 적극적으로 관심을 갖게 된다. 장보기는 단순한 상업적 교환을 넘어 사교 행사가 된다. 직장에서 친절한 상호작용이 일어나고, 낯선 사람들을 더 친절하고 열린 태도로 대하려는 의지가 커진다.

줄리안은 언젠가 슈퍼마켓에서 경험한 일을 들려주었다. 어느 연주자가 크리스마스캐럴에 맞추어 색소폰을 연주하고 있었다.

> 계산을 하려는데 '외로운 크리스마스'라는 노래가 막 흘러나오고 있었습니다. 계산원 아주머니 눈에 눈물이 글썽글썽했어요. 이유를 물으니 얼마 전에 아들이 죽었다고 말씀하더군요. 젊은 사람이 죽는 일은 드물기에 아드님이 어쩌다가 세상을 등졌냐고 물으니 자살했다는 대답이 돌아왔습니다. 너무 안타깝고 슬픈 일이었어요. 아들을 잃고 처음 맞는 크리스마스가 아주머니에게 얼마나 슬프게 다가올지 충분히 이해가 갔습니다. 단지 몇 마디를 주고받았을 뿐이지만, 컴패션이 드러나는 의미 있는 대화였어요. 우리가 그분께 작은 친절을 베풀 수 있어 다행이라고 생각합니다.

🎗 마음 챙김과 컴패션 🎗

다른 사람들에게 컴패션을 베풀 인내심을 기르려면 우선 자신에게 진정한 컴패션을 느껴야 한다. 합리적으로 사고하면 적어도 이론상으로는 모든 인간에게 컴패션이 잠재되어 있다는 사실을 깨닫는 데 도움이 되지만, 컴패션을 실현하려면 합리적 사고를 활용하는 것만으로는 부족하다. 불교에서 명상을 하는 것은 내면의 컴패션과 지혜를 깨닫기 위해서다. 명상은 곧 모든 사람에게 잠재적으로 존재하고 어느 정도는 실현되는 컴패션의 본성을 직접 경험하는 것이다.

때로는 감당하기 힘든 속도와 강도로 생각과 감정이 드나들면서 인간의 마음은 집중력을 잃고 흔들린다. 상대적으로 잠잠한 마음도 복잡한 연상 작용과 기억, 자기 가치에 대한 의심으로 금세 방해받을 수 있다는 사실은 누구나 잘 알고 있다. 개인사에 깊이 뿌리내린 이런 기억은 어떤 일을 계기로 되살아나곤 한다.

고요히 머물기(calm abiding)로 알려진 명상은 요동치는 감정을 가라앉히는 데 효과적인 방법이다. 특정 사물에 주의를 집중함으로써 흐트러진 마음을 다시 집중한다. 이때 선택한 사물은 내면에 있을 수도 있고 외부에 있을 수도 있다. 호흡에 집중하거나 마음속에 이미지를 떠올리는 것은 내면에, 나무 조각이나 돌 조각을 바라보는 것은 외부에 집중하는 방법이다. 명상 효과는 마음 챙김과 알아차림이라는 연관된 두 기능을 활용하는 데 달려 있다.

마음 챙김(mindfulness)은 우리가 명상의 대상에 집중한 상태임을 기억하게 해 준다. 들숨과 날숨에 집중할 때, 가령 7이나 21까지 호흡을 헤아려 마음 챙김 상태에 머물 수 있다. 숫자를 세는 집중력과 기억력에 따라 그 이상도 가능하다.

알아차림(awareness)은 마음이 명상의 맥을 끊는 두 가지 방해물에 시달리고 있지 않은지 알아내는 능력이다. 첫 번째 방해물은 둔감함이다. 마음이 무거워지고 나른해져 숫자를 세며 숨을 쉬다가 잠드는 것을 뜻한다. 해결법은 똑바로 앉아 다시 집중해 알아차림을 다잡는 것이다. 명상을 방해하는 두 번째 방해물은 생각이 급격히 많아지면서 마음의 평정을 흩뜨리는 불안이다. 마음 챙김을 제대로 하면, 알아차림을 통해 마음이 초점을 잃고 달아나는 순간을 인지할 수 있다. 해결법은 자세를 조금 편안하게 하고 마음까지 편하게 하는 것이다.

마음 챙김과 알아차림이 약해지면, 마음은 자연스레 방황한다. 이것도 마음의 힘을 다시 키우는 명상의 일부다. 마음이 흐트러질 때는 그 점을 알아차리고 아무 판단하지 말고 다시 집중해 명상을 이어 나가면 된다. 이런 식으로 평안을 깨뜨리는 수많은 생각을 흘려보내는 법을 배우고, 서서히 마음을 훈련해 집중이 흐트러지고 안절부절못하는 습관을 집중력을 유지하는 습관으로 대체할 수 있다. 이런 집중에 꼭 필요한 것이 너무 무겁지도, 활동적이지도 않은 균형 잡힌 알아차림이다. 이렇게 해서 정신적으로 편안한 상태에서도 예리하고 명석하게 알아차림을 유지하는 일이 조금씩 가능해진다.

처음에는 2~3분에서 시작해 날마다 혹은 하루에 몇 차례씩 주기적으로 명상을 하면 과중한 업무에 부담을 느끼거나 일의 진척 속도가 느려 실망하는 경우도 줄어든다. 명상의 목적은 집중한 상태에서 마음에 휴식을 선사하는 것이다. 빡빡하고 힘든 일상에서 숨통을 틔울 기회를 마련해 주는 것이다. 여유로운 마음은 내면의 평안을 느끼게 하고, 그 덕에 우리는 컴패션 가득한 삶을 살아가는 데 따른 도전에 더욱 차분하게 대응할 수 있다.

또 다른 형태의 명상은 마음을 가라앉힐 뿐 아니라, 양질의 컴패션을 개발하고 단련하도록 도와준다.

　　종교가 있든 없든, 많은 사람이 스트레스로 힘든 상황에서 기도한다. 그런데 기도에 좀 더 집중하는 훈련 자체가 우리를 자극하고 지원하는 내면과 외부 자원을 더 잘 받아들이도록 도와주는 명상의 한 형태다. 이런 수용성은 우리가 더 친절하고 컴패션 넘치는 반응을 하도록 도울 수 있다.

　　앞에서 언급했듯 공감적 상상력은 컴패션에서 빼놓을 수 없는 부분이고, 컴패션의 시각화 능력과 함께 질을 높이는 데 활용할 수 있다. 예를 들어 설명하면, 영감을 주는 인물이라는 구체적 형태로 내면에 컴패션의 이미지를 만들 수 있다. 이 인물은 온 우주에 컴패션의 파장을 퍼뜨린다. 구체화된 이미지는 그 사람의 종교 성향에 따라 그리스도나 부처, 알라나 자비로 중생을 구제하는 관음보살로 시각화할 수도 있다. 혹은 어둠을 둘러싸고 무제한으로 뻗어 나가는 빛의 공이라 상상할 수도 있다. 어떤 형태의 이미지가 되었든, 그 빛이 들어와 온몸에 퍼져 컴패션의 흐름을 막는 부정적인 신념과 사상, 정서를 몰아낸다고 상상하면 된다. 또 자신의 컴패션 잠재력을 온전히 발휘하려면, 다른 사람을 위한 컴패션뿐 아니라 자신을 위한 컴패션—엄청난 정서적 체험이 될 수 있다—도 필요하다.

　　사람은 누구나 때로 실수를 저지르고, 스스로 부

끄러워할 만한 행동을 한다. 또는 다른 사람들에게 해를 끼칠 수도 있다. 이것은 지극히 인간적인 일이지만 그런 행동을 한 자신을 용서하기 어려울지도 모른다. 하지만 스스로 잘못을 인지하고 용서하도록 돕는 명상을 활용한다면 진정한 반성을 할 수 있다. 이런 감정 때문에 괴로워할 수 있지만, 진정한 뉘우침은 자신을 파괴하는 부정적 감정을 뒤로하고 더 나은 본성을 이용해 진실된 마음으로 되돌아갈 길을 열어 더 강한 사람으로 만들어 준다. 이렇게 자신을 용서하는 명상에는 우리가 저지른 일을 제대로 인지하고, 우리가 가진 것에 감사하는 자세가 필요하다. 명상은 그런 관점을 더 깊이 있게 탐색하고 범위를 확장할 수 있는 보너스를 제공한다.

이런 훈련은 사람들이 보통의 일상을 살아가는 방법과는 거리가 멀 수도 있지만, 마음 챙김은 그저 우리가 일상에서 벌어지는 일에 더 집중하도록 격려해 주는 방법이다. 프롬에서 이용할 수 있는 사회적 자원을 찾으려는 제니 하트놀의 능력과 슬픔에서 벗어나 새로운 목적을 발견하고 동네 사람들을 알아 가는 케이시의 여정에서 그런 집중의 효과를 볼 수 있다. 명상은 다음에 무슨 말을 할지 생각하기보다는 다른 사람 말에 귀를 기울일 수 있게 독려하고, 자신의 염려를 누그러뜨려 자신과 다른 사람들, 주변에 컴패션을 확장하도록 돕는다.

불신을 키우기 위해 공포를 조장하고 분열이 가득한 사회에서, 이렇게 마음을 가라앉히고 온정에 마음을 여는 법을 배우면 세상에 만연한 부정적 정서를 긍정적으로 바꾸는 데 도움이 될 수 있다. 컴패션 능력을 강화할 수 있다는 확신은, 고상한 포부에 머무를 수도 있는 것을 이롭고 사회적으로 효과적인 행동으로 전환하는 데 필요한 자신감을 불러올 것이다.

🌿 컴패션에 대한 도전에 맞서기 🌿

하지만 모든 사람에게는 나름의 한계가 있다. 그래서 우리가 정서적으로 갈등하고 탈진하고 괴로울 때 컴패션 피로를 느끼는 것은 당연하다. 혹은 우리가 자신이나 상황에 너무 많은 것을 요구할 때 일이 틀어지는 것도 당연하다. 이런 상황에서 다시 정상 궤도로 돌아오기 위해서는 명상만으로는 부족하고, 다른 사람들에게 도움을 구해야 할 수도 있다.

어떤 사람들에게는 종교가 있든 없든 서약이 도움이 될 수 있다. 서약을 통해 원래의 헌신을 다시 불러일으키고, 힘든 시기에 원래의 목적을 일깨울 수 있기 때문이다. 그래서 결혼식에서도 평생 약속을 지키겠다는 의미로 엄숙하게 서약한다. 압박이 한계점에 다다르고 누군가를 돌보는 사람이 사랑과 컴패션보다 좌절과 초조함에 더 강하게 사로잡힐 때 서약은 처음 약속을 떠올리게 해 줄 뿐 아니라, 그 약속을 존중할 힘을 제공한다. 하지만 서약은 자기 한계를 알고 그에 맞춘 현실적인 기대에 기초해야 한다. 그리고 오랜 시간에 걸쳐 이 서약을 지키는 능력은 자기 훈련이라는 꾸준한 노력에 달려 있다.

이런 결심을 지키지 못할 경우, 상황에 대한 전

반적인 스트레스에 더해 죄책감이 심해질 위험도 있다. 따라서 처음 서약이 약해질 때 어떻게 할지 미리 전략을 세워 두는 편이 좋다.

좋은 보호자가 되려고 애쓰거나 컴패션을 베푸는 삶의 요구에 맞추어야 한다는 압박에서 주기적으로 벗어나는 것이 중요하다. 흔히 사람들은 사랑하는 사람을 돌보는 데 집중하느라 자신의 즐거움과 관심사는 제쳐두곤 한다. 하지만 앞에서 보았듯, 친구들과 시간을 보내거나 운동이나 게임을 하거나 혼자 오래 산책하거나 달리기를 하면서 잠시 긴장을 푼다면, 끊임없는 걱정에서 벗어나 쉬면서 회복하는 시간을 가질 수 있다. 어떤 활동이든 일상의 요구와는 다른 기분 좋은 일을 한다면, 회복력을 높이고, 자신의 책임에 적절히 대처할 담력도 강화할 수 있다.

간단히 말해, 컴패션을 삶의 근본 원리로 만드는 데 필요한 핵심 요소는 자신의 삶에 컴패션을 베푸는 능력, 가능한 한 다른 사람들에게 마음을 열고 온정을 베푸는 능력이다.

머잖아 모두는 아니더라도 대다수의 사람은 마음과 생각을 짓누르는 부정적인 감정으로 괴로울 테고, 그에 대처하려면 도움이 필요할 것이다. 이때 우리는 다른 사람들을 적극적으로 돌보는 컴패션을 잘 느끼지 못하게 된다. 그런 달갑잖은 상황에서 가족이나 믿을 만한 친구를 가장 먼저 찾겠지만, 때로는 문제의 당사자일 수 있는 사람에게 자신의 이야기를 진솔하게 털어놓는 것이 어려울 수 있다. 이럴 때는 전문 심리치료사와 상담을 해야 할지도 모른다. 그리고 인지 행동 치료(Cognitive Behavioural

Therapy, CBT)에서 활용하는 방법으로 자신에게 걸림돌이 되는 사고방식과 그에 동반되는 부정적 감정을 들여다보는 기회를 가질 수도 있다. 부정적 사고방식을 계속 이어갈 필요가 없다는 사실을 깨달으면, 더 큰 변화를 경험할 수 있다.

그런 관점의 변화로 자기 파괴적인 생각을 줄일 수 있다. 내면을 더 깊이 파고 들어가는 여러 심리 치료에서는 상담자가 여러 번에 걸쳐 내담자로 하여금 과거 삶을 세심하게 검토해 잘못된 인식을 평가하고 교정하고 부정적인 감정을 창의적인 에너지로 바꾸며, 무의식에서 변화의 자원을 끌어내도록 돕는다. 이 모든 방법을 통해 진정한 컴패션에 뿌리를 둔 능력을 개발할 수 있다.

어려움에 처한 누군가를 돕는 일은 얼마나 진정한 컴패션의 감정을 바탕으로 하느냐에 따라 효과와 보람이 달라진다. 따라서 다른 사람에게는 물론 자신에게도 컴패션을 유지해야 한다는 사실을 기억하는 것이 중요하다. 다른 사람을 돌보는 것은 스트레스가 많은 일이다. 감정이 쉽게 소모될 수 있다. 특히 주변에서 일어나는 상실과 변화에 대처하느라 피곤한 상태라면 말이다. 오랜 시간 일궈 온 좋은 관계에서도, 그런 스트레스는 성급함과 짜증을 부를 수 있다. 또 자신이 지닌 자원에는 한계가 있다는 사실을 인정하지 않고 무리하면 병을 얻을 수도 있는데, 이렇게 되면 누구에게도 도움을 주지 못한다. 그런 상황에서 다른 사람의 행동과 반응에 지나치게 예민할 수도 있음을 서로 인정한다면, 스트레스를 완화할 수 있다.

대가를 받지 않는 돌봄과 보상을 기대하는 돌봄

에는 상당한 차이가 있음을 이해하는 것도 중요하다. 돈을 주고받든, 지역에서 재화나 용역을 교환하는 타임뱅크 같은 계약을 통해서든, 교환 거래의 일종으로 제공하는 행위는 상품이 된다. 자신이 제공한 행위로 보람을 느낄 수 있지만, 준 것에 구체적인 가치를 부여하면 거기에 기대를 품게 된다. 이런 기대감 때문에 실망하거나 후회할 수도 있다.

1980년대 마다가스카르에서 있었던 슬픈 일화는 이 점을 상기하게 해 준다. 글을 아는 동네 주민들의 자원으로 시작한 문맹 퇴치 프로그램이 인기를 끌면서 글을 몰라 곤란해하던 사람들에게 큰 호응을 얻었다. 그러자 여러 국제 구호단체에서 이 사업을 후원하기로 했다. 하지만 외부 후원으로 교사들이 급여를 받으면서 이 프로그램은 실패했다.

왜 이런 일이 벌어졌을까? 이들의 수고에 돈으로 가치를 매기자, 자원봉사자들은 자신들의 일에 걸맞는다고 생각하는 금액이 들어올 때까지 가르치는 일을 중단하기로 했다. 아무 조건 없이 도와주기로 했을 때는 일에 대한 가치나 보상을 따지지 않았는데 말이다. 이타적인 행동을 할 때 분비되는 옥시토신 덕분에 자원봉사자들은 기분 좋게 글을 가르쳤다. 자신들이 좋은 일을 하고 있다는 인식 자체가 보상이었다. 그러나 아이러니하게도 이들을 후원하는 급여가 지급되면서 일이 어그러지고 말았다.

❦ 감화의 힘 ❦

상상력이라는 창조적 행위는 컴패션 에너지의 강력한 근원이다. 상상력에는 두 가지 측면이 있다. 독창적 혹은 시적 측면은 마음속에 생각을 품고 그것을 표현하는 형식을 찾는 것이고, 공감적 혹은 윤리적 측면은 타자의 관점에서 현실을 인지하고 인식하고 존중하는 것이다. 윤리적 측면이 빠진 상상력(예를 들면 히틀러의 '우수 인종' 같은)은 개념과 이미지, 이야기를 만들어 낼 수 있다. 이런 행위는 치명적이고 파괴적인 영향을 미친다. 그런가 하면 윤리적 측면이 시적 감각을 잃으면, 지나치게 지적이고 교훈적이며 선동적일 수 있다. 하지만 이 두 측면이 잘 어우러져 효과를 발휘하면 상상력의 산물은 현실감을 높이고 범위를 넓히는 방식으로 머리와 가슴과 영혼을 어루만진다. 그 때문에 이 상상력의 효과—상상력이 우리를 움직이는 방식—는 완벽한 변화를 가져올 수 있다.

고대인들은 이 점을 잘 알고 있었다. 아리스토텔레스는 훌륭한 비극은 관객에게 카타르시스를 준다고 설명했다. 이러한 카타르시스를 느끼기 위해 관객은 드라마 속 등장인물의 고뇌를 대신 느끼고, 에고가 몰두해 있는 정상적인 범위 너머로 자신의 의식을 끌어내야 한다.

전 세계 민족의 입문 의식 배후에는 이와 똑같은 이해가 자리한다. 어느 인류학자가 부족 생활에서 이야기가 맡은 역할에 대해 묻자, 아파치 인디언 벤턴 루이스는 다음과 같이 단순한 세 문장을 말했다. "이야기는 화살과 같습니다. 이야기는 당신이 똑바로 살아가게 만듭니다. 이야기는 당신을 새로운 사람으로 만들어 줍니다." 누군가가 그의 말을 정리한다면, 아마 다음과 같은 내용일 것이다.

첫째, 정말 좋은 이야기를 듣거나 읽으면 그 이야기는 당신의 가슴을 뚫고 들어간다. 이야기 때문에 당신은 몸과 마음에 고통을 느낄 수 있다. 이야기는 당신을 흔들어 놓고, 무언가 중요한 일이 일어났다는 것을 곧바로 인식하게 할 수 있다.

둘째, 제대로 들려준 이야기에는 윤리적인 가치가 있다. 이야기는 당신이 삶을 살아가는 방식이 어떤지, 그 토대가 무엇인지 질문하게 만들고, 더 나아가 그 방식을 바꾸기 위해 애쓰도록 할 수 있기 때문이다.

마지막으로, 이 경험은 굉장히 변혁적이어서, 이야기가 끝났을 때 독자나 청자는 이야기를 시작했을 때와는 완전히 다른 인물이 된다. 이들에게 아주 급진적인 변화가 일어난다.

벤턴 루이스의 이 세 가지 언급은 전통적인 관점에서 E. M. 포스터의 다음과 같은 신념 배후에 있는 생각을 지지한다. "만약 인간의 본성이 바뀔 수 있다면, 그것은 개인이 스스로를 새로운 방식으로 바라보기 때문일 것이다." 이는 컴패션 상상력이 인간의 삶에 미치는 힘에 대한 확증으로 해석될 뿐 아니라, 소설을 읽는 것이 수동적인 오락 행위 이상임을 일깨워 준다. 소설을 읽는 것 자체가 상상력의 활동인데, 이 활동은 참여에 따른 효과를 불러오고, 도덕적인 결과도 이끌어 낼 수 있다. 독자들은 흰 종이에 적힌 검은 글씨에서 스스로 이야기의 인물과 사건을 창조해 내고, 그들의 세상으로 들어가도록 자극받는다. 그렇게 해서 독자들은 자신의 관점을 확장하고 컴패션 능력을 함양할 여지를 갖게 된다.

　　사람을 바꾸어 놓는 사랑과 컴패션의 힘, 그리고 컴패션이 사라졌을 때 나타나는 비극적인 결과는 늘 시와 소설, 오페라, 드라마와 영화의 주제가 되었다. 이처럼 오래 사랑받는 작품에는 미적인 가치뿐 아니라 윤리적인 가치가 있다. 그래서 우리는 폭풍이 몰아치는 황야를 헤매는 리어왕을 따라다니며 우둔하고 교만한 그가 주변 사람들을 불쌍히 여기는 법을 배울 때까지 그와 함께 고통을 겪는다. 그러고 나서야 우리 또한 고통스러운 입문 의식을 통과하여 커다란 깨달음을 얻는다. 볼프람 폰 에셴바흐가 쓴 '성배 이야기'◇를 곱씹는 일은 서사시의 주인공 파르치팔과 함께 여행을 떠나는 것이다. 그는 권력과 영광을 얻으려는 원정으로 망가진 황야를 건너고 마침내 컴패션이라는 능동적인 힘을 통해서만 그 황무지가 다시 푸르러질 수 있음을 깨닫는다. 또 조지 엘리엇의 명작 <미들마치>를 읽는 일은 보통 사람의 희망과 슬픔, 시련과 고난을 컴패션으로 대하는 법을 배우는 것과 같다. 조용한 지방 소도시에서 살아가던 이 소설의 주인공들은 마지막 대목에서 다음과 같이 확신한다. "세상에 선을 자라나게 하는 일은 역사에 남지 않는 보편적 행위에 달렸다. 우리가 그렇게 나쁜 일을 겪지 않은 이유 중 절반은 드러나지 않는 삶

───◇　볼프람 폰 에셴바흐가 쓴 중세 독일의 서사시 <파르치팔(Parzival)>을 의미하는 것으로, 천진한 소년이 성배를 찾는 과정을 담은 작품이다. ─역주

을 충실하게 살아 낸 사람들 덕분이고, 나머지 절반은 아무도 찾지 않는 무덤에 묻힌 사람들 덕분이다."

이런 작품들과 깊이 교감하는 상상력은 가스통 바슐라르가 '고통 동종 요법(a homeopathy of anguish)'이라고 부른 것을 경험하는 것과 같다. 이는 모호한 인생을 살아가는 우리를 효과적으로 교육하고, 과거 경험에 더 넓은 인식과 가치와 의미를 부여하며, 무엇보다 우리로 하여금 고통을 맛보게 해 실제로 고통이 닥쳤을 때를 대비하게 해 준다.

물론 그런 쉽지 않은 문학작품이 모든 사람의 취향에 맞는 것은 아니겠지만, 그 작품들을 고전으로 만든 지혜는 다른 매체를 통해 대중문화로 스며든다. 예를 들어 처음에는 연극으로, 나중에는 영화로 제작된 <웨스트 사이드 스토리(West Side Story)>를 생각해 보자. 이 작품은 셰익스피어의 <로미오와 줄리엣(Romeo and Juliet)>의 줄거리와 이미지를 차용하고 거기에 음악과 노래, 춤의 힘을 결합해 현대인의 마음을 사로잡았다. 이와 비슷하게, 프랜시스 포드 코폴라의 <지옥의 묵시록(Apocalypse Now)>은 조지프 콘래드의 중편소설 <암흑의 핵심(Heart of Dark-ness)>의 무대를 현대로 옮겨 독자들이 베트남전쟁의 광기를 마주하도록 했다. 이 영화는 카타르시스를 통해 연민과 공포를 불러일으켜 사람들을 변화시키는 효과를 낳았다. 좀 더 최근 작품인 <가버나움(Capernaum)>에서 관객은 전쟁이 휩쓸고 간 레바논 거리에서 아이들이 겪는 고통을 생생하게 목격한다. 그런데 아이들이 날마다 잔혹함과 어려움을 겪으면서도 여전히 서로 사랑과 친절을 표현할 수 있다는 사실에 관객들은 크게 감동받고 희망을 품는다.

이렇듯 이야기의 힘은 감화를 줄 수 있는데, 상실과 고통의 시대에 많은 사람이-문학이나 기타 예술에 아무 관심이 없는 사람들까지도-시에서 위로를 찾으려 한다는 점은 매우 의미심장하다. 마치 시가 치유와 회복의 근원이라도 되는 양 사람들은 본능적으로 시에 끌리는 듯하다. 어쩌면 이런 이유로 닐 애스틀리의 시선집 <살아 있다는 것(Being Alive)>과 <계속 살아 있다는 것(Staying Alive)>이 폭넓은 인기를 얻었는지도 모르겠다. 여러 시인이 쓴 다양한 시를 사랑과 상실, 두려움과 갈망, 상처와 경이 등 삶의 주요한 경험에 따라 정리한 이 선집은 과거에는 흔히 종교 문헌에서 볼 수 있는 통찰과 안내, 위로를 세속에 전하면서, 인간 지성의 재치와 열정을 보여 준다. 무엇보다 이 시들은 우리를 당황하게 만드는 사건조차 언어와 상상력이라는 정돈된 힘을 통해 머리와 가슴으로 이해할 수 있다는 믿음을 준다.

환경 위기가 가속화되는 시기에, 이 점도 반드시 짚고 넘어가야 할 것 같다. 말이 필요 없는 음악이라는 예외가 있기는 하지만, 시는 다른 어떤 예술 형태보다 더 친밀하게 윌리엄 워즈워스가 말한 '우주의 지혜와 정신'의 목소리를 일깨워 준다. 시의 이미지와 리듬은 보잘것없는 인간의 삶이 광대한 생명 계획의 일부임을 되새기게 해 준다. 그런데 우리는 주변 어디에서나 살아 숨 쉬는 이 광대한 생명을 위험을 감수하며 망가뜨리고 있다.

많은 시인은 자기 작품의 저작권이 자신을 초월하는 근원에 있다고 말한다. D. H. 로런스는 그에 대해 이렇게 표현했다. '내가 아니라, 나를 통해 부는 바람'. 이는 자연 질서의 폭넓은 감화력을 인정하는 말이다. 또 시인 워즈워스의 작품도 풍경과 자연의 단어가 주는 힘과 자극에 뿌리를 두고 있다. 그는 '틴턴 사원 위쪽에서(Lines Composed a Few Miles above Tintern Abbey)'◇에서 자연의 힘을 영감과 안내자라 찬양하면서, 만물이 서로 연결되어 있다고 회상한다.

그리고 나는
숭고한 생각의 기쁨으로
내 마음을 출렁이게 하는
한 존재를 느끼게 되었다.
그것은 아주 깊숙이 스며 있는
어떤 장엄한 것의 지각이었고
그것이 머무르는 곳은
석양의 햇살
둥근 바다의 살아 있는 바람
그리고 푸른 하늘과 사람의 마음
그것은 생각하는 모든 것
모든 생각의 대상을 밀고 나가며
만물 속을 굴러가는
하나의 운동이자 정신이다.

워즈워스는 자연계를 바라보면서 '고요하고 슬

─────◇ 유종호 번역, <하늘의 무지개를 볼 때마다>, 95~97쪽, 민음사

픈 인간성의 음악'을 듣는다. 자연이야말로 인간이라는 종이 소속된 곳이기 때문이다. 우리는 떼려야 뗄 수 없는 자연의 일부다. 우리의 신체적·영적 측면이 가장 확실하게 자양분을 얻고 새로워지도록 하는 곳이 바로 자연이다. 우리가 적절한 관심을 기울일 때, 자연은 모두에게 창조적 영감의 근원이 된다.

아무리 사소하더라도 날마다 마음을 챙기고 돌보면서 자신의 본성에 대한 부정적 가정을 바로잡고, 내면과 주변을 더 나은 곳으로 바꿀 수 있다는 자신감을 키울 수 있다. 이것이 바로 개인의 삶을 컴패션 프로젝트로 바라본다는 의미일 것이다.

삶을 바꾸는 좋은 관계망 만들기

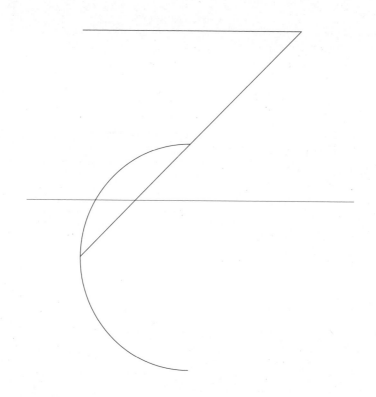

우리는 컴패션을 개발하고, 내면에 평화를 선사하며, 그 평화를 가족이나 친구와 나누려 노력해야 한다. 그러면 연못에 돌멩이를 던졌을 때 물결이 퍼지듯, 평화와 온정이 공동체를 통해 퍼져 나갈 수 있다.

* 달라이 라마 14세 *

우리는 스스로를 개인으로 보지만, 사실은 복수형이다. 인간은 주변 사람들의 돌봄을 받으며 서로 의존하는 존재이기 때문이다. 사람들은 지지와 우정과 삶의 필수 요소를 주고받는 관계를 맺는다. 컴패션 프롬 프로젝트가 성공한 것은 삶에서 이런 네트워크가 중요한 역할을 한다는 사실을 인식하는 데서 시작했다. 그다음은 마을에 서로 돕는 관계망이 있으면 이를 발굴해 널리 알리고, 동시에 새로운 필요를 채우는 더 많은 관계망을 구축한 데 있다.

사람들이 이 관계망의 진정한 가치를 항상 알아보는 것은 아니기에 이 장에서는 복잡하게 연결된 가족 관계와 부족 관계의 패턴을 자세히 살펴볼 것이다. 이 패턴은 수백만 년에 걸친 인류의 진화 과정을 통해 인간이 살아가는 방식 가운데 자리 잡았다. 형태와 관습은 다양하겠지만, 그것들을 하나로 묶는 힘은 친절과 컴패션을 베푸는 인간의 타고난 능력이다.

우리의 건강과 행복은 꼭 필요한 도움을 받을 수 있는 관계망, 네트워크가 있느냐에 달려 있다. 그런 이유로 앞에서 살펴보았듯, 사회적 접촉을 하지 못해 힘들어하는 사람은 일찍 사망할 확률이 높다. 따라서 누군가를 고립시켜 감금하는 행위는 또 다른 형태의 고문이라고 할 수 있다. 사람들은 대부분 오랜 기간 다른 이들과 접촉하지 못하면 심리적으로 무너지기 때문이다.

우리는 따뜻한 사회적 상호작용을 당연하게 여기지만, 조금만 생각해 봐도 그 소중함을 깨달을 수 있다.

우리가 다양한 지원망에 속한 사람들을 소중히 여기는 까닭은 그들이 어려울 때 도움을 주기 때문만이 아니라, 자기 정체감을 지지하고 강화해 주는 사람들에게 긍정적인 느낌을 갖기 때문이다.

간단히 말해, 그들은 우리를 기분 좋게 해 준다.

🌿 사회적 관계와 정체성 🌿

정신없이 바쁜 일이 가득하기에, 흔히 주변 사람들과 매일 주고받는 상호작용의 중요성을 과소평가하기 쉽다. 우리가 가까운 사람을 소중히 여기는 이유는 다양하다. 그들이 베푼 온정이나 사랑, 우정 때문일 수도 있고, 그들이 자유롭게 하고 싶은 말을 하면서도 우리 이야기를 잘 들어주기 때문일 수도 있으며, 작은 친절을 베풀기 때문일 수도 있다. 아니면 그저 재미있는 사람이라서 함께 있는 것이 즐거워서일지도 모른다. 그럼에도 그들과 나누는 상호작용이 자신의 건강과 행복, 자기 정체성에 기여한다는 사실을 알아차리지 못할 수 있다. 가족이든, 친구든, 일상에서 마주치는 마음 통하는 사람이든, 그들의 존재는 마음을 편안하게 해 주는 긍정적 피드백의 일부다. 그들은 또한 소속감을 확인시켜 준다. 그들을 생각할 때면 그들이 하는 행동 때문이 아니라 그들 존재 자체가 소중하다고 여겨진다.

반대로 자신에 대해 생각할 때는 상황이 조금 다를 수 있다. 특히 혼란스럽거나 저평가되거나 위협을 받는다고 느낄 때가 그렇다. 스스로를 판단할 때 특별한 자질

보다는 잘하든 못하든 우리가 하는 일의 성격에 기준을 두
곤 한다. 따라서 경력이 자신의 정체성을 정의하는 가장
중요한 기준이 될 수 있다.

　　내면화된 부모의 기대감이나 사회적 압박에 떠
밀려 성숙한 관계를 발전시키기보다는 재산이나 세속적
명예, 지위나 권력 같은 눈에 띄는 기준을 과시하는 데 인
생을 허비하는 사람들이 있다. 이런 야망은 그 사람이나
주변 사람들에게 좋지 않은 영향을 주는 경우가 많다. 물
질적 가치에 근거해 아첨하는 사람들이 주는 긍정적 피드
백은 내용이나 효과가 진정한 사랑이 주는 보상과는 완전
히 달라서, 정체성의 근거가 될 수 없다.

　　같은 이유로, 직업이 없거나 만족스럽지 못하거
나 급여가 적은 일을 한다면, 자존감이 약해져 우울함에
빠지기도 한다. 이런 상황은 우정에도 부담을 줄 수 있기
때문에, 사회적 고립감을 유도하고 중독 같은 일시적 안락
을 찾게 한다. 그렇게 되면 신체적·정신적 건강은 더더욱
악화된다. 자신이 하는 일을 좋아하든 싫어하든, 질병에
따른 신체적·정신적 피로감 때문에 직장이나 집에서 하는
일이 더 어렵게 느껴질 수 있다. 일이 정체성을 정의하기
에 그럴수록 자존감이 떨어지게 마련이다. 이런 면에서 약
점이나 실패로 스스로를 판단한다면, 자신을 주변 사람들
에게 부담만 주는 존재라고 느낄 수밖에 없다. 자신이 쓸
모없다는 느낌은 자포자기로 이어지기 쉽다.

　　우리가 주변 세상과 상호 의존하는 존재라는 점
을 곰곰이 생각해 본다면, 극단적인 개인주의가 행복과 만
족을 주는 경우는 드물다는 것을 깨달을 수 있다. 주변 사

람들이 우정과 협동과 연결에 대한 욕구를 얼마나 채워 주는지 깨닫는다면, 만족스러운 인생을 사는 데 컴패션이 없어서는 안 될 요소라는 사실을 알 수 있다. 의식하든 의식하지 못하든, 컴패션은 인간 경험의 핵심에 자리하며, 컴패션을 잃으면 조기 사망을 비롯한 부정적인 일을 겪을 수 있다. 하버드 의대 교수 찰스 넬슨의 <루마니아의 버려진 아이들(Romania's Abandoned Children)>은 10년에 걸친 연구를 기록한 책이다. 그의 연구에 따르면 입양된 아이들과 달리, 국가 기관에 남은 아이들은 뇌 발달과 지능에 관련된 심각한 문제를 겪고, 다양한 정서적·사회적 장애를 경험한다고 한다. 또 최근 젊은 층의 흉기 범죄가 증가하는 것은 경제적·사회적 요소가 심각하게 결핍된 양육 환경 때문이라는 근거를 제시한다.

　　가족, 친구, 사회의 든든한 지원은 건강하고 의미 있는 인생의 기초를 이룬다. 이런 컴패션 가득한 관계를 맺음으로써 진정한 자기 정체성을 강화하고, 더 큰 세상에서 삶의 질을 개선할 수 있다.

🌿 다양한 네트워크 🌿

자주 만나지 못하거나 아예 만난 적 없는 사람들 사이에 온라인 의사소통이 급증하는 현상은 '소셜 네트워크(social network, 사회적 관계망)'라는 용어의 의미를 변질시켰다. 그런가 하면, 경쟁이 심한 전문직 종사자들 사이에서 '네트워킹'이라는 말은 권력과 승진을 추구하는 성향을 떠올리게 한다. 우리는 늘 사회적 관계라는 살아 있는 연결망을 통해 세상에 대한 개인의 인식을 형성해 왔다.

각자의 성격이나 환경에 따라 네트워크에 소속된 사람의 수는 다를 수 있지만, 크게 두 범주, 곧 내부 네트워크와 외부 네트워크로 나뉜다. 내부 네트워크는 가장 가깝다고 여기는 사람들이고, 외부 네트워크는 잘 아는 사람들, 그리고 자주는 아니지만 가볍게 만나는 사람들로 이루어진다. 이 두 네트워크 바깥쪽에는 우리가 속한 더 큰 공동체, 곧 마을이나 도시가 있다. 확장된 네트워크를 다이어그램으로 표현하면 다음과 같다.

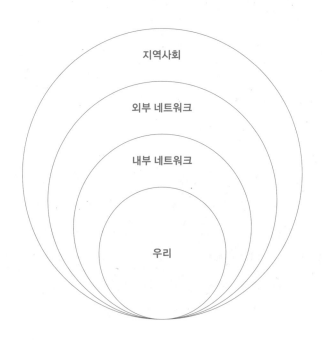

이처럼 뚜렷하게 구분되는 패턴은 있어도 반드시 고정된 것은 아니며, 누가 어떤 네트워크에 속할지 확정하는 엄격한 경계나 규칙도 없다. 우리는 사람들을 얼마나 가깝거나 멀게 느끼는지 선택하는데, 그 선택은 언제든 바뀔 수 있다. 그러면서 네트워크 사이에 자연스러운 이동이 이루어진다.

내부 네트워크

가장 가까운 사람은 가족과 친구, 이웃이나 직장 동료일 것이다. 함께 사는 개나 고양이를 비롯한 반려동물도 여기에 해당할 수 있다. 내부 네트워크의 범위나 포함되는 사람에 대한 객관적인 규칙 같은 것은 없다. 많은 부분이 개인의 성격이나 생활 방식에 따라 달라지기에, 내부 네트워크의 특징은 모두 다르다. 두 사람일 수도, 20명일 수도 있고, 네트워크 범위가 넓다고 해서 그보다 작고 친밀한 네트워크보다 반드시 유익하다고 할 수는 없다. 가까운 거리에 있다고 해서 모두 내부 네트워크에 속하는 것도 아니다. 가족이 지구 반대편에 산다고 해도 페이스타임이나 스카이프 같은 온라인 매체를 통해 주기적으로 대화를 나눌 수 있다. 직접 얼굴을 보고 만나는 것만큼 친밀하지 않을 수 있지만, 그런 수단을 통해서도 자신의 말이 다른 사람들에게 미치는 영향을 판단하고, 거기에 민감하게 반응할 수 있다.

내부 네트워크는 매우 가깝기에 거기 속한 사람

들의 존재를 당연하게 여기기 쉽다. 물론 응급 상황을 제외하고 말이다. 하지만 그들이 우리의 행복과 일상의 의욕에 커다란 영향을 미친다는 사실은 아무리 강조해도 지나치지 않다. 아플 때나 건강할 때나, 좋을 때나 힘들 때나 관계를 잘 유지해 온 내부 네트워크는 건강과 행복을 선사한다.

　　내부 네트워크의 중요성을 강조하는 것은 어쩌면 당연한 일인지도 모른다. 그러나 사랑하는 사람들에게 '부담'을 주지 말아야 한다는 사회적 압박이 너무 큰 나머지, 오늘날 많은 사람은 혼자 오롯이 고통을 겪거나 삶을 마감하는 것이 모두에게 좋다고 느낀다. 줄리안 아벨 박사는 완화 치료 의사로 20년 넘게 일하면서 죽음을 앞둔 사람과 그 가족을 보살폈다.

> 의사로 일하다 보니 삶을 마감할 수 있게 도와 달라는 사람들을 많이 만났습니다. 하지만 신체적 고통이 너무 커서 더는 못 견디겠으니 죽을 수 있게 도와 달라고 한 사람은 아무도 없었습니다. 오히려 그들은 인간으로서의 가치와 정체성을 잃어 살 의욕이 없다고 했습니다. 이들은 자신이 주변 사람들에게 짐이 되고, 자기가 하는 일로는 정체성을 유지할 수 없다고 느끼고 있었습니다.

　　심리학자 마리 드 에느젤은 노화에 대한 도전과 긍정적 발견을 다룬 현명한 책 <따뜻한 마음이 몸의 노화

를 막는다(The Warmth of the Heart Prevents Your Body from Rusting)>에서 자살로 삶을 끝내기로 한 어느 생물학자의 이야기를 들려준다. 한 기자가 생물학자에게 그러면 자녀들에게서 어머니와의 마지막 기억을 빼앗는 것이 아니냐고 질문하자, 그녀는 이렇게 대답했다. "빼앗다니, 그게 무슨 말씀이죠? 제 말년이 아이들에게 무슨 도움이 될까요? 아이들에게는 자기 나름의 인생과 고민, 가족이 있어요."

드 에느젤은 이렇게 말한다. "이 말은 자신의 죽음을 통제하려는 한 여성의 단순한 욕구 이상을 드러낸다. 즉 그녀의 마지막은 다른 누구도 아닌 자신에게만 영향을 미친다고 암시하는 것이다. …나이 많은 사람이 사랑하는 사람들이 지켜보는 가운데 죽음을 맞는다면, 그들에게 아주 소중한 교훈을 줄 수 있다. 인간에게는 삶을 완성하는 행위를 할 능력이 있다고 자녀들에게 보여 주는 것이다. 그런 사실을 깨닫지 못한다니 얼마나 슬픈 일인가."

줄리안 아벨도 비슷한 이야기를 들려주었다.

운동신경 질환을 앓던 한 남자가 기억납니다. 딸과 주변 사람들은 그런 그를 인정하고 사랑했지만, 혼자서는 화장실에도 갈 수 없는 처지가 되자 스스로 목숨을 끊었습니다. 저는 자기 인생이 쓸모없다고 느끼는 사람들과 함께 의미와 가치에 관해 이야기를 나눕니다. 그러고는 자신을 어떻게 판단하는지, 남을 판단할 때와 무엇이 다른지 생각해 보라고 하죠. 우리가 다른 사람들을 존재 자체로 사랑하고 소중히 여기는 것과 마찬가지로, 주변 사람들도 우리가 무언가를 해서가 아니라, 있는 모습 그대로 우리를 사랑한다는 사실을 일깨워 주려 애씁니다. 그들이 우리와 있는 것을 좋아하기에 함께 시간을 보내고 싶어 한다는 사실을 일깨워 줍니다. 사랑과 우정을 나누는 이런 순간은 남은 시간이 별로 없을 때 더 소중하게 느껴집니다. 삶의 가치와 의미가 사라져 버린 듯한 느낌을 다루면서, 사랑하는 사람들과 그들을 사랑하는 이유를 이야기하곤 합니다. 때로는 사람들에게 연습을 시키기도 했습니다. 다른 사람들을 존경하는 이유를 생각해 보고, 다른 사람들이 우리를 존경하는 이유도 생각해 보게 했죠. 이런 연습의 목적은 그들이 현대 완화 치료 운동의 창시자 세실리 손더스가 말한 진실을 이해하도록 돕는 것이었습니다. "당신은 있는 모습 그대로 소중합니다."

🌿 외부 네트워크 🌿

외부 네트워크에는 내부 네트워크의 구성원으로 여기지 않는 지인들이 포함된다. 먼 친척과 친구, 직장 동료, 이웃, 일상에서 허물없이 만나는 사람이 여기 해당될 것이다. 우편물을 배달해 주는 집배원이나 단골 약국의 약사, 자주 가는 가게의 점원 등 가끔 만나는 사람도 포함될 수 있다.

줄리안 아벨은 한 직장 동료가 어머니의 장례를 치르면서 겪은 일을 통해 이 가벼운 접촉이 얼마나 중요한지 확실히 깨달았다고 한다. 동료는 어머니가 몸이 약해진 후 부모를 모시게 되었다. 그녀는 직장에 다니면서 10대 자녀들을 키우고 있었기에 부모와 함께 사는 것이 쉽지는 않았다. 그러나 두 분은 그녀에게 소중했기에 기쁜 마음으로 보살필 수 있었다. 어머니는 1년 반 만에 세상을 떠났다. 장례식을 치르고 나서, 아버지와 함께 장을 보러 갔다. 이런저런 가게를 들를 때마다 가게 주인과 슈퍼마켓 계산원이 아버지에게 위로의 말을 전했다. 동네 공원을 산책하다 만난 공원 관리인도 마찬가지였다. 줄리안은 이렇게 이야기했다. "동료는 자기 부모가 주변 사람들과 가볍지만 따뜻하고 의미 있는 관계를 맺었다고 믿었어요. 최근에 이사 온 낯선 동네에서 말이죠."

그런 관계에서 가장 의미 있는 것이 있다면, 무언가 다른 일을 열심히 하는 동안 생겨나는 기분 좋은 우정이 아닐까 싶다. 그런 점에서 합창단 같은 공동 활동은 특히 중요하다. 합창단에 가입하면 함께 노래하는 즐겁고 건강에 좋은 활동에 참여하는 것은 물론, 사람들과 새로운 관계를 맺는 소중한 기회도 얻는다. 합창단 활동은 대개 오랫동안 이어지므로, 단원들은 서로를 잘 알게 된다. 합창 모임은 필요할 때 다양한 방법으로 서로를 적극적으로 도울 수 있다. 서로 지지하는 모임에서 오가는 단순한 말 한마디가 어려운 시기에 큰 도움을 줄 수 있다.

줄리안 아벨은 새로운 합창단 모임에 가입한 배우자와 함께 친목 모임에 참여하게 된 과정을 들려주었다.

합창단원 한 사람이 1년 전에 아내를 잃었습니다. 그 사람은 합창 연습 때 이웃에 사는 여성 단원을 차에 태워 주곤 했어요. 그래서 그녀는 그 사람을 지켜볼 수 있었죠. 합창단원 사이에 끈끈한 우정이 오가는 것을 보고 무척 놀랐어요. 이혼이나 사별을 겪고 혼자 사는 단원이 꽤 있었는데, 정기적인 만남을 통해 형성된 우정이 이들에게 매우 중요하게 다가가는 듯했습니다.

이는 외부 네트워크의 가치가 상상했던 것 이상으로 크고 단단하게 확장될 수 있음을 보여 주는 또 하나의 예다. 사람들이 그들 삶에 펼쳐지는 더 큰 그림을 충분히 파악할 수 있다면, 상대적으로 작다고 여겼던 모임이 실제로는 50명이나 100명, 심지어 그 이상으로 넓어지는 과정을 볼 수 있다. 이런 외부 네트워크 구성원과 우리에게 위로와 친절을 베푸는 내부 네트워크 구성원의 숫자를 합하면, 인적자원의 관점에서 자신이 더할 나위 없이 큰 부자라는 사실을 깨달을 것이다. 외부 네트워크 바깥에는 돌봄 전문가를 비롯해 어려울 때 도움을 청할 수 있는 사회적 서비스가 있다.

우리 네트워크에 속한 사람들 각자에게 자신이나 다른 사람을 도와 달라고 요청할 수 있는 내·외부 네트워크가 존재한다는 점을 생각하면, 이 수는 훨씬 더 늘어난다. 게다가 각 개인과 지구상의 나머지 사람 사이에는 6단계 분리(six degrees of separation)가 존재한다는 이론이 있다. 이는 6명만 거치면 세상 모든 사람이 서로 연결된다는 뜻이다. 곧 우리가 인정하든 인정하지 않든, 모든 사람은 컴패션을 통해 연결되어 있다. 컴패션은 먹고 마시는 것만큼이나 중요하기에, 우리의 생존이 여기에 달려 있다 해도 과언이 아니다.

줄리안은 완화 치료 의사로 일하면서 도와줄 사람 없이 홀로 지내는 사람들의 사연을 자주 접했다. 그는 이들을 살리기 위해서는 전문가의 도움이 반드시 필요하다고 여겼다. "홀로 지내는 사람이 외딴섬에 있는 것처럼 정말 혼자뿐이라면, 살아남지 못할 것입니다. 하지만 그런 사람이 살아가지 못하리라고 판단하는 전문가들은 그가 지닌 내·외부 네트워크의 잠재력을 인지하지 못했을 가능성이 있습니다."

물론 네트워크에 속한 모든 사람이 도움이 필요할 때 발 벗고 나서지는 않을 것이다. 하지만 도와줄 준비가 되어 있는 사람들의 비율은 대체로 높다. 우리에게 어떤 도움이 필요한지 안다면, 내면의 갈등을 이겨 내고 적절한 지원망을 동원할 수 있다. 이런 식으로 우리는 컴패션이 넘치는 공동체를 만드는 데 기여하는 셈이다. 하지만 도움이 필요한 환경은 매우 다양하기에 그런 지원망이 효과를 발휘할 다양한 방법을 생각해야 한다.

🌿 외로운 사람들 지원하기 🌿

몸이 건강하고 주변에 사람들이 많다고 해도, 외로움은 어느 때라도 우리를 쇠약하게 할 수 있다. 줄리안은 어떤 네트워크 향상 훈련 과정에서 자신이 들은 이야기를 떠올렸다. 그는 훈련 도중 참가자들에게 각자의 네트워크를 생각하고, 그것이 얼마나 중요한지 이야기해 보라고 했다.

> 한 참가자가 현장 실습을 하기 위해 남편과 함께 잉글랜드로 이주한 경험을 이야기해 주었습니다. 처음 이사했을 때 그녀는 집에서 90분 정도 떨어진 거리에 있는 직장에서 일했고, 남편은 주중에는 일 때문에 집을 비워야 했습니다. 직장 동료들이 있었지만, 그 외의 주변 사람들과는 거의 접촉하지 않았기 때문에 그녀는 심한 고립감을 느꼈습니다. 6주가 지나자 이렇게는 못 살겠다는 생각이 들었다고 합니다. 결국 부부는 다른 일을 찾아 스코틀랜드의 작은 마을로 이사했습니다. 그 마을은 복잡한 도시보다는 고립감이 훨씬 덜했습니다.

언제든 지원해 줄 사람들이 있다는 것은 건강 상태에 중요한 영향을 미친다. 그 관계들이 물 흐르듯 움직이면서 상호작용하는 과정에서 우리가 혜택을 입기 때문에, 우리 역시 그 네트워크의 활력에 기여할 방법을 찾는 것이 중요하다. 여기에서도 핵심 요인은 컴패션이다. 사람들이 의식하든 의식하지 못하든, 컴패션은 네트워크를 견고하게 하고 각자 제 역할을 다하도록 도와주는 접착제다. 우리는 다른 사람에 대한 진정한 관심에서 우러난 행동을 통해 든든한 우정을 쌓을 수 있다. 이 우정은 서로 공유하는 관심사와 가치에 대한 유대감을 강화해 준다.

그런 방식에서 얻는 정체성과 주변 사람들의 긍정적 반응은 인간의 근본적인 욕구다. 이 욕구가 얼마나 절실한지, 어떤 사람들은 친구가 없는 고립된 생활을 견디지 못하고 범죄, 폭력, 약물 등 자신을 파괴하는 네트워크에 들어가기도 한다. 특히 취약 계층 청소년이 이런 염려스러운 행동을 하곤 한다.

성장이란 세상에 대한 궁금점이 늘어나면서 부모와 서서히 분리되는 과정이다. 자신에게 중요한 것이 무엇인지 알아내려 애쓰는 과정에서 부모의 가치관에 의문을 품기도 한다. 그런 의문이 반항심과 가정불화를 불러오면 10대들은 부모가 반대하는 또래 집단에서 자기 정체성을 찾으려 할지도 모른다. 이런 현상은 늘 일어났지만, 불확실한 가치관이 만연한 오늘날의 도시에서는 전례 없이 많은 청소년이 외로움과 소외감으로 인한 정신 건강 문제를 겪는다. 이들은 우정과 정체성을 찾고 자신의 가치를 확인받으려 범죄 조직에 가담하기도 한다. 권투장, 무술 동호회, 런뎀크루(RunDemCrew) 같은 프로젝트처럼 도심 젊은이들의 관심을 끌 방법은 무궁무진하다. 달리기 동호회를 표방하는 런뎀크루는 젊은이들에게 런던 곳곳을 돌아볼 수 있는 안전하고 독특한 방법을 통해 멘토링과 조언을 제공하는 프로젝트다. 컴패션 공동체는 이런 활동을 파악하고 잘 활용하며, 특정한 필요가 있을 때마다 더 많은 활동을 계획할 것이다.

물론 스포츠 팀 응원 동호회, 걷기 모임, 노인 대학, 공방 워크숍, 독서 모임 등 다른 사람과의 공통점을 확인할 수 있는 단체 활동은 무궁무진하다. 우리는 그런 공동 활동이 가져다주는 온정과 건전한 유머, 기쁨을 추구한다. 삶을 마칠 때 우리는 그런 활동을 기준 삼아 자신이 과연 가치 있게 살았는지 헤아려 볼 수도 있다.

사람들의 관심사가 무엇이든지 간에, 이런 사회적 지원망에서 가장 중요한 것은 그 활동을 하며 형성된 우정이다. 이런 우정은 친교라는 동료애에 바탕을 두고, 그 동료애의 바탕이 되는 것은 컴패션이다. 컴패션은 타인의 삶과 행복에 정서적으로 개입하고자 하는 민감한 의지인데, 이것 없이는 진정으로 만족스럽고 의미 있는 관계를 맺을 수 없다.

⚜ 컴패션 지원망과 질병 ⚜

행복하고 건강할 때 사회적 네트워크가 중요하다면, 살면서 힘든 문제를 만났을 때는 더더욱 그럴 것이다. 전문가와 건강 문제에 대해 상담하면, 환자에게 필요한 것을 신체와 관련된 지원으로만 접근하는 것을 보곤 한다. 마치 환자의 신체적 안녕만 중요하기라도 한 것처럼 말이다. 전문가들은 눈에 띄는 결핍에만 집중하는 경향이 있고, 그 부분을 해결해 줄 노하우를 지닌 사람은 자신들뿐이라고 여긴다. 그런 이유로 의사에게 질병의 진단과 정확한 치료법은 매우 중요한 요소일 수밖에 없다. 의사가 개입하지 않으면 환자가 죽는다는 신념은 의료진을 영웅, 곧 해결책을 아는 유일한 존재로 여기는 생각과도 연결된다. 하지만 각종 연구 결과에 따르면, 장수와 관련해서는 친밀한 관계가 건강에 미치는 유익이 의사가 처방하는 그 어떤 약보다 뛰어난 효과를 발휘한다는 것이 증명되었다.

의료 전문가들이 자신들이 생각하는 적절한 도움을 의사의 숙련된 진찰과 간호사의 처치만으로 제한한다면, 즉시 이용할 수 있는 가장 강력한 약, 곧 귀중한 자원의 실용적 역할을 놓치는 셈이다. 의료진은 보통 환자의 돌봄 네트워크를 가장 중요한 자원이라고 생각하지 못한다. 그러면서 오히려 장기적으로는 효과보다 부작용을 초래할 수 있는 약으로 눈길을 돌린다. 그러고는 병원과 요양원 직원들이 돌봄 문제를 해결할 수 있으리라 믿는다. 물론 그런 기관들에서 적절한 해결책을 제시하는 경우도 있다. 하지만 컴패션 프롬 프로젝트가 이룬 주목할 만한 성과는 이 모든 형태의 지원이 조화를 이룰 때 최선의 결과를 얻을 수 있다고 말한다. 안타깝게도 전문가들이 마법에 가까운 이 사회적 묘약을 간과하고 활용하지 못해 기회를 놓치기도 한다. 생명을 연장해 줄 수 있는 이 묘약은 우리 주변 어디에나 있다.

이런 자원들은 환자에게만 중요한 것이 아니다. 지원망에 소속된 이들에게도 필요하다. 이 지원망의 회복력이야말로 병 때문에 힘들어하는 사람들에게 다른 결과를 가져다주는 결정적 요소다. 이는 환자의 지원망에도 세심하게 관심을 기울여야 하며, 그 일이 환자의 상태를 살피는 일상 중 하나여야 한다는 뜻이다.

큰 병으로 고생하는 사람들은 쉽게 피로를 느낀다. 몸의 병이든 마음의 병이든, 에너지가 고갈되기 때문에 환자의 이동이 제한되고 사회적 접촉이 줄어들게 마련이다. 그런 상태에서 환자들은 병원을 찾는 경우가 많다.

　　　의료 체계 전반, 구체적으로는 완화 치료의 핵심 원리는 환자가 겪는 고통스러운 증상을 치료하는 것이다. 전문가들은 자신들에게 환자의 고통을 완화해 주는 능력이 있다고 자부한다. 하지만 거의 모든 질병에 동반되는 피로감은 환자의 심신을 약하게 만드는 주요인이면서도 가장 다루기 힘든 증상이다. 일단 질병이 진행되면, 피로감을 해소할 적절한 치료법을 찾기 힘들다. 통증이나 구토 같은 증상에 사용하는 많은 약에는 쇠약과 피로감을 유발하는 부작용이 있다. 그 때문에 사회적 기능을 잃으면 심각한 실존적 문제가 발생할 수 있다.

　　　사람들은 주변 사람들과 관계를 맺을 수 없다고 느끼면, 의미와 가치에 대한 부정적인 인식이 급속히 커져 목숨을 부지하는 것이 무슨 의미가 있는지 의구심을 품게 된다. 앞에서 언급했듯, 사람들은 극심한 고통을 견딜 수 없어서가 아니라, 그런 절망적인 상황 때문에 안락사를 요구한다. 아무리 괴로운 상황이라 하더라도, 가까운 사람들이 컴패션을 품고 환자 곁을 지켜 준다면, 위로와 도움을 제공하는 중요한 근원이 될 수 있다.

🖐 만성질환자 돌보기 🖐

만성질환자들은 개인의 네트워크에서 도움을 얻을 뿐 아니라, 의료 단체와 사회적 돌봄 단체를 통해 신체적·정서적 지원을 받을 수 있다. 하지만 집에 홀로 있으면서 만성 질환에 따른 피로감을 견뎌야 한다거나 가족의 보살핌을 받지만 그 가족도 지원이 필요한 상황에 처했다면 어떻게 해야 할까?

책 앞부분에서 린지 클라크가 아내를 24시간 돌보게 된 사연을 짧게 소개했다. 그는 아내가 처음 치매 진단을 받은 날부터 죽는 날까지 5년간 간병을 도맡았다. 부부는 서로를 진심으로 사랑했지만, 스트레스가 쌓이면서 둘 다 몹시 지쳐 갔다. 그는 당시를 돌아보면서 이렇게 말했다.

> 뭘 어떻게 해야 할지 모를 때가 종종 있었습니다. 반복되는 상황에 그만 짜증을 내고는 곧바로 후회하곤 했죠. 언젠가 제가 더는 대처할 수 없을 때가 오리라는 생각이 늘 따라다녔습니다. 먼 곳에 사는 딸들이 찾아와 제가 한숨 돌릴 수 있게 도와주지 않았다면, 분명 그런 순간이 왔을 겁니다. 쉴 틈을 얻어 하루나 이틀 정도 집을 떠나 있으면 머리도 가벼워지고 마음의 평정도 되찾을 수 있었습니다.
>
> 친구들의 도움도 자주 받았습니다. 친구들이 찾아와 아내와 두어 시간 같이 있어 주면, 그때 외출할 수 있었어요. 카페에 가서 사람들을 만나거나 제 상황을 잘 이해해 주는 친구를 만나곤 했지요. 전에는 남에게 도와 달라는 소리를 쉽게 하지 못했어요. 하지만 겪어 보니, 도와주겠다고

나서는 친절한 사람들은 제가 생각한 것보다 훨씬 많았습니다. 그런 도움은 제 정신 건강에 유익—한 데다 꼭 필요—했을 뿐 아니라, 아내도 다양한 사람을 만날 수 있어 좋아했습니다. 게다가 피로를 풀 수 있으니 아내를 더 잘 돌보게 되었습니다. 혼자였다면 엄두도 내지 못했을 일이죠.

친척과 친구, 자원봉사자의 도움은 어려움에 처한 사람들의 삶을 크게 개선할 수 있다. 하지만 꼭 필요한 일을 돕겠다는 단순한 제안도 세심하게 다루어야 할 민감한 문제를 불러올 수 있다. 아픈 사람들이 과거에 스스로 처리하곤 했던 일들은 그들의 정체성과 직결되는 상징적 가치를 지닐 수 있다. 도움을 제안할 때는 먼저 상대가 개인적으로 중요하게 여기는 것이 무엇인지 알아보고, 그들이 기꺼이 다른 사람의 도움을 받을 준비가 된 부분이 무엇인지 파악해야 한다. 상대를 존중한다면, 어떤 도움이 필요할지 지레짐작해 행동하지 말고, 그들이 어떤 식으로 도움을 받고 싶어 하는지 물어야 할 것이다.

건강이 점점 악화되면 자신의 의지와는 상관없이 삶의 변화를 경험한다. 이런 변화는 인생 경험 전반을 뿌리부터 흔들어 놓을 수 있다. 도와주겠다는 제안은 장보기나 집안일처럼 필요한 부분을 채워 줄 수 있다. 하지만 이런 도움은 그들에게 자신이 무엇을 잃어버렸는지 뼈아프게 떠올리게 할 수도 있다. 예를 들어 보자. 출장이든 휴가든 운전해서 어디든 갈 수 있는 능력은 대부분의 사람에게 중요하다. 차를 태워 주겠다는 제안은 상대방에게 당신이 운전하면 불안하다는 것을 암시하기 때문에 점점 더 악화되는 상태를 상기시킨다. 더 심각한 경우, 남은 인생을 요양원에서 보내게 된 사람들은 이런저런 상실의 충격으로 의기소침해질 수 있다.

이런 커다란 변화는 정체성에 의구심을 품게 만든다. 가치 있는 일을 더는 할 수 없게 되기도 하고, 요양 시설이 부족해 익숙한 지역에서 낯선 곳으로 삶의 기반을 옮겨야 하기도 한다. 그러면 주변 정보를 담아 둔 머릿속 지도는 무용지물이 되어 버린다. 우리는 자신이 알고 사랑하는 사람과 장소—거기에 우리의 자아 정체성이 반영되어 있다—와 맺는 관계를 통해 자신을 인식하는데, 삶의 변화로 둘 다 취약해지는 것이다.

그런 환경에서는 내부 네트워크에 속한 가족과 친구들이 베푸는 돌봄과 세심한 이해가 매우 중요한 역할을 한다. 사랑과 웃음과 우정으로 풍성해지는 양질의 사회적 접촉은 몸이 아픈 사람들에게 목적의식과 가치를 다시 심어 준다. 그런 기회를 만드는 방법이 제한적일 수는 있지만—환자들은 자신을 찾아온 손주조차 귀찮게 느낄 수 있다—친절과 컴패션은 몸이 약해지고 피로해지면서 겪는 외로움과 괴로움을 완화할 수 있다.

아주 사소한 행동도 큰 변화를 불러올 수 있다. 친구가 보낸 따뜻한 편지나 이메일 한 통에 금세 기분이 좋아지기도 한다. 편지를 읽는 동안 변화를 부르는 여러 현상이 일어나기 때문이다. 우선 누군가가 시간을 내 수고스럽게 편지를 써 주었다는 사실에 감동받는다. 이는 내면에 옥시토신, 도파민, 세로토닌을 비롯한 여러 호르몬이 넘쳐 흐르는 작은 폭포를 만들어 낸다. 동시에 혈압이 내려가 마음이 안정되고 인생을 좀 더 살 만하다고 느끼게 한다. 그 친구를 생각할 때마다 이런 호르몬이 나와 같은 효과가 지속된다. 그러면 친구에게 전화하거나 답장을 써서 만나자고 하고 싶은 욕구가 생길 수도 있다. 그런 욕구는 더 많은 긍정적 효과를 낳는다. 사려 깊은 한 가지 행동이 이 모든 현상을 불러온다.

　　　네트워크마다 친절한 친구가 여럿 있고, 각자 조금씩 다른 방식으로 반응한다. 어떤 사람은 이메일을 쓰고, 어떤 사람은 전화를 건다. 꽃을 들고 찾아오는 사람도 있고, 커피를 사 주겠다며 같이 나가자는 사람도 있다. 사람들의 반응을 통해 금세 작은 친절이 주는 변화가 쌓인다. 크든 작든 이런 행동을 접할 때마다 사람들은 기분이 좋아지고, 부담은 줄고, 관점이 바뀐다. 상황은 변하지 않지만, 기꺼이 도와주겠다는 이들의 제안 덕분에 마음의 압박이 줄어들고 견딜 만해진다.

🌿 어려운 시기에 네트워크 다지기 🌿

고통을 겪는 사람들에게는 전체 네트워크가 반응을 보일 때 가장 큰 힘이 될 수 있다. 20명이 작은 도움의 손길을 내밀면, 한 사람의 반응보다 큰 효과를 낼 수 있다. 그 한 사람이 아무리 좋은 의도를 지녔다 하더라도 말이다. 하지만 어떤 도움이든 상대가 받아들이려면 극복해야 할 저항이 있기 마련이다.

누군가 어려운 일을 겪고 있다는 사실을 알게 되면, 대개 비슷한 순서로 일이 진행된다. 우선 도와주고 싶은 사람이 이렇게 말한다. "몸이 좋지 않다는 소식 들었어요. 얼마나 힘드시겠어요. 제가 도와 드릴 일이 있을까요?" 그러면 이런 대답이 돌아오곤 한다. "고맙습니다만 괜찮아요. 아직은 지낼 만하답니다."

이렇듯 정중하게 거부 의사를 밝히면, 도움을 주려던 사회적 네트워크는 무너져 버린다. 어려운 일을 겪는 사람에게 두어 번 도와주겠다고 제안했는데 번번이 거절당한다면, 더는 할 말이 없을 것이다. 또다시 퇴짜를 맞느니 그 사람을 피할지도 모른다. 그런데 사람들은 도와주겠다는 지원망에 왜 그런 장벽을 쌓는 것일까? 그런 장벽은 어떻게 극복할 수 있을까?

도와주겠다는 제안을 거절하는 주된 이유는 사람들에게 부담을 줄까 봐 두렵기 때문이다. 자기 자신을 남에게 도움을 받기보다는 주는 사람으로 생각하는 데 익숙한 사람들이 특히 그렇다. 하지만 도와주고 싶다고 말하는 사람들은 대부분 그런 제안을 부담으로 여기지 않는다. 오히려 특권으로 생각할 것이다. 도움이 필요한 사람들에게 손길을 내밀거나 그들을 적극적으로 돌보다 보면 기분이 좋아진다는 사실을 생각하면 이해하기 쉽다. 우리가 친절을 베풀 때는 도움을 받을 때 일어나는 기분 좋은 호르몬 반응 같은 현상을 경험한다.

마찬가지로 도움이 필요한 사람들 가운데 자녀들의 도움을 극구 거절하는 이들이 종종 있다. 자녀들이 자기들 삶을 꾸려 가기도 바쁘다고 생각하기 때문이다. 하지만 도움을 줄지 말지 결정하는 것은 주는 쪽이 아닌가? 진심으로 도와주겠다고 했다가 거절당한 그들의 기분이 어떨지 떠올려 보라고 하면, 도움을 받는 데 따른 저항감을 줄일 수 있을지도 모른다.

줄리안 아벨은 이 사실을 보여 주는 두 가지 예를 떠올렸다. 그는 외래로 병원을 찾은 어느 노부부—둘 중 한 사람은 말기 암으로 살날이 얼마 남지 않았다—와 상담하면서, 돌봄 네트워크에서 지원을 받는 것이 어떻겠냐고 권했다. 얼마 후 그는 응급실에서 자녀들과 함께 온 이 부부와 마주쳤다. 자녀들은 이들 부부가 도와주겠다는 자신들의 제안을 거절했을 뿐 아니라, 전화도 일절 받지 않고 집을 찾아가도 문을 열어 주지 않았다고 했다. 줄리안은 이렇게 말했다. "이 부부는 그때 자녀들이 느꼈을 기분을 생각해 보고는, 자녀들에게 부모를 돌볼 기회를 박탈했다는 사실을 깨닫게 되었습니다."

또 한번은 어느 모임을 마치고 나서, 강연을 잘 들었다며 자신을 찾아온 은퇴 의사를 만났다. 그는 이렇게 덧붙였다. "하지만 저는 죽을 때가 되면, 요양원에 홀로 남는 편을 택할 겁니다. 바쁜 아이들을 성가시게 하고 싶지 않아요." 자녀들이 사랑하는 아버지를 돌볼 기회를 왜 빼앗느냐는 말에 그는 이렇게 대답했다. "거기까지는 생각하지 못했네요."

사생활 침해를 걱정해서 도움을 거절하는 경우도 있다. 아픈 사람과 그들을 돌보는 동거인 모두 도와주겠다는 제안을 오해하곤 한다. 이미 약할 대로 약해진 자신의 가정을 다른 사람들이 침범한다고 생각하는 것이다.

이런 경우 도움 그 자체가 아니라, 도움을 제공하는 방식과 관련해서 존엄성과 존중이라는 중요한 이슈를 제기한다. 앞에서 언급했듯, 다른 이를 돕는 방법은 매우 다양하지만 센스와 적절한 거리를 유지하는 접근법을 활용할 때 가장 성공적으로 도울 수 있다.

　　　다음 기사에서 공손하게 거리감을 유지하는 효과적인 방법을 알 수 있다. 플로랑스 드겡 기자가 2007년 9월 5일 프랑스 일간지 <오늘(Auhourd'hui)>에 소개한 감동적인 사연이다. 기사는 지네스트-마레스코티 연구소◇에서 하는 일을 다루는데, 거기서는 인간의 작은 친절이 기적을 이룰 수 있다고 가르친다. 기사에 나오는 85세 여성 잔은 1년 반 동안 거의 눈을 감은 채 태아 자세로 침대에 누워 세상과 단절되어 있었다. 그래서 억지로 음식을 먹여야 했다. 하루는 훈련받은 간병 보조인이 그녀에게 조용히 다가가 "잔, 저는 당신 친구예요"라고 말한 다음, 눈을 뜰 수 있겠느냐고 물었다. 그러나 그녀는 꼼짝도 하지 않았다. 아무리 끈질기게 달래도 소용이 없자, 간병 보조인은 잔의 어깨에 가만히 손을 올려놓았다. 잠시 후 아주 멀리서 돌아오기라도 한 듯 잔이 눈을 떴다. 그녀는 멍하니 먼 곳을 응시했다. 그러더니 서서히 몸을 일으켜 자리에 앉았다. 다른 사람들이 몸을 씻어 주는 동안 가만히 있으면서, 1년여 만에 처음 동의한다는 말을 했다. 결국 그녀는 다시 걷게 되었고, 그날 간병 보조인에게 "사랑합니다"

───◇ Gineste-Marescotti Institute : 프랑스의 요양 전문가 이브 지네스트와 로젯 마레스코티가 개발한 치매 환자 요양법 연구소 ─역주

라는 말을 했다고 한다. 연구소에서는 훈련 프로그램의 일환으로 이런 사연을 담은 영상물을 틀어 주는데, 늘 큰 감동을 준다.

이 이야기는 적절한 거리를 유지하고 돌봄이 필요한 상대의 존엄성과 자율성을 존중한다면 진정한 변화를 가져올 수 있음을 보여 준다. 가정에서도 연구소에서 교육받은 잔의 간병 보조인과 똑같은 방법을 적용할 수 있다. 상대의 사생활 혹은 자존감을 건드리거나 생색내지 않고 친구나 가족의 상태를 확인할 수 있다. 가장 기본적으로는 안부를 묻는 친절한 전화 한 통이 그 사람의 하루에 큰 변화를 불러오고, 더 많은 지원을 받을 기회를 열어 줄 수 있다.

그렇지만 그냥 돕겠다는 두루뭉술한 제안은 상대방을 곤란하게 만들 수 있다. 단순히 "도와줄 일 없어요?"라고 묻기보다는, 돕고 싶은 문제를 구체적으로 확인하면 긍정적인 반응을 이끌어 낼 가능성이 크다. 장 보러 갈 때 차를 태워 주거나, 대신 물건을 사다 주거나, 잔디를 깎아 주거나, 반려견 산책을 시켜 주겠다는 등 구체적인 제안은 무조건 도와주겠다는 모호한 제안보다 환영받을 확률이 높다. 필요한 일을 해 달라고 먼저 요청하는 것보다 일을 대신 해 주겠다는 제안을 수락하는 편이 더 쉽다고 생각하는 사람들도 있다. 효과적인 지원망은 현실적인 필요에 대처하는 과정에서 형성되며, 그러한 필요는 세심한 경청을 통해 확인할 수 있다. 물론 도와주겠다는 제안을 매번 받아들이는 것을 꺼리는 사람들도 있다. "고맙지만 괜찮습니다"라고 반사적으로 대답하는 것이다. 따라서 누가 도와

줄 일이 없느냐고 물으면 "네, 좋습니다"라고 대답해도 괜찮다고 다시 한번 알려 주는 게 도움이 될 수 있다.

도움의 손길이 아픈 사람을 넘어 그들을 돌보는 가까운 사람들까지 돕는 경우도 있다. 병든 부모를 사랑하고 그들이 최선의 상태를 유지하길 바라며 홀로 부모를 돌보는 사람들은 몸과 마음이 지칠 수 있다. 24시간 돌봄은 그들을 한계까지 밀어붙여, 현실적으로 더 이상은 혼자 돌보지 못하도록 만들 수 있다. 이렇게 되면 환자의 필요를 제대로 채워 주지 못하고 돌보는 사람도 실패감에 시달려 이중으로 어려움을 겪는다. 그럴 때 동반되는 죄책감은 임종을 앞둔 사람을 돌볼 때 특히 고통스럽게 다가온다. 돌봄은 단거리경주가 아니라 마라톤이다. 돌봄 네트워크의 탄력적 지원에 따라 환자가 가정 간호를 받아야 하는지 병원에 입원해야 하는지 결정할 수 있다.

줄리안은 동료의 어머니 이야기를 들려주었다. 그의 어머니는 말기 암으로 고생하는 남편을 돌보고 있었다.

하루는 동료가 부모님 댁을 찾았습니다. 주방에 앉아 어머니와 대화를 나누고 있는데, 이웃 사람이 뒷문으로 고개를 내밀더니 "시장 가는 길인데, 뭐 좀 사다 줄까요?"라고 말하더랍니다. 두 사람은 이런 질문에는 승낙하는 것이 좋다고 미리 이야기해 두었기 때문에, 어머니는 "그러면 우유 하나만 부탁할게요. 고마워요"라고 대답했습니다. 냉장고에는 이미 우유가 한가득 있었는

데도 말이죠. 돌아오는 길에 그 이웃은 다시 집에 들러 함께 차를 마셨습니다. 동료의 어머니만 도움을 받은 것이 아니라, 두 사람 모두 사회적 상호작용에서 도움을 받았습니다.

유용한 앱

우리는 도와주겠다는 제안을 받아들이는 법뿐 아니라, 도와 달라고 요청하는 법도 잊어버렸는지 모른다. 상대가 요청을 거절할까 봐 염려하거나, 자신을 무능하다고 여길까 봐 지나치게 신경 쓰기 때문이다. 이런 문제를 해결하는 좋은 방법은 전자 앱을 활용하는 것이다. 이런 전자 앱 중에는 무료로 이용할 수 있는 것도 있다.

'조인틀리(Jointly)'는 간병인을 위한 앱이다. 스마트폰이나 인터넷으로 접속할 수 있는 이 앱은 다양한 기능을 제공하는데, 게시물을 올리거나 의료 차트를 기록해 둘 수도 있다. 달력에 돌봄 네트워크에 속한 사람들의 이름과 연락처, 방문 가능한 일정을 입력할 수도 있다. 게시물에는 대개 이런 요청 사항을 적는다. "화요일 저녁에 아무도 없는데, 누가 요리 좀 해 줄 수 있을까요?" 한 사람에게만 이런 질문을 던지면, 상대가 도와주고 싶은 마음이 있더라도 화요일 저녁에 바빠서 곤란해하면 자칫 어색해질 수 있다. 하지만

같은 메시지를 20명에게 보내면, 그중 한 사람
정도는 승낙할 확률이 있다. 긍정적 답변을 본
나머지 사람들도 각자의 요청 사항을 올릴 수 있
게 된다. 이런 식으로 지원 팀에 대한 소속감이
강화되고 네트워크의 자원이 더 풍성해진다.

어르신들은 앱을 사용하는 것을 어려워할 수도
있지만, 전자 기기에 익숙한 돌봄 네트워크의 젊
은이들이 기꺼이 알려 줄 것이다. 사람들은 앱을
실행하려고 힘을 모으는 모습에서 위로와 도움
의 원천이 무엇인지 발견한다.

그 밖에 도움이 될 만한 앱과 소셜 미디어 플랫
폼으로는 '밀트레인(MealTrain)', '개더마이크루
(GatherMyCrew)', '페이스북(Facebook)', '왓츠앱
(WhatsApp)' 등이 있다. 이런 앱은 네트워크가
더욱 원활하게 역할을 수행하도록 해 줄 수 있
다. 예를 들어 자녀들이 나이 든 부모와 멀리 떨
어져 사는 경우처럼 지리적인 거리로 발생하는
문제도 극복할 수 있다. 소셜 네트워크 앱을 활
용해 계획을 공유하는 사람끼리는 어떤 도움이
필요한지 달력에서 함께 확인하고 대응할 수 있
다. 그러면 특정한 시간에 사람들이 몰리지 않
고, 분산해서 꾸준히 도움을 줄 수 있다.

임종 돌봄

줄리안은 어머니가 폐렴으로 입원했다가 백혈병을 진단받은 당시의 이야기를 들려주었다.

어머니는 자신의 병에는 치료제도 없고, 생명을 연장할 수단도 없다는 것을 알고 나서, 별로 기대할 것이 없는 항암 치료는 하지 않기로 마음먹었습니다. 입원해 계시는 동안, 우리는 어머니께 뭘 하고 싶은지, 어디에서 마지막을 맞고 싶은지 여쭈었습니다. 어머니는 가능한 한 집에서 지내다가 호스피스에서 죽고 싶다고 말씀하셨어요.

어머니의 뜻을 확인했으니, 말씀대로 해 드릴 방법을 의논했습니다. 우리 가족에게도 여느 가족처럼 이런저런 문제가 있었지만, 그런 문제는 잠시 제쳐 두고 어머니에게 남은 시간을 최대한 잘 활용하는 데 집중했습니다. 어머니가 집에 계시는 동안, 여러 사람이 들러 도와주었습니다. 어머니의 상태가 조금씩 나빠지면서, 새아버지와 자녀, 손주, 친구들까지 내부 네트워크에 속한 가까운 이들은 대부분의 시간을 어머니와 함께 보냈습니다. 모두 돌아가면서 어머니 곁을 지켰고, 필요한 집안일을 책임졌습니다.

어머니가 자리에서 일어나지 못하게 되자, 끊임없이 이어지는 친절한 손길이 장보기와 요리, 청소 등을 대신 해 주었습니다. 덕분에 우리는 어머니와 더 많은 시간을 보낼 수 있었습니다. 집에 계신 지 두어 주가 지났을 무렵, 우리는 어머니의 뜻을 다시 확인했습니다. 어머니는 이렇게 말씀하셨습니다.

"집에서 지내는 게 아주 편안하고 좋구나. 난 여기서 죽고 싶다."

많은 사람의 사랑과 친절, 지원이 어머니의 마지막을 지켜 주었습니다. 어머니는 제가 기억하는 그 어느 때보다 더 만족하셨던 것 같습니다. 우리는 평안하게 돌아가실 때까지 집에서 어머니를 보살펴 드렸습니다.

어머니의 마지막을 함께하는 슬픈 시간에 감사가 넘쳤습니다. 우리는 어머니를 위해 최선을 다했고, 모든 과정이 순조롭게 진행되었습니다. 연민을 품고 어머니를 돌보면서 가족은 더 가까워졌습니다. 그 시간을 통해 단단해진 친밀감은 지난 4년간 지속되었습니다. 우리는 사별의 아픔을 같이 겪었지만, 어머니를 돌본 경험을 통해 행복도 함께 느꼈습니다.

컴패션 네트워크는 임종을 앞둔 이를 보살피는 사람들에게 특히 중요한 역할을 한다. 이런 네트워크는 실용적인 면과 정서적인 면에 모두 도움이 된다. 죽음, 임종, 상실, 돌봄은 그와 연관된 모든 사람에게 쉽지 않은 과제를 준다. 아픈 사람은 인간으로서 자신의 가치가 떨어지고

있다고 느끼고, 날마다 해야 하는 단순한 일을 하지 못하게
되면서 자아 정체성을 잃기 쉽다. 예를 들어 집안일이나 운
전을 못하거나 직업을 내려놓아야 한다면, 중요한 상징적·
실제적 역할을 포기해야 하기에 자기 가치감 상실로 이어
질 수 있다. 죽음을 앞두었다면 이런 상황은 더 복잡해진
다. 그럴 때 내부 네트워크에 속한 가족과 친구들의 사랑과
애정은 특히 큰 힘을 발휘한다. 다른 사람들이 베푸는 친절
을 통해 자기 가치감을 회복할 수 있기 때문이다.

      이와 동시에 돌보는 사람도 비슷한 지원을 통해
도움을 받는다. 소수가 돌봄을 도맡으면, 지치기 쉽다. 임
종을 앞두었을 때 생길 수 있는 신체적·정서적 문제를 다
룰 때는 소규모 돌봄 네트워크에서 감당할 수 있는 회복력
이상이 필요할 수도 있다. 폭넓은 분야의 사람들이 실제적
인 업무를 나누어 담당하는 것이 회복력을 강화하는 데 도
움이 된다. 장보기, 요리, 청소, 정원 일 같은 일상 업무를
나누는 것도 굉장히 도움이 된다. 이런 소소한 일이 개개
인에게는 큰 부담이 아니지만, 환자를 돌보는 사람에게는
그 정도도 큰 차이로 느껴질 수 있다. 한 사람이 일을 하나
씩 맡아 줄 때마다 할 일이 하나씩 줄어들기 때문이다. 아
픈 사람이 사랑과 보살핌, 애정 어린 지원을 받아야 하는
것은 두말할 필요 없지만, 이는 돌보는 사람도 마찬가지
다. 상호 지지와 컴패션, 친절은 도움을 받는 사람은 물론
주는 사람의 마음에도 온기를 불러일으킨다. 평생 함께한
배우자를 곧 잃는다는 사실을 받아들이려 애쓰면서 죽음
을 앞둔 반려자를 돌보느라 고군분투하는 사람에게 그 효
과는 배가된다. 죽음을 앞둔 사람이 대부분 나이가 많다는

점을 고려할 때 돌보는 배우자도 건강에 문제가 있을 가
능성이 크다. 컴패션 네트워크는 그저 있으면 좋은 정도가
아니라, 인생을 마무리하는 시점에 모두에게 꼭 필요한 존
재다.

의료 현장에서 컴패션 실천하기

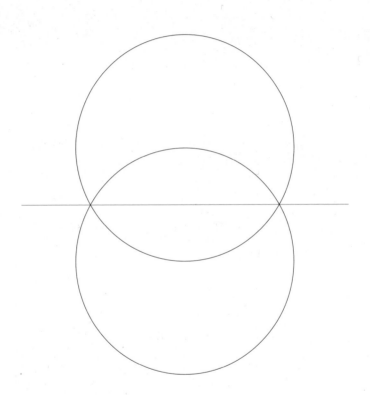

누구나 그렇듯 병원을 찾는 일은 긴장의 연속이다. 예약을 잡고 방문일까지 오랜 시간 대기하고 병원에 와서도 두어 시간 기다리면서, 약해질 대로 약해진 환자의 마음에는 걱정이 쌓인다. 권위 있는 사람 앞에 앉으면 상대적 무지 때문에 어린애 취급을 당하는 듯한 느낌도 든다. 하지만 의사도 진찰하면서 스트레스를 받는다. 그런 스트레스가 반복된다는 점을 강조하기 위해 앞에서 소개한 앤 로빈슨 박사의 전형적인 아침 일과를 다시 한번 떠올려 보자. 2장에서 <가디언>에 실린 그녀의 글을 인용한 바 있다. 그녀의 환자들은 우울감, 낮은 자존감, 광장공포증, 염려, 만성 통증 등의 문제를 호소한다. 이 모든 증상은 약으로는 치료 효과가 미미하고, 사회적 고립이 이런 증상을 더 악화시켰다.

사람들이 궁금하게 여기는 것도 당연하다. 병원을 찾는 환자들은 견딜 수 없는 고통을 호소하지만, 병명을 알 수 없을 때가 많다. 날마다 대기실에서 그런 환자들을 만나는 의사는 어떻게 대처해야 할까?

그런 상황에서는 답이 언제나 딱 떨어지지는 않는 질문이 떠오른다. 질병이란 무엇인가? 환자에게 의료적 조치로 해결할 수 있는 신체적 문제가 있는가, 아니면 정신적 요인이 있는가? 우리는 환자의 신체적 질병과 마음에서 일어나는 일을 분리할 수 있는가? 환자가 느끼는 두려움과 염려는 어떤가? 그런 염려는 환자의 건강에 해로운 영향을 주지만, 국제 질병 분류에는 해당하지 않는다. 설령 거기에 해당하는 질병이라 하더라도, 분명한 증상과 징후 외에 스트레스를 주는 사회적·심리적 영향이 있을 수도 있다.

컴패션 공동체 의료 서비스 모델은 질병을 개인의 인생에서 일어나는 독립된 사건으로 보지 않는다. 질병은 일련의 사건과 결과가 축적되어 나타나는 것이라고 할 수 있다. 누군가가 국제 질병 분류에 해당하는 신체적 질병을 안고 병원에 왔다면, 그렇게 되기까지 여러 해 동안 병을 키웠을 것이다. 특히 환자가 오랫동안 스트레스를 견뎌 왔다면 말이다.

많은 질병이 오래된 염증에서 시작되는데, 염증 자체가 스트레스에 대한 반응이다. 스트레스의 원인은 신체적·화학적·정서적 원인으로 분류할 수 있는데, 세 요인이 작용하는 생화학적 경로는 하나로 수렴된다. 단일 요인이든 복합 요인이든 어떤 이유로든 스트레스를 받으면 그에 반응해 호르몬이 쏟아져 나온다. 혈류로 방류된 화학물질은 호르몬 균형을 깨뜨려 장기간의 스테로이드 분비를 유발한다. 정상적인 호르몬 분비 주기가 흐트러지면, 신체에 장기적인 영향을 미친다. 깊은 잠을 자지 못하고, 몸무게가 늘고, 계속해서 염증이 생기며, 병을 견딜 수 있는 면역력도 약해진다. 갑상선염, 만성 소화 장애, 류머티즘성 관절염 등 최근 발병 횟수가 급격히 늘어난 여러 자가면역 질환은 그런 면역 장애를 알리는 표시다. 이 모든 요인이 합쳐져 더 큰 스트레스 원인을 제공하고, 이는 염려와 우울을 악화시킨다.

만성 염증은 다양한 결과를 부르며, 다양한 질병의 주원인이다. 예를 들어 흡연에 따른 염증 반응은 범위가 굉장히 넓어 혈관, 간, 피부, 신장, 방광 등 여러 기관에 해를 깨친다. 염증성 자가면역 반응은 특정 형태의 정신 질환을 유발하기도 한다. 그런 반응이 나타나면 혈액검사로 염증의 흔적을 찾을 수 있다.

염증을 일으키는 생화학 반응은 원래 인간이 자연환경에서 단기간의 위험 상황에 대처하면서 생겨난 진화의 산물이다. 하지만 어린 시절에 트라우마를 남긴 사건이나 어려운 가정 형편, 과중한 업무의 압박, 정신 질환 등으로 정신적 스트레스를 장기간 받으면 이런 반응이 활성화되기도 한다. 아플 때 방출되는 화학물질이 감정과 생각에 영향을 주듯, 마음 상태도 건강에 영향을 미친다. 실제로 몸과 마음은 떼려야 뗄 수 없을 정도로 밀착되어 둘을 분리한다는 말은 사람들의 이해를 돕기 위한 표현일 뿐이지, 현실에서는 불가능하다.

따라서 마음 상태가 몸의 기능에 큰 영향을 미친다는 것을 인정할 때 의사들은 그와 관련한 지식을 긍정적인 방식으로 활용할 수 있다. 그런 인식이 있다면 질병으로 여러 제약이 따르더라도 환자의 신체 건강과 삶의 질 모두를 향상시키는 종합적인 전략을 세울 수 있다. 염증을 일으키는 화학물질을 만들어 내지 않도록 몸 상태를 유지해 건강과 행복을 누릴 수 있는 환경을 만든다면, 스트레스가 불러오는 여러 문제에 효과적인 해결책이 될 것이다. 그렇게 되면 환자는 인생의 어려움을 잘 극복해 긴장을 풀고 숙면을 취하며, 혈압도 낮출 수 있다. 환자가 자신의 몸과 마음에 미치는 좋지 않은 영향을 적극적으로 다루도록 도울 수도 있다.

이런 접근법은 일차 보건 의료 관계자들에게 숙제를 안긴다. 인체를 물리적·생화학적 모형으로 바라보는 시각에 환자의 전반적인 상황에서 파악한 감정적·사회적 요소를 통합하는 방법, 그중에서도 현장에서 실행 가능한 방법을 마련하는 것이다. 다행히 프롬 건강 센터의 진찰 과정에서 최근 이루어진 변화는 이런 필수적인 통합 과정이 분주하게 돌아가는 의료 현장에서 어떻게 성공을 거둘 수 있는지 알려준다.

🌿 일차 의료 개편 🌿

알베르트 아인슈타인은 정신이상을 다음과 같이 정의했다고 한다. "같은 일을 계속 반복하면서 다른 결과를 기대하는 것." 이 말은 진료실에서 현재 하는 일을 더 많이 하는 것만으로는 여러 국가의 의료 서비스가 맞닥뜨린 조직적 남용과 과밀화, 급격한 비용 증가 같은 문제를 해결할 수 없음을 다시 한번 확인시켜 준다. 뭔가 획기적인 돌파구가 필요하다. 효과적인 컴패션 커뮤니티 프로그램을 일상 진료에 도입하기 위해 프롬 메디컬 프랙티스가 일구어 낸 중대한 변화는 다음 네 가지로 요약할 수 있다.

- 환자 치료에 컴패션 커뮤니티 접근법을 도입해 진료 상담의 성격을 바꾼다.
- 진료소 내부 조직을 개편해 어려움에 처한 사람들을 찾아 사전에 지원하는 효과적인 지휘부를

마련한다.

- 얼굴을 마주하는 팀 회의를 정기적으로 주최해 진료소 내에서 개별 환자의 치료 내용을 논의하고, 여러 병증에 시달리는 환자를 관리하기 위해 다양한 분야의 전문가 의견을 참고하며, 조직 경계를 넘나드는 업무에서 발생하는 문제를 해결한다.

- 위에서 압박하듯 팀에 강요하지 않고, 그 대신 실무자들이 설계하고 제도적으로 적용해 변화를 이끌어 내도록 보장한다. 이 과정은 의료 서비스 품질 개선 방안을 실천했을 때 얻은 결과로, 아래에 자세히 설명하겠다.

컴패션 커뮤니티의 의료 서비스 접근법

앞에서 보았듯 건강과 복지를 결정하는 가장 중요한 요인은 건강한 사회적 관계가 살아 있는 네트워크다. 하지만 지금과 같은 형태의 의료 서비스는 이를 활용하는 데 한계가 있다. 구체적인 질병 분류에 따라 병을 엄격하게 정의하고 그 분류에 따라서만 치료한다면, 분류 체계를 벗어난 개입을 정당화하기 어렵다. 진료 시간이 대부분 10분을 넘기지 않는 영국에서는 상황이 더 갑갑할 수밖에 없다.

많은 질병이 익숙한 양상으로 나타나므로, 잘 정리된 반응이 으레 정해진 대로 나오기 마련이다. 따라서 통상적인 상담이라면 의사는 환자에게 어떤 문제가 있는

지 묻고, 기록하고, 필요하면 검진하고, 진단을 내리고, 질병에 적절한 치료법을 적용하는 관리 계획을 이야기해 줄 것이다. 증상이 조금 더 복잡하다면, 환자는 추가로 필요한 검사를 받고, 해당 분야 전문의와 상담할 수도 있다.

물론 대부분의 의사는 환자가 또 다른 스트레스와 걱정을 짊어지고 있다는 사실을 분별할 만큼은 민감하다. 하지만 긴급한 환자가 줄을 서 있는 바쁜 일정 가운데 이루어지는 10분 진료로는 환자가 처한 사회적 환경을 꼼꼼히 알아볼 수 없다. 혹여 그런 문제를 알아차린다 하더라도, 의사는 심사숙고해서 선택한 위로의 말을 두어 마디 던질 뿐, 더는 해 줄 것이 없을 것이다.

이와 대조적으로 프롬처럼 컴패션 커뮤니티 문화가 잘 발달한 곳에서는 의사들이 더 넓은 관점으로 보면서 아주 다른 부분까지 염두에 두고 진료 상담에 임한다. 주로 물리적·화학적 요인에 집중하는 통상적 의료 모델을 확장해, 질병과 관련이 있을 만한 심리적·사회적 스트레스 요인까지 포함한다. 그러고 나서 약물 외에 적용할 수 있는 치료의 가능성을 열어 두기 위해 주변 사회 환경을 고려한다.

컴패션 커뮤니티의 일차 의료에서라면, 의사가 환자를 만났을 때 전문 의학 지식만으로는 충분하지 않다고 판단되면 바로 지역사회 자원을 안내하는 목록을 이용할 수 있다. 이 안내 목록은 광범위한 지역 자원을 담고 있는데, 매우 다양한 상황에 지원과 조언을 얻거나 말동무나 돕는 손길까지 구할 수 있다.

의사는 이런 자원을 염두에 두고 환자에게 전반

적인 상황에 대해 질문할 것이다. 환자 주변에 질병을 유발할 요인은 없는지 생각할 여지를 주면서 말이다. 환자들은 가정이나 직장의 인간관계 문제, 외로움, 좋지 않은 식습관 등 현대사회에서 겪는 여러 스트레스 요인으로 힘들어할 수 있다. 어떤 문제든 지역에서 도움을 받을 만한 곳과 연결해 그 문제를 해결한다면, 그들의 건강은 물론 일상의 의욕을 끌어올릴 수 있다.

컴패션 프롬 프로젝트 모델은 의사와 환자의 대화, 의료진과 주민의 상호작용을 근본적으로 바꾸어 놓았다. 환자가 의사와 상담할 때 자신의 생활 습관이 건강과 행복에 어떤 부정적 영향을 미치고 그 영향이 어떻게 강화될지 상상력을 발동해 예상해 보려는 의지가 있으면 이런 변화는 더 쉽게 일어난다. 하지만 일차 의료 체계와 컴패션 가득한 지역사회라는 폭넓은 구조가 긴밀하게 협력하면 개인적·사회적 차원에서 의료진과 환자 모두에게 돌아가는 유익은 막대하다.

헬렌 킹스턴 박사가 프롬에 이사 온 한 환자의 이야기를 들려주었다. 이 환자는 그동안 복용하던 우울증 약을 새로 이사 간 지역의 병원에서 다시 처방받으라는 안내를 받고 헬렌 박사를 찾았다. 헬렌 박사는 약 처방이 필요한 이유를 묻는 과정에서, 이 환자가 가정 폭력 때문에 옆 마을에서 이사 왔다는 사실을 알게 되었다. 환자는 거주지를 정하지 못해 지인들의 집을 전전하고 있었다. 그녀는 우울증 약이 더 필요해서 병원에 왔지만, 그보다는 떠돌이 생활을 청산하고 삶을 정비하기 위한 도움의 손길이 더 간절했다.

이런 상황에서 일반적인 의료 모델이라면 다시 처방전을 내주고, 환자를 사회복지 기관으로 인계했을 것이다. 그러면 이 환자에게 절실한 주거 문제를 해결하는 데 몇 주가 걸릴지도 모른다. 컴패션 커뮤니티 모델은 다른 접근법을 취한다. 이런 경우 그다음 단계는 환자를 지원할 방법 중 가장 빠른 방법을 직접 알아보는 것이다. 환자의 필요를 확인한 헬렌은 헬스 커넥션즈 멘딥 안내 목록을 조회해 '주거/노숙인' 항목을 클릭했다. 가정 폭력 피해자 지원, 노숙인을 위한 조언과 숙박, 노숙인 상담 서비스, 멘딥 자치구 의회에서 제공하는 숙박 시설 등을 곧바로 확인할 수 있었다. 그리고 또 다시 '빈곤/재정/기금' 항목을 클릭해 노숙인이 급하게 해결해야 할 문제가 무엇인지 확인하고, 이용 가능한 무료 급식소와 실제로 도움이 되는 곳들을 찾았다. 이처럼 바로 도움이 되는 정보 외에도 이야기 카페를 방문해 헬스 커넥터에게 조언 듣기 같은 좀 더 일반적인 자료도 있다. 정신 건강 관련 다양한 항목을 참고하면 훨씬 더 광범위한 정보를 얻을 수 있다.

환자의 상황에 맞는 지역 정보를 곧바로 찾아내는 능력은 의사가 10분 진료라는 열악한 상황에서도 질병의 증상과 양상에 집중해, 컴패션 커뮤니티가 제공하는 지원을 받도록 할 수 있음을 의미한다. 의사와 환자가 함께 어떤 도움을 받을 수 있는지 탐색하고, 다양한 대안 중 가장 도움이 되는 방법을 논의할 수 있다. 이 같은 도움을 받은 환자는 여러 정보를 충분히 검토한 후 선택할 수 있고, 관련 자료가 담긴 인쇄물을 들고 일상으로 복귀해 스스로를 돌볼 수 있다.

물론 단 한 번의 진료로 모든 문제를 상의하고 해결할 수는 없다. 하지만 환자들이 이런 지역사회 기반 접근법을 통해 자신의 상태를 좀 더 다른 각도에서 생각하는 법을 터득한다면, 상담 과정에서 얻은 정보를 활용해 건강 관련 문제를 풀어 가는 데 필요한 계획을 세울 수 있다. 한 주쯤 지나 다음 진료 때는 초진 이후에 어떤 발전이 있었는지 논의하고, 이를 토대로 더 발전시킬 방법을 모색할 수 있다. 이런 시나리오, 즉 건강 문제를 다른 근본적인 문제와 연결하고 실천 가능한 수단을 찾는 것이 단순한 약 처방보다는 환자의 삶을 개선하는 데 더 큰 효과를 발휘한다.

헬렌은 "많은 의사가 이런 방법에 시간이 더 많이 걸린다고 생각하는 듯합니다. 하지만 제가 보기에는 오히려 시간이 절약됩니다. 환자에게 중요한 문제에 집중할 수 있고, 본질적이지 않은 문제에 허비하는 시간을 아껴 주기 때문이죠"라고 말했다. 의사들에게는 다른 사람을 돕고 싶다는 동기가 있기에, 적절한 도구만 손에 쥘 수 있다면 최선의 도움을 제공할 것이다.

앞의 예시는 진료 과정에 대한 환자의 기대감이 어떻게 바뀔 수 있는지도 암시한다. 대개 의사가 할 일은 환자의 삶에서 맞닥뜨리는 다양한 문제와 환경에 개입하는 것이 아니라, 질병을 다루는 것이라고 생각한다. 따라서 환자가 치료를 받기 위해(이 경우에는 우울증으로) 병원을 찾을 때는 질병에 관해 짤막한 대화를 나눌 것이라고 예상한다. 이런 환자 입장에서는 약을 처방해 달라고 하는 편이 수월하지, 교도소에서 출소해 노숙인이 되었고 최근 쉽게 상처받는 감정으로 괴롭다고 털어놓기는 훨씬 어려울 수 있다. 하지만 의사가 의료적 차원에만 머물기보다는 환자의 전반적인 상황을 개선하도록 돕는다면, 많은 환자가 단지 약을 받을 때보다는 더 큰 동기를 부여받을 것이다. 컴패션 커뮤니티 접근법에는 개인이 자신의 장점과 지원망을 인식하도록 돕는 일도 포함된다. 그들에게 가장 중요한 것이 무엇인지, 과거에 어떤 방법이 효과를 거두었고 긍정적 결과를 냈는지 질문을 통해 알아낼 수 있다. 이 프로젝트는 다양한 대화를 가능하게 한다. 활용 가능한 자원이 있다는 사실을 알면, 이런 대화는 더 수월해진다. 상대방에게 무엇을 가지고 있고, 자신의 지원망을 강화하기 위해 무슨 일을 하고 있는지 더 편하게 물을 수 있기 때문이다. 아무것도 생각해 내지 못한다면, 의사는 안내 목록에서 자원을 찾을 수 있다. 이는 의사가 의료 처치 외의 영역을 탐색할 기회를 준다. 의사가 제안한 내용과 정보를 성공적으로 활용하려면, 환자 스스로 자신의 지원망에 있는 사람들과 대화를 하고, 제안받은 내용과 정보를 다른 사람들이 얼마나 가치 있게 여기는지 깨닫도록 도와주어야 한다.

물론 어떤 환자들은 지역의 자원을 이용할 에너지나 욕구조차 없을 수도 있다. 오랜 투병 생활은 만성피로와 사회적 기능 상실, 우울증을 불러오기 쉽고, 가벼운 병도 환자의 에너지를 빼앗아 갈 수 있다. 이 모든 요인은 환자의 상태와 관련이 있을 것이다. 의사가 던진 센스 있는 질문이 놓치거나 그냥 흘려보냈을 문제를 드러낼 수 있다. 그런 문제야말로 적절한 치료와 관리를 위해 무척 중요하며, 탈진으로 이어질 수 있는 간병인의 건강 문제와 과도한 스트레스 예방에도 결정적 역할을 할 수 있다.

자존감이 낮고 자신감이 부족한 환자라면 도움을 거부할 수도 있다. 그럴 때는 안내 목록에 의존하는 것만으로는 충분치 않고, 환자에게 문제를 좀 더 효과적으로 다루도록 도와줄 사람을 만나겠느냐고 물을 수 있다. 그럴 때 동기 면담 교육을 받은 헬스 커넥터의 역할이 빛을 발할 것이다. 앞에서 다루었듯, 그들은 지역사회 상황에 훤하고 적절한 지원을 받을 방법을 안다. 이는 환자가 자기 문제의 원인과 본질을 명확하게 파악하도록 그들이 도울 수 있다는 뜻이다. 또 환자가 자신의 상황을 개선하려면 자신감과 여러 방법이 필요한데 이를 위한 조언과 지원도 그들을 통해 얻을 수 있다.

　　헬렌 킹스턴 박사는 의학적 처치만으로는 해결하기 힘든 다양한 문제를 지닌 사람도 있다며 다음 같은 예를 들었다.

> 어떤 사람이 허리 통증과 당뇨 때문에 진료실을 찾았습니다. 그런데 상담하다 보니 얼마 안 가 가족 문제로 화제가 바뀌었습니다. 환자가 맞닥뜨린 부정적인 기분과 불확실성이 더욱 중요한 문제였습니다. 그들의 오래 묵은 문제에는 의학적 해결책이 없을 수도 있습니다. 그들을 헬스 커넥터에게 연결해 주면, 그때부터는 자신의 상태를 개선해 줄 의학적 해결책이 있다고 생각하기보다는 그런 문제를 안고도 잘 살아가는 법을 배우게 됩니다.

헬렌은 두통과 요통, 우울감과 불안을 호소하던 한 여성의 사례를 들려주었다.

> 그녀는 날마다 자신의 증상과 삶의 난관과 싸우면서 조금씩 지치고 의기소침해졌습니다. 약을 늘리기보다는 그녀의 이야기를 잘 들어주고 상황을 이해해 주는 것이 더 중요했습니다. 그녀는 피로감과 만성 통증의 악순환을 깨려는 의지가 강했고, 다양한 접근법에 열려 있었습니다. 그래서 헬스 커넥터를 만나 우선순위를 정리하는 데 도움을 받았고, 통증 조절 프로그램에 참여하기로 했습니다. 나중에는 이혼하고 어린 자녀들을 돌보는 가운데서도 다양한 상품을 만들어 판매하는 작은 사업을 시작했습니다. 이 일을 좋아하고 자신의 재능에 만족하면서, 사업은 그녀가 삶을 일구어 가는 방식이 되었습니다. 자신의 문제에만 집중하기보다 창의적이고 만족스러운 무언가에 노력을 기울이면서 증상도 호전되었습니다. 어려운 시기를 거치면서 그녀는 주변 사람들의 호의와 지원을 더 실감하게 되었습니다. 과거에는 진료실에서 치료가 필요한 증상을 끝도 없이 늘어놓았지만, 이제는 자신의 우선순위가 무엇인지 이야기합니다. 전보다 진료실을 찾는 횟수도 줄었습니다. 앞으로 닥칠지 모를 또 다른 문제를 다루는 데 필요한 도구가 그녀의 손에 있기 때문입니다. 그녀에게는 충분한 자원이 있었

고, 어려운 상황에서 벗어날 자신만의 방법도 잘 알고 있었습니다. 그녀는 자기 주변에 네트워크가 있고 어떤 문제에든 적용할 해결책을 보유하고 있다는 사실을 스스로 증명했습니다.

이 사례는 일반 진료 과정에 컴패션 접근법을 적용할 때 헬스 커넥터의 역할이 얼마나 중요한지 보여 준다. 헬스 커넥터는 동기 면담 기술을 활용해 환자에게 가장 중요한 문제를 수면 위로 끌어낼 질문을 던질 것이다. 그다음에는 함께 목표를 세우고 계획을 짤 수 있다. 이런 목표 설정 과정은 치료 계획과는 다르다. 치료 계획은 환자에게 입원이나 적극적인 의료 개입, 심폐 소생 등 피하고 싶은 상황을 선택하도록 요구한다. 반면 목표 설정은 환자의 전반적인 삶을 개선하고, 환자 인생의 중요한 문제에 개입하는 긍정적인 방식이다. 예를 들면 외로움이나 사별의 슬픔 같은 정서적 어려움이나 주거, 실업 같은 현실적인 문제를 해결하는 것처럼 말이다.

환자가 지역사회에 속하거나 새로운 모임에 참여할 자신이 없으면, 헬스 커넥터가 첫 모임 때 동행을 제안해도 괜찮다. 자원봉사자 이동에 차량 지원이 필요하듯 도움은 실용적인 면을 고려해 이루어진다. 만약 자원봉사자 이동 지원 부문이 비어있다면, 헬스 커넥터는 지역사회 개발자에게 해당 부문을 신설하도록 요청할 수 있다.

컴패션 커뮤니티 모델을 적용하려면, 진료 상담 과정의 성격을 바꾸는 것만으로는 부족하다. 각 진료소는 어떻게 하면 새로운 요구 사항을 일상 업무에 녹여 낼지 고민해야 할 것이다. 병원에서 제공하는 지원이 필요한 환자를 확인하고 그들의 상태를 추적하는 방법을 마련해야 할 텐데, 그러기 위해서는 진료소 직원과 환자의 사고방식 모두를 바꾸어야 한다.

일차 진료소를 찾는 모든 환자가 의사를 만나야만 적절한 도움과 지원을 받을 수 있는 것은 아니다. 커뮤니티 커넥터 훈련을 받은 접수 담당자가 환자의 전화를 받고 문제의 성격을 파악하면, 안내 목록에서 도움이 될 만한 곳을 찾아 소중한 진료 시간을 절약할 수도 있다.

앞 장에서 살펴보았듯, 지역사회에서 컴패션을 적극적으로 실천하는 사회 활동을 늘리려면 커뮤니티 커넥터의 역할이 반드시 필요하다. 프롬 모델은 참여를 원하는 사람은 누구든 두어 시간 훈련을 받으면 효과적인 커뮤니티 커넥터가 될 수 있음을 보여 준다. 그 훈련의 효율성은 방금 앞에 든 예에서 잘 알 수 있는데, 초기 진단에서 환자의 필요를 파악할 수 있도록 해 준다. 커뮤니티 커넥터의 핵심 역할은 사람들이 다양한 도움을 받을 수 있는 지역사회 내의 정보를 숙지하고 자신에게 적절한 정보를 찾을 수 있도록 돕는 것이다. 잘 훈련된 병원 직원들이 유용한 서비스를 제공할 수 있다. 그래서 프롬 메디컬 프랙티스 접수대에는 사람들의 제일 긴급한 필요를 파악해서 관련 지원 내용을 안내할 줄 아는 담당자들이 자리 잡고 있다. 의사와 진료 약속을 잡아 주는 일이나 안내 목록에 나온 곳을 소개해 주는 일도 지원에 포함된다.

　　병원에서 컴패션 커뮤니티 접근법의 장점을 최대한 활용하려면, 이러한 접근 방법이 어떤 기능을 제공하는지, 그리고 중심부에서 어떻게 해야 잘 운영되는지 숙고해야 한다. 연결망의 지휘부에는 훈련된 행정 직원이 도움이 필요한 환자를 식별하고, 그들과 접촉점을 만들어 계속 유지하면서, 필요하다면 환자를 헬스 커넥터와 연결해야 한다. 또 그들은 요청이 들어오면 관리 감독을 할 연합 팀을 주선하기도 하는데, 거기에는 의사, 간호사, 물리치료사, 사회복지 전문가, 헬스 커넥터 등 여러 분야 전문가가 포함된다. 그리고 필요할 때는 이 팀에서 호스피스에 연락해 신속하게 환자를 퇴원시켜 집에서 안전하게 돌봄을 받도록 조처할 수도 있다. 이 모든 일에는 세심한 계획과 투자가 필요하다.

🌿 지원이 필요한 사람 찾아내기 🌿

프롬에서 쌓은 경험에 따르면, 환자에게 연락하기에 가장 적절한 때는 퇴원한 후다. 아무리 치료가 잘되었다 해도, 입원 경험은 환자를 비인격적인 존재로 만들고 트라우마를 남기기도 한다. 그래서 사람들은 대부분 할 수만 있다면 재입원을 피하고 싶어 한다. 그런 중요한 시기이기에,

사람들은 대체로 자신의 건강 문제를 다루는 다른 방식을 고려할 준비가 되어 있다.

헬렌은 혈관에 문제가 있어 입원했지만 다행히 심각한 정도는 아니었던 어느 환자의 이야기를 들려주었다.

> 그렇지만 혼자 살던 이 환자에게 입원은 끔찍한 경험이었습니다. 그녀의 자신감을 뒤흔들어 놓았죠. 입원은 그녀로 하여금 더 큰 불확실성을 인식하고, 자신에게 가장 중요한 것이 무엇인지 생각해 보도록 하는 기회였습니다. 자신이 얼마나 연약한 존재이고, 혼자 살아가는 게 얼마나 어려운 일인지 이야기하기가 한결 편해졌습니다. 환자의 자녀들이 같은 동네에 살고 있었는데, 우리가 나눈 대화 덕분에 한자리에 모였습니다. 자녀들은 그녀의 신체적인 필요만 채워 준 것이 아니었습니다. 그녀는 아주 훌륭한 지원망을 가까이에 두고, 그 지원망을 다시 정비할 수 있었습니다.

퇴원 후 전화 한 통으로 이 모든 과정을 시작할 수 있다. 물론 질병과 관련된 몸 상태나 회복 정도도 점검할 것이다. "혈액검사가 필요할까요?", "먹는 약이 바뀌지는 않았나요?", "추가 진료가 필요할까요?" 그러나 환자의 가정과 사회 환경에 대한 질문도 이에 못지않게 중요하다. "추가로 지원이 필요하지는 않은가요?", "돌봐 주는 분은 잘 지내시나요?", "주변에 도움을 받을 만한 다른 사람이 있나요?", "퇴원 후 회복하는 과정에서 환자와 간병인이 느낀 한계는 없었나요?"

이런 질문은 단순한 의료적 차원을 넘어선다. 따라서 병원 직원이 처음에 이런 질문을 던지면, 환자는 대답을 잘 하지 못할 수도 있다. 그런 질문이 왜 필요한지 의아해할지도 모른다. 그러나 사회적 관계와 사망의 연관성을 연구한 줄리안 홀트-룬스타드 교수 팀의 논문이 보여 주듯, 이런 질문들은 의료적 처치만큼이나 중요할 수 있다.

병원에서 만성질환자를 돌본 경험이 있는 조 트리킷은 1999년부터 프롬 메디컬 프랙티스에서 일했다. 퇴원한 환자에게 전화하는 절차를 만든 간호사가 바로 그다. 그녀는 종종 불확실한 상황에서 전화를 걸 때 필요한 기술과 민감함이 무엇인지 알려준다.

저는 누구나 할 수 있는, 아주 구체적인 질문을 던집니다. 집에 누가 함께 있나요? 가게에 혼자 갈 수 있나요? 먹을 것이 있나요? 계단을 올라갈 수 있나요? 이런 것들은 우리가 당연하게 생각하는 기본적인 일이지만, 몸과 마음이 힘들 때는 할 수 없을 수도 있습니다. 이런 질문들은 더 깊은 대화로 이어집니다. 누가 근처에 있는지 잘 들으면서, 수화기 너머에서 감지할 수 있는 다른 실마리에도 귀를 기울입니다. 한숨 소리나 숨이 막히는 소리, 남편이 불평하는 소리도 들을 수 있습니다. 복용하던 약 때문에 배가 아파서 입원했던 어느 할머니와 최근에 통화를 했습니다. 전에는 모든 일을 혼자 하고 운전도 했지만, 한 달여 만에 바깥출입을 하기가 점점 더 힘들어졌습니다. 앞으로 어떤 삶이 펼쳐질지 알지 못한 채 고립감을 느끼며 퇴원했습니다. 할머니는 달라진 생활에 적응하느라 꽤 애를 먹었습니다. 아들은 멀리 살았고 이웃들도 낮에는 다들 직장에 나갔습니다. 나는 그녀를 헬스 커넥터에게 연결해 주었습니다. 이전에는 소모임이나 동호회에 나가곤 했기에 그런 모임들이 그녀가 지역사회에 다시 자리 잡는 데 도움을 주리라고 기대했습니다. 하지만 저의 제안에 할머니는 이렇게 대답했습니다. "고맙긴 하지만, 난 운전을 못해요." 그래서 우리는 자원봉사자를 찾아 문제를 해결했습니다. 할머니가 얼마나 큰 마음의 부담을 덜었을지 짐작할 수 있었죠.

환자 주변의 가족과 돌보는 이들도 잊지 마세요. 저는 이런 질문을 던지기도 합니다. "아내(혹은 남편)분과 잠시 이야기할 수 있을까요? 식구들은 잘 지내십니까?" 치료와 상담이 모두 끝나 제가 환자에게 해 줄 일이 별로 없는 경우도 있습니다. 하지만 환자의 배우자를 헬스 커넥터와 연결해 주면 다른 종류의 지원을 받을 수도 있습니다. 다른 보호자들과의 만남도 큰 결과를 이끌어 낼 수 있습니다.

퇴원한 환자와 연락하는 것이 좋은 이유가 몇 가지 있다. 누군가가 고관절 대치술을 받았다면, 노화가 불러온 문제를 겪고 있다는 뜻이다. 혼자 살면서 이동하기 힘들다면, 일상 업무를 어떻게 처리할까? 외로움이 문제인가? 나이 많은 배우자에게 도움이 필요한가? 이런 대화가 자연스럽게 이어지면서 도움을 주어야 하는 범위를 정할 수 있다. 조가 보여 주었듯 핵심은 연락하는 사람이 이런 문제가 발생하는지 민감하게 살피고, 즉각 관심을 보여야 하는 건강 문제만이 아니라 그 밖에 문제가 될 만한 것들을 미리 알려 주는 표시도 놓치지 않는 것이다.

환자가 당장은 도움을 원하지 않더라도, 헬스 커넥터와 만나 지역사회 적응을 상의하고 장기 목표를 설정하는 데는 관심을 보일 수 있다. 헬스 커넥터는 바깥출입이 어려운 환자를 방문해 그들이 지역사회 자원에서 소외되지 않도록 신경 쓸 것이다. 영어를 구사하지 못하는 환자가 있다면, 진료소에서 그들 문화권에 속한 사람의 방문을 주선해 다른 언어권 출신이라는 이유로 고립되지 않게 해야 한다.

🎵 팀 미팅 🎵

환자가 맞닥뜨리는 문제는 단순한 것부터 아주 복잡한 것까지 참으로 다양하다. 많은 것들이 뒤얽힌 사회에서는 치료하기 어려운 질병일수록 의사 한 사람의 힘만으로는 부족할 때가 많다. 그런 경우에는 여러 분야를 아우르는 팀

미팅을 열어 다양한 전문가를 한자리에 모아야 한다.

미팅에는 의사 외에도 방문 간호사, 사회복지사, 노인 돌봄 전문가, 물리치료사, 동네 병원의 퇴원 환자 담당 간호사 등이 참여할 수 있다.

프롬에 새로 도입한 제도 중 유용한 것이 바로 이런 다분야 미팅에 참여하는 임상 팀의 일원으로 지역사회 개발자—예를 들면 헬스 커넥터—를 포함시킨 것이다. 헬스 커넥터는 다양한 문제에 대한 해결책을 모색하는 그룹 토론에 중요한 정보를 제공하는 것은 물론이고, 때로는 환자의 전반적 복지 관리에 새로운 시각을 제공할 수 있다. 대개 의사들은 잘 떠올리지 못하는 문제와 해결책을 고려 대상에 포함시킬 수 있다. 그 결과 타성에 젖어 가정하고 행동하던 패턴에 큰 변화를 불러왔다.

예를 들어 논의 중인 환자가 외로움을 느껴 힘들어한다는 이야기가 나오면, 헬스 커넥터는 환자를 만나 개인 네트워크를 강화하거나 지역사회 자원을 활용하도록 도울 수 있다. 그러고 나서 다음 미팅에 참석해 감동적인 이야기를 보고할지도 모른다. 담당 의사는 어려운 문제를 해결한 성공적인 방법을 듣고, 나중에 비슷한 문제가 생겼을 때 그 방법을 다시 활용할 수 있다.

헬렌과 제니는 이런 성공 사례를 공유해 의사, 간호사, 의대생을 포함한 팀원의 업무를 조정하고 활성화한 여러 예를 소개했다. 그들은 환자와 지역사회 자원을 연결할 때 발휘되는, 인생을 뒤바꾼 효과에 고무되고 격려받았다. 한 의대 졸업반 학생은 프롬에서 현장 실습을 마친 후 다음과 같이 이야기 카페에 대한 피드백을 보내왔다.

저는 카페에 있는 모든 사람에게 따뜻한 환영을
받고, 그 즉시 모임의 일원이 된 듯한 느낌이 들
었습니다. 한 사람 한 사람과 대화하면서 이야기
카페에서 어떤 일을 하는지, 카페가 사람들에게
어떤 의미인지 알아 가는 것은 참으로 즐거웠어
요. 카페가 굉장히 분주하고, 다양한 활동이 이
루어지고 있는 것을 보고 깜짝 놀랐습니다. 모든
사람이 서로 알고 안부를 주고받는, 활기찬 작은
공동체에 들어온 것만 같았습니다. 이야기 카페
는 그곳을 찾는 사람들에게 아주 큰 의미가 있는
듯해요.

카페를 찾은 사람들과 이야기를 나누었는데, 동
네에 이사 와서 친구를 사귀려고 카페를 찾은 사
람이 있는가 하면, 4년 동안 정기적으로 카페를
찾은 사람, 저처럼 처음 카페에 온 사람도 있었
습니다. 모두 예의 바르고, 친절하고, 제가 누구
이며 거기서 무슨 일을 하고 있는지 관심을 보였
습니다. 이들은 서로 끈끈하게 연결되어 있으면
서도, 처음 온 사람을 환영하고 친절하게 대했습
니다. 그 모습이 무척 인상적이었습니다.

저를 환대해 주셔서 정말 감사하다고 다시 한번
말씀드리고 싶어요. 얼마나 소중한 시간이었는
지 모릅니다. 이야기 카페는 그곳을 이용하는 사
람들에게 10분간의 진료보다 훨씬 더 많은 것을
제공하고 있었어요. 건강 문제나 부정적인 사고
에서 벗어나 일주일에 두어 시간 밝고 긍정적인

시간을 갖는 것, 뭔가 기대할 것이 있다는 사실이 사람들의 생활에 큰 변화를 가져오더라고요. 사람들이 이런 경험을 할 수 있도록 더 많이 권해야 할 것 같습니다. 의사로 일하는 한, 그날 아침을 잊지 못할 것 같아요. 여러분이 베풀어 주신 도움을 항상 기억하고, 기회가 있을 때마다 사람들에게 추천할 겁니다.

변화를 위한 품질 개선 방안 활용

이런 구조적 변화가 일반 병원에서 성공할지 여부는 변화를 어떻게 도입하느냐에 달려 있다. 변화를 이루어 내는 방식은 변화 자체만큼이나 중요해서, 변화의 본질에 해당하는 필수 요소다. 그래서 프롬 모델을 도입하고 추후 다른 의료 서비스 체계에 적용할 때, 그 과정을 관리 감독하기 위해 '의료 서비스 품질 개선 방안(Institute of Healthcare Quality Improvement Methodology)'을 활용했다. 그 핵심 특징이 컴패션 커뮤니티 개발을 뒷받침하는 원리와 관련이 있고, 조화를 이루기 때문이다. 간단히 말해 품질 개선이란 외부 전문가가 아니라 실무 담당자들이 안심할 수 있는 변화를 설계하고 실제로 이루어 내는 방법이다. 그리고 어떤 변화든 광범위하게 적용하기 전에 철저히 검증해야 한다. 이런 접근법의 근본적인 전제는 현장에서 직접 그 일을 하는 사람들이 업무의 질에 신경을 쓰며, 그들이 경험과 자원, 독창성을 풍부하게 갖추고 있다는 것이다. 따라서 품질 향상의 시작은 해결해야 할 문제의 본질이 무엇인지 현장 인력과 함께 논의하며 해결책을 모색하는 데서 시작한다.

영국 의료 서비스의 역사에서 가장 두드러지는 점은 위에서 아래로 구조적 변화를 강요해 왔다는 것이다. 이는 매우 큰 문제를 일으켰고 엄청난 예산을 허비하게 했다. 의료 서비스의 변화로 생활과 업무에서 가장 크게 영향을 받을 사람들의 기술과 지식, 경험을 거의 고려하지 않는 접근법은 그 결과가 불 보듯 뻔할 정도로 혼란스러웠으며, 이는 역사를 통해 명백한 사실로 드러났다.

사회적 기업가 에르네스토 시롤리는 '남을 돕고 싶다고요? 그럼 입 다물고 들으세요!'라는 제목의 테드 강연에서, 위에서 아래로 변화를 도입하는 방식이 얼마나 비효율적인 결과를 가져오는지 들려준다. 1970년대에 그는 짐바브웨 잠베지 계곡 농부들을 도우려는 의욕이 넘치는 젊은이였다. 그는 농부들의 수확량을 늘리기 위해 토마토와 호박 재배법을 가르치는 구호단체에 들어갔다. 그 지역의 풍부한 일조량과 비옥한 토양 덕분에 초대형 열매가 맺히면서 계획은 바로 성공한 듯했다. 모든 일이 순조롭게 풀리는 것 같았다. 그런데 어느 날 밤, 하마 떼가 강 밖으로 몰려나와 작물을 몽땅 먹어 버렸다. 그다음 날 구호단체 직원들은 농부들에게 왜 하마 이야기를 하지 않았느냐고 다그쳤다. 농부들은 "당신들이 묻지 않았으니까요"라고 대답했다. 시롤리는 이 사건을 다음과 같이 풍자적으로 논평했다. "우리는 하마들에게 먹을 것이라도 주었죠. 이런 계획 중 다수가 아무 결과도 얻지 못했습니다."

시롤리는 이런 실패를 바탕으로 1985년에 지역 개발 단체를 구성했다. 시롤리 연구소 웹사이트는 연구소를 시민 경제의 지지자로 소개한다. '지역사회 구성원들이 지성과 수완을 겸비하도록 육성하고, 이를 통해 지역사회 내부에서 부를 창출하도록 지원하는 발전 모델.' 이런 설명은 자신들의 지역사회 문제가 무엇이며 그 문제를 어떻게 풀어 나갈지 스스로 결정하는, 참여형 사회 발전 원리에 꼭 들어맞는다.

참여형 사회 발전 모델의 핵심, 지역사회의 필요와 그 해결 방안을 지역사회가 스스로 정하도록 위임하는 과정을 업무 현장에도 적용할 수 있다. 그러면 실제로 일을 하는 사람들, 가장 효율적으로 일을 하려면 무엇이 필요한지 경험으로 아는 사람들이 적절한 구조적 변화의 결정권자가 될 수 있다.

실무자들과 적절한 협의를 하지 않은 채 위에서 주요 계획을 설계하고 도입하면, 이런 변화를 시행하는 데 추가 서류 작업이 필요한 경우가 많다. 그러면 시간이 흐르면서 각각의 변화에 더 많은 서류 작업이 필요해진다. 각각의 서류 작업을 완료하는 데 시간이 얼마나 걸릴지 예상하지 못했다면 상황은 더 복잡해질 수 있다. 계획을 실행에 옮기기 전에 그런 시간을 가늠했다면, 현실성이 없다는 사실을 확실히 알았을 것이다. 설상가상으로 개별 변화는 나름대로 타당할 수 있지만, 다른 변화와 얽히면 그 영향은 재앙이 될 수 있다.

이렇다 보니 변화 과정을 잘 관리하지 않는 일부 병동에서는 상황이 더 악화되어 간호사들이 업무 시간의

75퍼센트를 서류 작업에 몰두하고, 나머지만 환자를 돌보는 데 할애하는 지경에 이르렀다. 변화에 투자한 경영진의 압박을 받다 보니, 직원들은 소중한 시간을 낭비하는 업무라는 사실을 알면서도 짐스러운 의무로 전락한 일을 마지못해 하게 된다. 이의를 제기하는 사람은 까다롭게 굴거나 저항한다는 비난을 받는다. 따라서 지금 병동 내에서는 의료 서비스에 적용된 새로운 변화에 대한 불신이 만연해 있다. 관리나 경영이라고 하면 대개는 사람들이 비효율적이라고 생각하는 체제를 강제로 운영하는 것과 동의어가 되어 버렸다. 품질 개선 방안은 변화를 실행에 옮기는 더욱 생산적인 방식이다.

품질 개선 방안의 두 번째 필수 요소는 변화를 실행에 옮기기 전에 철저한 검증을 요구하는 것이다. 신속하고 효과적인 일련의 검증을 통해 실제 상황에 잘 적용할 수 있다. 점진적인 변화 과정은 실무자들이 조금씩 단계를 밟아 나가 꾸준한 개선을 통해 적응할 수 있게 돕는다. 제안된 변화가 기대했던 효과를 내려면 적확한 실무 지식을 확립해야 하고, 그때야 비로소 전체적으로 변화를 도입할 수 있다.

다시 강조하면 이 방법론의 기본 전제는 세 가지다. 실무자들이 무기력하지 않고 권한을 가지고 있다. 실무자들의 경험을 존중한다. 경영진은 실무자들이 최선의 방법을 아는 적임자라고 믿어야 한다. 이런 결정 원칙이 보장되어야 모든 관련자의 적절한 의견이 환영받는다.

품질 개선 방안으로 안전하고 믿을 만한 체계를 세워야 한다고 주장한다. 물론 이는 의료 행위의 모든 측면에서 가장 필요한 요소다. 항공 산업에서 통용되는 절차는 이 말이 무슨 의미인지 보여 주는 좋은 예를 제공한다. 현대 항공기에는 400만 개에 달하는 부품이 있는데, 각 부품이 확실하게 작동해야 착륙, 비행, 이륙 같은 주요 기능을 수행할 수 있다. 몇몇 부품이 고장 나면 항공기는 추락하므로, 각 부품의 설계는 현장에서 시험하고, 신뢰할 수 있을 때까지 조정해야 한다. 의료 현장도 마찬가지다. 전체 체계가 잘 돌아가려면, 각 요소가 자기 역할을 다해야 한다.

이런 주요한 원리는 일반 병원에서 컴패션 커뮤니티 접근법을 채택할 때 직접 적용할 수 있다. 실무자가 변화를 설계할 뿐 아니라, 그 변화를 전체 업무 과정에 걸쳐 확실하게 적용해야 한다. 이런 원리를 일부 환자에게만 적용하고 나머지에게는 적용하지 않는다면, 그 혜택을 놓치는 사람들이 생기고, 프로그램의 전반적인 효율성도 떨어진다.

영국에서 최근 유행하는 의료 서비스인 사회적 처방(Social Prescribing)의 한계는 종합적인 체계를 만들지 못했을 때 벌어지는 결과를 보여 준다. 사회적 처방에서는 의사가 극단적인 외로움처럼 의학적 문제라기보다 사회적 문제가 있는 환자를 그룹 활동 서비스로 연결해 준다. 거기서 환자는 새로운 사람들을 만나 우정을 쌓을 수 있다. 언뜻 들으면 컴패션 커뮤니티 모델과 비슷한 것 같다. 하지만 사회적 처방에는 중요한 것이 빠져 있다. 환자에게 제공하는 대안이 그들에게 적절하지 않을 수도 있다는 점이다. 지역사회 개발을 제쳐 놓고 사회적 처방 계획을 추진하면, 누가 봐도 분명한 공백을 알아채지 못하고,

적절한 자원을 투입해 그 공백을 메우지도 못하게 된다.

제니 하트놀이 프롬 모델의 일부로 개발한 이야기 카페는 사람들의 필요에 직접적으로 반응한 결과다. 사람들은 특정 활동에 참여하기보다는 단순히 다른 사람들과 이야기할 수 있는 곳을 원한다고 했다. 그런데 카페에서 오가는 대화를 통해 다른 필요가 드러나 그것을 채워줄 수 있었다.

환자가 움직일 수 없거나 자신감이 떨어져 집 밖으로 나오기를 꺼린다면, 사회적 처방에 더 큰 문제가 생긴다. 만성질환자는 이 계획의 혜택을 누릴 수 없다는 뜻이기 때문이다. 사회적 처방 계획은 사람들이 자신의 지원망을 강화하도록 도와주지 못하므로 더 큰 약점이 생긴다.

사회적 처방 방식에는 좋은 점도 많지만, 전반적인 신뢰성에 의문이 든다. 이 계획에 투자가 필요하다고 하지만, 지나치게 많은 사람이 사각지대에 놓여 결과적으로 배제된다면, 프롬의 접근법이 거둔 것과 같은 의미 있는 결과를 내지 못할 것이다. 긴축 재정하에서는 장기 발전에 필요한 만큼 경제적 이익을 실현하지 못하는 계획을 골라내 재정 지원을 중단할 위험이 있다. 그렇게 되면 좋은 사업도 모두 사라져 버릴 것이다.

병원에서 새로운 컴패션 커뮤니티 변화 프로그램을 도입할 때도 똑같은 원리를 적용해야 한다. 진료소에 의사가 10명인데 5명만 새로운 접근법을 채택한다면, 환자 절반은 혜택을 누릴 수 없다. 사회적 처방 계획에서 생기는 공백을 없애려면, 이 접근법을 진료소 전체에 적용하고, 지역사회 자원 전반에 녹여 내야 한다.

상징적으로나 실제로나, 의사들은 현대인의 삶에서 아주 중요한 역할을 한다. 사람들은 신체적 질병이든 정신적 질병이든 그에 따른 고통으로 인생에서 가장 약해졌을 때 의사를 찾는다. 자신의 행복에 관심이 있다고 느껴지는, 친절하고 마음이 따뜻한 의사를 만나는 것과 유능하지만 감정적으로 거리를 두는 의사를 만나는 것은 확연히 다른 경험이다. 사람들은 의사-환자 간의 컴패션 넘치는 관계를 치료 효과에 영향을 미치는 중요한 요소가 아니라, 임상 치료에 부록처럼 따라오는 기분 좋은 요소로 생각할 수도 있다. 하지만 치료를 전달하는 방식 자체가 환자의 치유 과정과 건강 발달에 중요하다는 결정적 증거가 있다.

　　의학계에서는 이중맹검◇ 위약 대조 임상 실험이 약의 효과를 결정하는 기준 방식이다. 의사나 환자도 해당 약이 진짜인지 가짜인지 모른다. 양쪽 집단에 나타난 결과를 검토해 어느 쪽이 더 효과가 있는지 결정해야 한다. 유효 성분이 없는 가짜 약이 실제 약과 똑같은 결과를 낳는다면, 이는 그 약이 효과가 없다는 뜻이다.

　　하지만 컴패션 커뮤니티 모델은 많은 경우 의사-

―――◇　약의 효과를 객관적으로 평가하는 방법. 진짜 약과 가짜 약을 피검자에게 무작위로 주고, 효과를 판정하는 의사에게도 진짜와 가짜를 알리지 않고 시험한다. 환자의 심리 효과, 의사의 선입관, 개체의 차이 따위를 배제해 약의 효력을 판정하는 방법이다. ―역주

환자 관계가 처방 약보다 더 큰 효과를 발휘한다는 것을 보여 주었다. 이런 발견은 약물 임상 시험의 기초를 뿌리부터 흔든다. 그리고 의료 행위가 과학을 적용하는 것 이상의 일이라고 암시한다. 어떤 인간관계를 맺고 있느냐도 고려해야 하는 것이다.

이는 의료적 돌봄이 필요한 누구에게든 해당되는 문제인 듯하다. 하지만 과학적 의료 행위만 신뢰하는 사람들은 이를 받아들이기 힘들 수 있다. 그런 의사들은 질병에 따른 고통을 줄이기 위해 가능한 한 많은 지식과 기술을 습득하는 데 평생 헌신한다. 때로는 일과 삶의 균형을 해칠 만큼 열심히 일한다. 인간의 고통과 괴로움을 줄여 주고자 하는 그들의 진정성은 의심할 여지가 없다. 하지만 프롬 돌봄 모델의 성공은 의료 행위에 과학적 접근법 이상이 필요하다는 사실을 알려 준다.

16세기와 20세기에 걸쳐 객관성과 반복 가능성이라는 최우선 원칙에 근거한 실험을 통해 과학적 사고가 발전했다. 물 1잔의 부피는 그런 식으로 아주 정확하게 측정할 수 있지만, 감정은 그렇게 간단하지 않다. 감정은 측정할 수 있는 물질이 아니라서 어딘가에 담을 수도 없고, 정의하기도 곤란하다. 이런 요소 때문에 감정은 과학적 검토 대상으로 삼기에 부적절했고, 사람들은 감정을 무시하고 제외했다. 이런 문화적 맹점은 감정에 대한 불신을 낳았다. 하지만 앞서 살펴보았듯, 감정은 인간의 건강과 행복에 꼭 필요한 요소다. 때로 보건학자들은 유효 성분이 없는 약을 먹고도 병이 낫는다는 사실을 설명하는 위약 효과를 과학 실험에 혼란을 주는 골칫거리로 보기도 한다.

약에 포함된 각 유효 성분의 정확한 효과를 측정하는 것이 가능하다면 그럴 수도 있을 것이다. 우리가 아는 사실은, 약에 유효 성분이 있든 없든 의사와 환자 간의 컴패션 넘치는 관계가 치유 과정에서 중요한 요소라는 것이다. 치료에 관여하는 두 사람이 맺는 관계의 특성이 그런 상호 관계의 질을 결정하기 때문에 이를 임상 시험이라는 형태로 표준화할 수는 없다. 하지만 요즘에는 개인 정서에 사교성이 있는지 측정해 건강과의 연관성을 알아볼 수 있다. 감정을 전달하는 호르몬을 연구하고 측정할 수 있고, 호르몬이―내부에서는 물질대사 경로와 고혈압, 스트레스 호르몬 생산을 통해, 외부에서는 사회적 행동의 의미 있는 측면을 통해―질병의 생화학적·신체적 특징에 미치는 영향을 관찰할 수 있다.

이런 지식의 발달은 건강과 행복의 적절한 평가에 중요한 의미를 지닌다. 더 나아가 프롬 모델에서 확인한 결과는 지역사회 자원을 잘 파악하고 있는 의사와 환자의 온정 어린 접촉이 단순히 약을 처방하는 표준 과정보다 더 유익하다는 것을 강하게 암시한다.

프롬 지역 응급실 입원율 감소는 의료 행위가 변화하는 데 중요한 역할을 했다. 믿을 만한 의료 돌봄과 활기 넘치는 지역사회 활동을 결합하고, 그 관계에 컴패션이라는 가치를 적용할 때 눈에 띄는 긍정적 결과가 나왔다는 증거를 프롬 사례에서 확인했기 때문이다. 이런 형태의 위약 효과는 사람들에게 피해를 주는 것이 아니라, 비용이 들지 않으면서도 이롭고 효과가 좋은 것이다.

이는 그런 접근법을 단순히 '좋은 생각' 이상으

로, 곧 믿을 만하고 타당한 의료적 돌봄의 필수 요소로 고려해야 한다는 뜻이다. 병원에 갔는데 의사가 우리를 컴패션으로 대하지 않는다면, 즉 우리 생활과 주변 관계 같은 의미 있는 상황을 질병 관리 요소로 생각하지 않는다면, 그 의사는 잘못하고 있는 셈이다. 우리의 건강과 행복에 가장 유익한 부분을 부정하기 때문이다.

의술은 매우 독특한 가치가 있는 인간의 자원이다. 몸이 아픈 사람은 누구든 의료 서비스를 받을 수 있는 권리는 품위 있는 삶에 매우 중요한 요소다. 그래서 1948년 세계인권선언에도 그 내용이 포함되어 있다. 세계인권선언 25조는 '모든 사람에게는 의식주와 의료와 필요한 사회복지를 포함해 자신과 가족의 건강과 복지에 적합한 생활수준을 요구할 권리가 있다'라고 선언한다.

영국에서는 의료 서비스를 사용 시점에 무상으로 제공한다. 이 말은 돈을 내지 않고도 의사를 만나거나 병원에 갈 수 있다는 뜻이다. 가난한 사람들도 예외가 아니다. 이런 돌봄을 제공할 것을 규정하는 법규 자체가 컴패션과 평등의 원리를 구체화한 것이다. 이제는 이런 인도적인 원리를 확장해, 사람들의 의료적 필요뿐 아니라 질병과 연관된 환경도 고려해야 한다. 보건 전문가들은 그 두 가지를 모두 다루는 최고의 적임자다.

프롬 모델은 그런 컴패션 넘치는 관심이 의료 서비스와 사회복지의 맥락에서 변화를 일으킬 수 있다는 점을 증명했다. 또 그런 요소들을 고려하는 방식으로 프롬 모델은 측정 가능한 성공을 거두었으며, 그 성공은 의료 서비스의 효과를 더 넓은 범위에 적용할 수 있도록 해서 국내외에서 모두 실행 가능한 접근법의 본보기가 된다.

　　물론 최고의 숙련된 의료 기술을 제공하는 것은 필수지만, 목표만 겨냥하다가는 의학적 처치를 전달하는 방식인 친절과 컴패션이 기술적 전문 지식만큼 중요하다는 핵심을 놓치기 쉽다. 이런 조사 결과를 무시하고 이에 근거해서 행동하지 않으면, 취약한 사람들을 위한 최선의 돌봄을 제공하지 못할 것이다.

더 넓은 영역에서 컴패션 실천하기

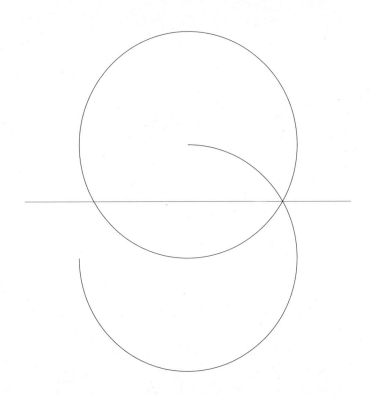

컴패션이 있는 도시는 불편한 곳이다. 집이 없고 굶주리는 사람이 있을 때 불편한 도시. 사랑받지 못하는 아이들, 성장하고 뻗어 나갈 기회를 충분히 얻지 못하는 아이들이 있을 때 불편한 도시. 내가 대접받길 원하는 대로 이웃을 대접하지 못할 때, 공동체인 우리는 영 불편하다.

* 캐런 암스트롱,

컴패션 헌장(Charter for Compassion) 운동 설립자 *

프롬이 거둔 성과에서 끌어낼 수 있는 가장 중요한 교훈은 컴패션을 효과적으로 적용하면 변화의 힘이 생긴다는 것이다. 프롬 지역사회는 손을 내밀어 서로 돕는 주민들을 통해 괄목할 만한 결과를 달성했다. 프롬 주민들과 헬스 커넥션즈 멘딥, 프롬 메디컬 프랙티스, 그리고 특정 정당에 휘둘리지 않는 독립적인 의회가 함께 노력한 결과였다. 과연 그렇다면, 프롬 지역의 헬스 케어 멘딥 프로젝트의 성공은 다음 같은 질문을 자연스럽게 이끌어 낸다. 시민사회의 다른 분야들은 어떤 방식으로 조직되고 운영되는가, 그리고 컴패션 커뮤니티의 근본 가치와 원리가 시민사회 다른 분야들로 더 넓게 퍼져서 비슷한 변화를 일으킬 수는 없을까.

가령 가족 같고 친구 같은 네트워크를 염두에 둔 컴패션 커뮤니티 프로그램을 더 넓고 다양하게 적용해 우리 이웃의 삶을 더 좋게 만들려고 한다면, 어떤 성과를 거둘 수 있을까? 컴패션 커뮤니티의 기초가 되는 가치를 실천한다면, 교육기관과 직장, 지방정부, 교회, 모스크, 사찰은 어떻게 달라질까? 지역에 관한 지식과 경험을 바탕으로 일으킨 변화의 물결이 정치인들에게 영향을 주고, 우리 생활에 관련된 결정을 내릴 때 실질적인 영향을 미치지 않을까? 긴축 경제와 사회의 퇴보가 불러온 절망적인 상황에 주저앉지 않고 컴패션의 근본 가치를 사회 곳곳에 적용한다면, 인류가 의존하는 자연환경에 좀 더 책임 있는 관심을 가짐으로써 아이들에게 더 좋은 미래를 선물할 방법을 생각해 낼 수 있지 않을까? 자연 질서를 무시한 행동이 불러온 끔찍한 결과가 점점 더 많이 목격되는 이 시대에, 그런 노력은 전 세계에 유익할 뿐 아니라, 미래의 생존에도 영향을 미칠 것이다.

비교적 작은 마을에서 의료 한 분야의 운영 방식을 바꾼 동네 프로젝트의 성공 사례를 두고, 앞에서 제기한 것처럼 다양한 분야에서 창의적인 행위를 요구하는 것은 어울리지 않는 큰 야심처럼 보일 수도 있다. 하지만 우리는 삶의 많은 영역에서 긴급한 변화가 필요하다고 느낀다. 그리고 그런 변화를 주도하고 이끄는 근본 가치인 컴패션은 모든 사람이 이용할 수 있는 자원이고, 조만간 우리 모두에게 필요할 자원이다.

여기서 두 가지 개념이 특히 중요하다. 첫째, 사람들이 서로 돕고 지지하는 것이 단지 공적 의무나 윤리적 책임 문제만이 아니라고 강조하는 것이다. 도움을 주고받는 일에는 기쁨이 있고, 이를 알면 함께 즐거워하며 축하할 일이 생긴다.

둘째, 컴패션 프롬 모델은 건강이라는 한 영역의 문제를 해결하려고 시작되었지만, 인생의 어려운 순간에는 다양한 형태의 문제와 고통이 있음을 알게 되었다. 그 같은 상황을 맞아 우리가 도덕적으로 불편한 순간에 처할 때, 컴패션에서 비롯된 적극적 돌봄은 의미 있는 영향을 줄 수 있다. 구체적인 방법을 더 자세히 살펴보기 위해 이 책의 나머지 부분에서는 컴패션 커뮤니티의 가치와 원리를 적용해 어떻게 더욱 인정 많고 생산적인 사회를 만들 수 있는지 검토하려 한다.

영국 통계청이 2017년에 내놓은 조사 결과는 불편한 진실을 드러냈다. 5~19세 아동 및 청소년 8명 중 1명이 심리적 어려움을 겪고 있으며, 17~19세 청소년으로 한정하면 그 비율이 16.7 퍼센트까지 상승했다. 이 걱정스러운 상황은 계속 악화되고 있다.

2018년 청소년 정신 건강 단체인 스템포(Stem4)는 영국 학제에서 정신적·정서적 어려움을 겪는 아동에 관련된 통계자료를 발표했다. 보고서에 따르면, 2017년에 조사에 응한 교사 300명 중 5분의 4(78퍼센트)가 심각한 정신 건강 문제를 겪는 학생을 봤다고 답했다. 보고된 사례는 주로 심한 불안감이었지만, 우울감, 식이 장애, 약물 의존증, 자해 등도 있었다. 증상이 심각해 교사가 주의 깊게 지켜보는 아동 중 14퍼센트가 자살하고 싶다고 고백하거나 잠재적 자살 행위의 징후를 보여 주었다. 교사들은 이런 아이들이 빨리 치료받아야 한다고 생각했지만, 조사에 참여한 전체 아동 중 겨우 절반만이 NHS 아동 청소년 정신 건강 서비스(CAMHS)에서 치료를 받았다.

초등학교 2학년 말에 SAT(Standard Assessment Tests) 시험을 준비하는 어린 학생들이 얼마나 불안해하는지 많은 부모가 잘 알고 있다. 그런 스트레스는 교육과정 내내 계속해서 학생들을 따라다닌다. (학생들의 시험 성적을 통해 간접적으로 능력이 측정되는) 교사들도 그런 불안이 미치는 위험을 똑같이 인식하고 있다.

임상 심리학자 니하라 크라우스 박사는 스템포 조사 결과에 대해 이렇게 논평했다. "학교는 학생들의 정신 건강 문제를 다루어야 하는 큰 도전에 맞닥뜨렸고, 교사들은 그 최전방에 서 있습니다. 교사들은 시험 걱정과 왕따, 가족 문제 같은 압박이 불러오는 끔찍한 영향을 직접 목격하고 있죠. 이런 문제들의 심각성이 생명까지 위협하는 경우도 있어서, 교사들은 진심으로 학생들을 돕고 싶어 합니다." 하지만 이런 스트레스 상황에 필요한 전문가의 도움을 학교 측에서 마련하기가 점점 더 어려워지고 있다.

힘들어하는 사람은 학생들만이 아니다. 전국 교원 노조(NEU)가 2019년에 발표한 조사에 따르면, 교사의 5분의 1(그중 다수가 초임이다)이 2년 내에 교직을 떠날 계획이라고 밝혔다. 교사와 교직원의 5분의 2도 5년 내에 그만두기를 원했다. 이들은 책무성 제도◇와 기타 업무의 압박이 '감당하기 힘든 상태'에 이르렀다고 주장했다. 조사에 응한 한 교사는 이렇게 불만을 토로했다. "제 일은 학생을 가르치는 것이 아니에요. 아이들의 학업 성취 데이터를 처리하기 위해 일주일에 60시간씩 일할 뿐이죠." 또 다른 교사들은 학급당 학생 수 증가, 평가 업무량 증가, 직원 부족 같은 스트레스가 일과 삶의 균형에 치명적인 영향을 미친다고 주장했다. 그러면서 "교육 종사자라는 직업이 가정생활에는 그다지 좋지 않다"라고 말했다.

전국 교원 노조의 총무 케빈 코트니는 경험 많은

―――――◇ accountability regime : 학교 교육이 어떤 상태이고, 어느 정도 효과를 보이고 있는지 납세자 등 관련자에게 투명하게 알리는 것과 관련된 과정을 의미한다. ―역주

교사들이 교실을 떠나는 현상을 막겠다는 교육부 장관의 계획에 이런 반응을 내놓았다. "성과 중심 체제가 주요 동인으로 자리 잡은 한, 학교는 계속 공포와 지나친 규제, 불신에 사로잡혀 있을 것이다. 유능한 교사를 교직에 계속 붙들어 두려면, 정부의 과감한 행동과 재고가 필요하다."

이런 스트레스 외에도 2019년에 교사 5000명을 대상으로 한 NASUWT 교직원 노조의 조사에 따르면, 교사 4명 중 1명은 매주 폭력을 경험한다. 10명 중 9명은 언어폭력에 시달렸고, 46퍼센트는 신체적 위협을 당했다. 물론 모든 학교가 그런 심각한 상태는 아니며, 이런 문제의 원인이 학부모의 부족한 양육 기술(재정적 빈곤으로 더 악화되는 경우가 많다)과 가정 파탄, 사회 전반의 건전한 윤리 기준 약화 등 학교 외부에 있기도 하다. 이 모든 요인의 결과로 경고등이 켜졌는데, 최근 흉기 범죄가 증가하고 있으며, 학교 중퇴 청소년들이 적잖이 이런 범죄를 저지르고 있다는 것이다.

이 모든 문제에서 컴패션 커뮤니티 문화는 의미 있는 효과를 이끌어 낼 것이다. 학교에 그런 방법을 도입하면 학생과 교사의 삶이 개선될 것이다.

누구라도 추측할 수 있듯, 교사가 되고 싶은 사람이라면 도덕심이 상당히 높고 타인의 복지에도 어느 정도 관심을 둔다. 그러나 그들의 일터인 학교의 구조가 실무자에게 권한을 위임하는 쪽에서 점점 멀어지고, 교육제도에 대한 그들의 기대감도 점점 옅어졌다. 오늘날 교육제도가 산업 현장에서 흔히 통용되는 타기팅, 표준화, 생산성 같은 비인격적인 방식에 지나치게 끌려다닌다고 생각

하기 때문이다. 젊은 교사들에게 학교는 억압하는 조직이
되어 버렸고, 한때 지성과 열정과 창의성에 관한 역할 모
델이 되어 학생들 앞에 서려고 했던 그들이 이제는 학교를
탈출하고 있다. 그들은 교무실에서 쉽게 발견할 수 있는
냉소주의와 환멸에 찌들어 탈진하는 미래 대신에 떠나는
편을 택했다.

하지만 대안이 없는 것은 아니다. 뛰어난 교육
사상가 켄 로빈슨 경은 연령 같은 표준화 요인보다 각 학
생의 개별성에 우선순위를 두는 교육제도를 도입할 것을
오랫동안 주장했다. 그가 옹호하는 교육학은 아동의 학습
열정을 강화하고, 그들의 개인적 창의성과 협력의 즐거움
을 동시에 탐색하며, 호기심과 질문하는 능력을 격려해 경
이로움을 자극할 방법을 찾는 것이다. 이렇게 아이들을 자
유롭게 만드는 학습법을 일반 학교에 적용하는 것이 비현
실적으로 들리는가? 그렇다면 그가 예로 드는 핀란드 교
육제도에서 달성한 내용을 살펴보자. 핀란드는 유럽에서
최고의 결과를 내는 나라다.

핀란드 국가교육위원회는 자국 학교의 비전이
무엇인지 서술하면서, 시험보다는 배움에 초점을 둔다고
밝힌다. 그래서 기초 교육과정에는 국가에서 시행하는 평
가 시험이 없다. 핀란드 사람들은 교직을 사회적 지위가 높
은 직업으로 간주하고, 교사들은 자신의 커리큘럼을 직접
설계할 재량권을 보장받으며 설정한 교육 목표에 근거해
성과를 평가할 책임까지 맡는다. 이렇게 자유로운 교육제
도는 수학, 과학, 읽기를 비롯한 폭넓고 다양한 학습 분야
전반에서 국제적으로 공인된 높은 수준의 결과를 낳는다.

켄 로빈슨은 '교육이라는 죽음의 계곡을 탈출하는 법'이라는 제목의 재치 있는 테드 강연에서, 핀란드를 방문한 미국인 교사들 이야기를 들려준다. 미국에서는 고등학생의 60퍼센트가 중도에 학업을 포기하는데, 이는 막대한 경제적 손해가 아닐 수 없다. 핀란드 교사들은 자퇴 문제에 어떻게 대처하느냐는 질문을 받고는 어리벙벙한 표정을 지었다. 그런 경험이 아예 없었기 때문이다.

이런 교사들이라면 왕따 문제도 별로 겪어 보지 못했을 것이다. 핀란드 청소년들은 영국보다 훨씬 행복한 학교 문화에서 성장하고 있는 게 틀림없다. 영국은 경제적 목적을 위해 위에서 아래를 관리하는 정치 전략을 구사해 왔으며, 교육제도 또한 그에 근거해 국가가 관리하는 비인격적 교육과정을 발전시켰다. 이런 획일적 문화는 수많은 시험과 감찰로 잘 드러나는데, 다양한 요소를 특정 요소로 환원해 평가하고 경쟁을 부추기기 때문에 교사와 학생 모두 거기에 지배당하게 된다.

켄 로빈슨의 지적처럼 그런 제도는 인간의 타고난 다양성과 호기심, 창의성과 조화를 이루지 못할 뿐 아니라 억압할 가능성이 크며, 따라서 지금처럼 교육 현장을 괴롭히는 문제를 만들 수밖에 없다. 그런 지식 전달 체계와 평가는 알베르트 아인슈타인이 다음과 같이 주장하면서 언급한 컴패션 가득한 상상력의 정신에 근본적으로 배치된다. "상상력은 지식보다 더 중요하다. 상상력은 진보를 자극하고 진화하면서 전 세계를 포용하는 데 비해, 지식은 제한적이기 때문이다."

교육제도에 의미 있는 변화가 시급하다는 인식

을 고려할 때, 컴패션 커뮤니티 문화를 학교와 대학에 도입하면 핀란드와 비슷한 모델을 만들 수 있다는 사례가 필요하다. 그런 변화를 이끌어 내기 위해서는 교육계에 만연한 전제와 기대를 좀 더 인간 중심적인 방법으로 대체해야 한다. 그리고 그런 방법이 교육 당국과 교직원의 협력을 끌어내려면 상향과 하향, 두 방향의 움직임이 모두 필요하다.

의사소통 과정을 개선하고 교사들만이 경험에 기초해 제공할 수 있는 물증을 더 많이 인정해 준다면, 더 큰 확신과 신뢰를 얻을 수 있을 것이다. 그러고 나서 필요한 나머지 변화는 거기서부터 자연스럽게 흘러나와 교사와 학생의 의욕을 북돋아 줄 것이다. 교사들은 더 많은 지원을 받아 자기 존중감을 강화하고, 업무 부담을 완화할 수단을 마련할 수 있을 것이다. 그런 우호적인 환경에서는 전반적인 학교 문화가 바뀔 것이며, 그 과정에서 학교에서 일하고 공부하는 모든 이가 더 행복하고 안전하며 만족스러워 하는 환경이 조성될 것이다. 더불어 학업 성적도 좋아질 것이다. 하지만 여기서 끝이 아니다.

학교에서는 다른 일도 많이 하지만, 무엇보다 학생들이 도덕적 성품과 가치관, 기대감을—좋은 쪽이든 나쁜 쪽이든—형성하도록 돕는다. 그럼으로써 사회의 미래에 영향을 준다. 컴패션 문화를 도입하면, 정말 효과가 있다면 학교생활의 전 분야, 곧 교실에서, 운동장에서, 교무실에서, 학교 식당에서, 학부모 면담에서 벌어지는 상황이 크게 개선될 것이다. 컴패션 문화는 만족스러운 삶을 이루는 아주 의미 있는 요소로 가족과 친구와 다른 사람들의 도움을 꼽는 데서 출발한다. 이는 어른과 아이 모두에게 해당한다. 그런 이유로 컴패션 문화의 주요 목표는 학생들이 또래 관계의 질을 높이며, 그들 나름대로 컴패션 넘치는 관계를 만들도록 돕는 것이다. 그들의 현재와 미래에 모두 좋은 영향을 미치는 방식으로 말이다.

그런 교육 방식을 어떻게 성공적으로 실행할 수 있는지 보여 주는 최근의 예로는 북아일랜드 푸시킨 트러스트(Pushkin Trust)의 성과를 들 수 있다. 애버콘 공작 부인 새처는 그 지역 공동체들이 완전히 갈라져 가장 심하게 폭력을 행사할 때 푸시킨 트러스트를 설립했다. 이런 폭력적 분위기가 아이들의 정신 건강에 미치는 영향을 크게 염려한 새처는 개신교와 가톨릭 학교 학생들을 함께 모아서 가르치는 교육안을 마련했다. 교육안에는 학생들이 자신의 감정을 표현하고 상상력을 자극받을 수 있도록 글쓰기를 비롯한 예술 활동과 자연 체험을 포함시켰다.

린지 클라크도 푸시킨 트러스트에 멘토로 초대받은 작가 중 한 사람이었다. 300년간 피로 물든 얼스터 거리를 보아 온 사람과는 다른 이야기, 그보다 더 나은 이야기를 아이들이 할 수 있도록 격려하는 교육과정에서 그는 큰 감명을 받았고, 20년 가까이 푸시킨 트러스트의 자문 위원으로 일했다. 이 시기에 그는 양쪽 공동체의 아이들이 함께 공부하고 놀면서 서로 신뢰하는 법을 배우는 것을 봤다. 또 교사와 교사 훈련가, 공무원이 얼스터와 아일랜드에서 열정을 가지고 이 프로그램을 발전시키고 확장하는 모습도 지켜봤다.

아이들이 이룬 성과는 학부모와 그들이 사는 지역사회에 연쇄효과를 불러왔고, 북아일랜드에 평화 분위기를 조성하는 데 크게 기여했다.

그 점에 대해 린지는 이렇게 말했다.

> 새처가 푸시킨 트러스트를 설립하기로 결정한
> 배후에는 컴패션이 있습니다. 그는 북아일랜드
> 분쟁으로 고통받는 아이들을 보면서 컴패션을
> 느꼈습니다. 이 막막한 시대에 더 나은 미래를
> 위한 희망이 있다면, 그것은 바로 아이들이라고
> 믿었죠. 아이들이 자신의 목소리를 찾고 더 만
> 족스러운 삶의 비전에 마음을 열도록 격려함으
> 로써 이 아이들의 세상이 변화할 여지가 생겼습
> 니다.

후원자 중 한 사람인 노벨 문학상 수상자 셰이머
스 히니는 푸시킨 트러스트가 하는 일을 언급하면서, 트러
스트가 다음과 같은 메시지를 전달한다고 말했다. "창조
하는 기쁨과 하나된 마음을 찬양하는 메시지, 잠재력을 신
뢰하고 진부함을 참지 못하는 것을 찬양하는 메시지, 모든
사람에게 더 열심히 자기 본연의 모습을 찾으라는 요청."
트러스트의 행사에 참가한 어느 학생의 말은 이런 평가를
다시 한번 확인하게 해 주었다. "모든 프로그램이 너무너
무 좋았어요. 내가 생각했던 것보다 더 많은 걸 할 수 있다
는 걸 알게 되었죠. 지금까지 살면서 가장 멋진 5일이었어
요." 절망적인 비극보다는 이런 기쁨이 아이들의 인생 교
육에서 중심이 되어야 하지 않을까?

가장 기초적인 차원에서는 많은 교사가 이미 컴

패션의 가치를 가르치고, 교실에서 실천하고 있다. 그런 노력이 불운한 환경에서도 두드러진 효과를 낼 수 있다는 사실을 보여 주는 인상적인 예를 들어 보자. 줄리안 아벨의 아들 비윅 아벨 톰슨은 자신이 근무하는 초등학교에서 컴패션 교육과정을 훌륭하게 발전시켰다.

프롬 지역 특수학교에서 장애 아동을 가르치던 비윅은 프롬과는 완전히 다른 브리스틀의 도심으로 전근을 가게 되었다. 거기서 그는 학교에서 가장 악명 높은 학급의 담임을 맡았다. 그는 당시 상황을 묘사하면서, 이 아이들에게 컴패션 커뮤니티 프로그램이 도움을 줄 것이라 생각한 이유를 이렇게 설명했다.

> 이 학교는 영국에서 가장 가난한 지역에 있습니다. 학생들의 출신 민족도, 종교도 제각각입니다. 제가 가르치는 아이들의 부모 중 영국 출신은 아무도 없습니다. 학부모들은 영어 실력이 부족했고, 아이들도 대화하는 법을 잘 몰랐습니다. 제게는 이런 상황이 아이들이 대화법을 연습하고 다른 사람을 더 잘 이해할 기회처럼 보였습니다. 교실에서 정말 쓸모가 많은 기술이죠. 오랜 기간 지속되는 기술이라는 점에서 그들의 미래에 중요하겠다는 느낌이 들었습니다. 아이들은 자신이 금 가고 깨지는 것을 느껴도 그 감정을 어떻게 받아들여야 할지 몰랐고, 다른 여러 감정에 관해서도 꺼내 놓고 이야기 나누는 방법을 모르는 듯했습니다.

이런 것들은 인간에게 필요한 아주 기본 능력이기 때문에 비윅은 자신의 프로그램에서 아이들의 감정 파악 능력(emotional literacy)에 초점을 맞추기로 했다. "아이들은 자신이 느끼는 감정을 어떤 단어로 표현해야 할지 몰랐어요. 자기들 안에서 끓어오르는 무언가에 몸으로 반응할 뿐이었죠. 컴패션 교육은 이런 아이들에게 언어를 선물해서 자신을 더 잘 알게 하고, 타인에게 제대로 반응하는 법도 알려 줄 수 있습니다."

비윅은 아이들이 자신을 더 잘 알 수 있도록 감정에 이름을 붙이고 그 감정을 또렷이 표현하려면 어떤 단어가 필요한지 골라내게 했다. 그렇게 하자 아이들은 자연스럽게 다른 누군가가 특정한 상황에서 느끼는 감정에도 더 깊이 공감하게 되었다. 그는 몸의 느낌을 어떻게 분간해야 하는지 도와주었는데, 가령 심장이 뛰고 얼굴이 빨개지는 것을 통해 분노라는 감정을 이해하고 분간할 수 있다는 식이었다. 이를 이해한 아이들은 다른 사람들이 어떻게 그런 감정을 느끼는지도 알 수 있게 된다.

아이들이 둘러앉은 탁자마다 이야기 막대기를 놓고 그 막대기를 든 아이에게 발언권을 주었다. 그런 다음 아이들은 어떤 감정이 교실을 더 유쾌하게 만들지 토론을 이어 갔다. 이런 활동을 통해 어떤 감정이 긍정적인 효과를 낳고 어떤 감정이 그것을 방해하는 효과를 낳는지 알 수 있었다. 비윅은 이렇게 설명했다.

토론한 결과, 아이들은 매일 아침 서로 기분을 물어보면 좋겠다고 결정했습니다. 그래서 아이들끼리 세 가지 질문을 만들었습니다.

"지금 기분이 어때?", "아침에 무슨 일이 있었니?", "네가 좋아하는 게 뭔지 말해 줄래?"

아이들이 안부를 묻고 서로 보살피는 법을 배우면서 이런 의식은 아이들에게 매일 아침 대화거리를 제공했습니다.

교실 분위기는 서서히 차분해졌다. 전에는 학급 활동을 방해하던 아이들이 조금씩 안정을 찾았다. 1년 전만 해도 교실 분위기를 망치던 주범이자 등교를 거부하던 한 아이는 변화된 환경에 180도 뒤바뀐 긍정적인 반응을 보였다. 이 학생의 어머니는 비윅에게 아들이 완전히 다른 사람이 된 것 같다고 말했다. 이제는 체험 학습에도 빠지지 않고 여동생에게도 친절하고 다정하게 대한다고 했다. 다른 아이가 운동장에서 괴롭히면, 이제는 무시한다고 했다. 전에는 그럴 때 종종 폭력을 휘둘러 어른들이 다칠 때도 있었다고 한다.

다른 교사들은 이런 결과를 접하고 깜짝 놀랐다. 당연한 일이지만, 훨씬 더 안전하고 평화로운 교실에서 아이들의 집중력과 학업 성적이 눈에 띄게 좋아졌다. 비윅은 여기에 대해 이렇게 말했다. "6개월 만에 아이들의 독해력이 크게 향상됐어요. 독해력은 주변을 인식하고 공감하는 것과 가장 밀접한 능력입니다. 이제 아이들은 주변에서 벌어지는 일이 정서적으로 어떤 분위기인지 이해할 수 있어요. 모든 영역에서 아이들의 이해력이 향상되었습니다."

학생들의 발전은 교실 밖으로 확장되었다. 교실

에서 정서적 자기 인식 기술을 습득한 아이들은 운동장과 더 넓은 사회로 나갈 수 있는 이상적인 상태가 되었다. "아이들이 변화의 주체가 되었어요. 그다음 단계는 아이들에게 갈등을 해소하는 방법을 소개하고 실천하도록 하는 것이었습니다. 이런 훈련을 받은 아이들은 운동장 지킴이가 될 수 있습니다. 갈등이 생겼을 때 다른 아이들이 이 아이들을 찾아와 도움을 요청하는 거죠."

비윅은 아이들의 반응에 큰 보람을 느꼈다.

저는 이 아이들이 만들어 갈 세상이 무척 기대됩니다. 아이들이 나누는 대화 가운데는 제가 어느 초등학교에서 경험한 것보다 깊은 자기 인식이 담겨 있습니다. 더 많이 깨닫고 더 많이 받아들입니다. 제가 이 아이들에게서 발견한 모습은 언론에서 보도하는 것과는 거리가 멉니다.

비윅이 영국에서 가장 열악한 지역의 아이들, 출신 배경도 다양하고 불리한 처지에 있는 아이들과 함께하며 그린 그림은 의미심장하다. 그는 컴패션 넘치는 학교가 어떻게 학생들의 학업 성취를 돕는지, 그러면서 동시에 어떻게 성숙한 인간관계를 맺는 능력을 키워 줄 수 있는지 확인해 주었다. 앞에서 인용한 통계가 보여 준 음울한 그림과는 굉장히 대조적이다.

켄 로빈슨은 앞에서 언급한 테드 강연에서, 풀한 포기 찾아보기 힘든 척박한 땅 캘리포니아 데스 밸리가 어쩌다 내리는 폭우로 순식간에 바뀌는 모습을 묘사한다. 알록달록한 식물들이 갑작스레 모습을 드러낸다는 것은 그곳이 잠시 활동을 멈췄을 뿐 죽지 않았다는 산 증거였다. 이는 죽은 것처럼 보이는 교육제도를 살려 내려면 어떻게 해야 하는지 비유한 말이었다. 다른 많은 교사처럼 비윅은 자신이 맡은 다 죽어 가는 교실에 물을 주기 위해 컴패션 있는 상상력을 품었다. 그리고 드디어 꽃을 피웠다. 불우한 아이들을 데리고 끈질기게 애쓰며, 아이들이 스스로를 인식하고 타인에게 반응하며 서로 돕는 사람, 갈등이 생겼을 때 푸는 방법을 아는 사람이 되도록 도왔다. 이제는 교실은 차분해졌고, 스트레스 넘치는 상황도 확연히 줄어들었다. 그러자 아이들도 교실을 창의적 환경으로 발전시켜 나갔고, 그런 교실에서 개인적으로 더 집중해 노력하면서 학업 성취도 놀랍게 개선되었다. 학교생활이 더는 무섭지 않고 즐거워졌으니 출석률도 좋아졌다.

더 많은 학생이 이토록 섬세하게 삶을 확장시키는 기회를 얻는다면, 그래서 감정 파악 능력이 선물하는 이점을 발견하고 더 깊이 탐구한다면, 그들은 지금 이어받아 살고 있는 세상을 벗어나 훨씬 더 유쾌하고 더 나은 세상으로 나아가는 선구자가 될 것이다. 그리고 초등학교 학생들에게 해당하는 사실은 고등교육 과정을 밟는 학생들에게도 똑같이 해당한다.

대학생들 사이에서 정신적 스트레스와 성폭력이 증가하는 현상은 큰 우려를 낳고 있다. 따라서 대학에도 이와 비슷한 창의적인 작업이 절실하다. 그런 점에서 인문학의 존엄성과 중요성을 회복해 연구의 필수 영역으로 삼으면, 대학 문화가 인간을 더 고려하고 컴패션이 넘치는 쪽으로 발전하는 데 큰 도움이 될 것이다. 수익성 좋은 과학·기술 분야를 선호하고 인문 분야를 등한시하면서, 최근 몇십 년 사이 대학의 명성은 땅에 떨어졌다.

🌿 기업과 단체 🌿

컴패션은 인간의 모든 생활 영역에서 나름의 역할을 하는데, 직장에서는 더더욱 그렇다. 경제적 관점에서 직원을 잘 돌보는 회사가 그렇지 못한 회사와 비교해 높은 실적을 거둔다는 것은 당연한 사실이다. 하지만 단순히 경제적인 면으로만 접근할 사항은 아니다. 컴패션 있는 회사는 직원들의 사기가 높고, 분노와 스트레스 수준이 낮으며, 아파서 결근하는 비율도 확연히 낮다. 새로운 직원이 잘 들어오고 기존 직원들은 오랫동안 근속하는데, 이는 회사에 대한 직원들의 충성도가 높다는 증거다.

직원을 존중하고 세심하게 배려하는 조직에서 일하는 사람들이 그런 대우에 감사하고 일에 대한 만족도가 높으며 더 큰 열정을 가지는 것은 당연하다. 이는 높은 생산성으로 이어진다. 게다가 직원들은 호의적인 경영진과 친절한 동료들의 지원을 받을 수 있다는 사실을 알기에 몸이 아프거나 가족을 돌봐야 하는 어려운 시기를 잘 넘길 수 있다.

줄리안 아벨은 사내 환경이 달랐던 두 직원의 전혀 다른 예를 들려주었다. 그가 어떤 호스피스에 컴패션 커뮤니티 접근법을 소개하는 자리였다.

나와 함께 일했던 직원이 작년에 돌아가신 아버지를 돌본 이야기를 꺼냈습니다. 그녀는 이 호스피스에서 전폭적인 지원을 받았다고 했습니다. 직장 동료들이 차를 태워 주고, 아버지를 병원에 데려다 드려야 하는 날에는 대신 근무해 주고, 케이크를 가져다주는 등 굉장히 신경 써 주었다고 합니다. 이들의 친절과 돌봄, 관심은 부녀에게 굉장히 큰 힘이 되었고, 아버지가 돌아가신 후에도 이는 계속되었습니다.

얼마 후, 이 직원은 호스피스를 방문한 어느 사회복지사에게 자신의 경험을 이야기할 기회가 있었다. 이 사회복지사는 자신의 아버지도 작년에 돌아가셨다고 했다. 그러나 그녀는 직속 상사에게서 "장례 휴가는 반나절입니다"라는 말을 들어야 했다. 상사는 두 번 다시 이 이야기를 입에 올리지 않았다.

컴패션 있는 직장에는 세 가지 기본 요소가 필요하다. 확실히 정립된 회사 정책, 경청하는 자세, 실제적인 도움이다. 각 요소를 차례로 살펴보자.

컴패션 있는 정책 개발하기

어느 조직이든 컴패션 커뮤니티 프로그램을 도입하기 위해서는 두 방향에서 노력이 필요하다. 아래에서 위로 작용하는 직원들의 적극적인 협조와 초기의 동기부여도 필요하지만, 위에서 아래로 작용하는 경영진의 적극적인 자원

투입과 지원도 필요하다.

　　많은 회사가 힘든 시기를 보내는 직원을 돕기 위한 지원 정책을 마련해 두었을 것이다. 하지만 어떻게 하면 최선의 지원을 할 수 있을지 고민하면서 관련 정책을 개선할 여지는 많다. 어떤 부분을 개선할지 고려할 때는, 어려운 시기를 맞은 직원의 상황이 어떨지 그 사람 입장에서 생각해 봐야 하며, 그럴 때 컴패션 커뮤니티를 만들기 위한 논의가 대개는 좋은 결과로 이어진다. 모든 사람이, 최고 경영자나 고위 간부도 예외 없이 언젠가는 중병을 앓는 가족을 돌보거나 가족과 사별하는 경험을 하게 된다. 그런 경험을 하면서 겪는 스트레스를 공유하고 힘든 시기에 필요한 도움이 무엇인지 같이 고민하면, 경영진이 컴패션 넘치는 조직으로 바뀌는 데서 생기는 유익이 단순히 재정적 이익만이 아님을 알고 그 진가를 인정하는 데 도움이 된다.

　　컴패션 문화를 적극적으로 지원하는 기업 정책이 있으면, 직원들이 개인적 어려움을 토로할 때 중간 관리자는 확신이 없어도 일단 그들을 믿어 줄 수 있다. 그러한 상황은 불공평한 처우와 회사 규율의 엄격한 해석을 낳을 수도 있기에 컴패션 정책은 세심한 지원을 요구하는 문제에 지침을 제공할 것이다. 여기에는 이혼이나 중환자 간병 등 집안 문제에 대한 동정 어린 반응도 포함된다. 이런 정책은 장례식을 치르기 위해 휴가가 필요하며, 이런 시기에는 업무 성취도가 조금 떨어질 수 있다는 점도 인정해 줄 것이다.

　　집에 무슨 일이 있는지 늘 걱정하고, 가족을 병

원에 데려다주어야 해서 직장에 늦었다는 이유로 해고당할까 봐 두려워하는 직원이 있다면, 걱정 때문에 일의 능률이 떨어질 수도 있다. 그런 상황이라면 컴패션 있는 정책을 적용해 업무 평가를 뒤로 미룰 수 있다. 일선 관리자는 어려움을 겪는 직원을 지원하는 최선의 방법이 무엇인지 평가하고, 그 직원이 다른 책임을 감당하기 위해 얼마나 오랫동안 손에서 일을 놓아야 하는지도 결정해야 하는데, 컴패션 있는 정책은 관리자가 재량껏 그 일을 할 수 있도록 허용한다.

물론 할 수 있는 일에는 한계가 있고 형평성을 고려해 적용해야겠지만, 세심하고도 적절한 응대는 컴패션 넘치는 직장 문화의 필수 요소이며, 짧은 기간의 훈련으로도 강화할 수 있는 능력이다.

직장에서 경청하기

어려운 시기에 도움을 구하는 사람들은 대개 어떤 친구가 동정심이 많은지 잘 파악하고 있다. 그들이 찾는 사람들은 경청하는 능력을 타고난 경우가 많다. 그런 사람들은 함부로 판단하지 않고, 반드시 해결책을 제시해야 한다는 부담도 느끼지 않는다. 많은 경우, 요령 있게 들어주는 것으로 충분하다. 모든 사람이 조언을 원하거나 문제 해결법을 듣고 싶어 하지는 않기 때문이다. 오히려 그런 제안은 방해가 될 수도 있다. 일반적으로 잘 들어주는 역할을 하는 사람들은 기업 노동력의 5퍼센트 이하면 충분하다. 직원이 100명인 사무실이라면, 비공식적으로 듣는 역할을 해 줄 사람 서너 명이면 충분하다. 이런 사람들에게 의사소통에 관한 단기 훈련을 제공하면, 이미 잘하고 있는 일을 더 효과적으로 해내리라는 자신감을 심어 줄 수 있다. 자신의 문제를 허심탄회하게 털어놓을 사람이 있다는 것만으로도 많은 사람은 큰 위안을 느낀다.

훈련받은 경청자는 유달리 피곤해 보이거나 스트레스가 많은 듯한 사람들에게 안부를 묻는 것으로 먼저 도움의 손길을 내밀 수도 있다. 집에서 누군가를 돌보는 사람에게 조용히 공감을 표하는 것도 격려가 될 것이다. 이런 자발적이고 작은 친절이 다정한 지지가 필요한 누군가에게는 큰 영향을 줄 수 있다.

이렇게 경청하는 사람들을 선정해 직장 내에서 훈련한다면, 이들이 한 달에 한 번 정도 주기적으로 만나 자신들이 알게 된 주변 사람들의 문제를 논의한다면 큰 도움이 될 것이다. 이 모임에서는 사람들이 상담하러 왔을 때 어떤 방법이 효과를 발휘했는지 공유할 수 있다. 이렇게 기술과 경험을 축적하면 서로 도움을 주고받을 수 있다.

직장에서 실제적인 도움 주기

직원들이 보유한 기술이나 자원은 업무에 필요한 것 말고도 많은데, 그 목록을 만들어 놓으면 누군가가 필요할 때 열람하고 도움을 요청할 수 있다. 그러면 서로 도움이 필요할 때 더 빨리 도울 좋은 방법이 생기게 된다. 이와 함께, 앞서 언급한 경청자들이 도움이 필요한 일을 들었을 때 게시할 수도 있다. 누군가 자리를 비우는 동안 대신 해야 하는 업무 목록이나 배우자와 사별해서 도움이 필요한 집안일 내역까지 포함하는데, 예를 들어 학교에서 자녀를 데려오거나 잔디를 깎아 주는 일 등이다. 이는 컴패션 네트워크 형성을 다룬 장에서 논의한 방법과 비슷한 효과를 낸다.

　　대놓고 도와주겠다고 하는 것도 그리 편한 일은 아니다. 그런가 하면, 이유야 어찌 됐든 도와 달라는 요청에 응하지 못할 때도 어색한 상황이 되고 만다. 그렇지만 이런 목록을 만들어 놓으면, 가능하다고 느끼는 사람이 알아서 도움을 줄 수 있다. 직장 전체에서 이런 친절이 하나둘 모이면 큰 차이를 만들 수 있다.

　　이미 커뮤니티 커넥터 훈련 프로그램이 있는 지역사회에 자리 잡은 회사라면, 지역 서비스 안내 목록을 사용해 적절한 지역 자원과 연계하는 방법을 아는 직원도 있을 것이다. 일반적으로 사람들은 타고난 컴패션에서 우러나온 마음으로 서로 도우려 한다. 서비스 안내 목록이라는 구체적인 정보가 있으면 더 쉽게 도울 수 있다. 간단한 사내 훈련 프로그램을 통해 전 직원이 커뮤니티 커넥터가 되지 말란 법도 없다. 당장 이용할 수 있는 유용한 정보가 있으면, 요즘 힘들다고 말하는 친구나 동료에게 적극적으로 제안하기가 훨씬 쉬워진다.

🌿 지방정부 🌿

이번에도 프롬 마을은 기존 관행에 대안이 될 수 있는, 실행 가능한 모델을 제공한다.

이 마을은 때로는 격렬한 정치 반란과 격한 논쟁, 관행을 거부하는 사고를 보여 준 오랜 역사를 자랑한다. (존 웨슬리는 프롬에 감리교를 전파했으면서도, 이곳을 '싸우기 좋아하는 프롬'이라 불렀고, 낭패를 본 어느 성공회 신부는 이곳을 '분열의 북새통'이라고 했다.) 기성 정치와 정치인에 대한 환멸이 깊어지던 2011년, 독립적인 성향의 프롬 사람들 눈에는 당파에 근거해 움직이고 활력도 떨어지는 시의회 구조가 못마땅했고, 그래서 변화의 때가 지나도 한참 지났다고 판단했다.

그들은 지방정부의 관습을 깨려는 시도를 염두에 두었다. 지방정부의 행태가 더는 목적에 맞지 않았기에, 민의를 더 포괄적으로 반영하는 민주적 과정으로 대체하기를 원했다. 그 과정은 지역의 필요와 경험에 관심을 두고 풀뿌리에서부터 자라날 것이며, 인간 본성이 대립보다는 협력을 지향한다는 신념에 근거했다. 또 지역사회의 힘과 지혜를 신뢰할 때 민주주의가 크게 번성한다는 사실을 보여 주려 했다.

'프롬을 위한 무소속'을 시작한 피터 맥파디엔은 자신의 책 <조립식 민주주의(Flatpack Democracy: A Guide to Creating Independent Politics)>에서 이렇게 썼다.

> '프롬을 위한 무소속'을 만든 사람들은 자신의 지역사회를 소중히 여기고, 프롬 지역에 유익을 주려는 목적에만 오롯이 집중하길 원했다. 우리는 '일하는 방식(way of working)'을 새로 만들었다. 이는 정당을 구성하는 또 다른 방식이 아니라,

지역의 의사 결정을 21세기에 맞게 시행해 보고 개발하기 위해서였다. '프롬을 위한 무소속'과 함께 우리는 다음과 같이 주장한다. '예'가 '아니요'보다 더 나은 대답이다. 실수할 가능성도 권장해야 한다. 다양성과 다른 견해는 긍정적인 것이다. 지역사회 리더십이란 대담하고 지역적인 결정을 내리는 것이다.

2012년, '프롬을 위한 무소속' 후보로 나선 개인들이 시의회 선거에서 과반 의석을 차지했다. 이렇게 해서 의회에서 특정 당이 전반적인 통제권을 가지지 않게 되었다.

그들은 자신의 창의적 에너지와 자원을 효율적으로 활용해 활기찬 컴패션 커뮤니티 문화를 만들고 지원하도록 했다. 그 과정에서 지역민에게 힘을 실어 주며 새로운 지역 의식을 불러일으켰고, 다양한 방식으로 주민들의 삶을 개선했다.

2013년 와이트섬에서 무소속 의회가 선출되었을 때 한 평론가는 이렇게 예측했다. "몇 주만 있으면 무소속 집단은 부대 자루 안의 쥐 떼처럼 싸울 것이다. 이 집단을 화합시키는 책임을 맡은 사람은 얼마 못 가 신경쇠약에 걸리고 말 것이다." 프롬에서는 이런 예측이 빗나갔다. 무소속 의원들은 주민들의 삶에 이바지한 부분을 인정받아 열광적인 지지를 받았고, 2019년 선거에서는 무소속 후보자들이 의석을 전부 차지했다. 이들은 지역사회가 당면한 과제에 대해 다양한 관점과 의견을 내놓았다.

프롬을 위한 무소속 의회가 성공한 결정적 이유는 바로 '일하는 방식'이다. 피터 맥파디엔은 프롬의 복지라는 종합적 목적을 달성하기 위해 마련한 8개 지침을 통해 이를 설명한다. 덴마크 과학자이자 시인 피트 헤인의 '체면을 잃는 고귀한 기술이 언젠가는 인류를 살릴지도 모른다'라는 문구로 시작하는 이 목록은 다음과 같다.

- 결론을 도출하는 합리적인 토론에 참여하려는 의지와 능력이 있다.
- 건설적인 토론과 개인적인 공격의 차이를 이해한다.
- 자신을 특정한 입장과 지나치게 동일시해 건설적인 논의를 배제하지 않는다.
- 타인의 주장을 듣고 마음을 바꾸고 실수를 인정할 준비가 되어 있다.
- 타인의 관점에 귀 기울이지 못하게 만드는 숨은 신념이나 이념이 없다.
- 다른 사람의 전문성과 지식을 신뢰하고 확신하며 낙관적으로 생각한다.
- 우리가 만든 의사 결정 과정을 믿고, 다수의 결정을 가장 중요하게 받아들인다.
- '얻는 것이 있으면, 잃는 것도 있다'는 사실을 인정한다. 대개는 개인적인 감정이 개입되지 않기 때문에 마음 상할 필요도 없다.

시의회는 자신들이 '일하는 방식'이 마틴 벨이 만

든 '벨의 무소속 정치 원리(Bell Principles of Independent Politics)'와 대체로 맞아떨어진다는 것을 알고 기뻐했다. 마틴 벨은 반부패 진영의 후보로 나서 무소속 하원 의원으로 당선되었다. 이 문서는 영국의 중앙 정치인을 위한 안내서였지만 성실성, 책임성, 투명성, 정직, 다원주의에 대한 윤리적 헌신 같은 원리는 '지역사회에 끊임없이 귀를 기울이며 구태의연하지 않게만 조언한다면' 지방정부에도 똑같이 적용할 수 있다.

그러나 이 원리가 요구하는 것은 무척 엄격하며, 토론과 협상과 의사 결정 과정은 복잡하고 힘들다. 당에서 강제하는 규율이 없고, 대중의 참여와 협의를 더 많이 끌어내 지역사회에서 뭔가를 결정하려고 애쓰는 경우에는 특히 더 그렇다. 그 때문에 프롬의 무소속 의원들은 이런 원리를 잘 실천하는지 점검하기 위해 그룹 활동에 일가견이 있는 중립적인 조정자의 도움이 반드시 필요하다는 사실을 깨달았다.

21년간 프롬에 거주하면서 4년간 시의원으로 일한 실라 고어는 '독자적으로 함께' 생각하는 의회의 방식을 곱씹으면서 이렇게 말했다. "함께 일하는 방식은 정말 중요합니다. 이기려고 하는 게 아니에요. 우리가 하는 일은 합의된 결정에 도달하는 것입니다. 필요하다면 욕심에서 한 걸음 물러나 개인이 아니라 전체에 효과가 있는 공동의 제안을 수용해야 합니다."

최근까지 실라는 프롬에서 인기 높은 유기농 식품점을 운영했다. 거기서 손님들이 올 때마다 이야기하는 여러 문제에 귀를 기울였다. 특히 그녀는 프롬 중심가에

대형 슈퍼마켓이 들어오지 못하도록 규제하는 운동을 시
작해 결국 성공했다. 프롬은 소상공인이 운영하는 작은 가
게들로 유명한 곳이었다. 다음은 이에 대한 그녀의 설명
이다.

> 소규모 쇼핑은 사회적 행동입니다. 유기농 식품
> 점은 차가 들어올 수 없는 작은 길가에 있어 아
> 이들을 밖에 두어도 괜찮습니다. 길거리 전체가
> 걸어서 돌아보기에 딱 좋습니다. 저는 이런 마을
> 의 고유성을 잃지 않으려면, 슈퍼마켓이 중심가
> 에 들어오지 못하게 하는 것이 중요하다고 생각
> 했습니다. 제가 보기에는 시의회가 프롬 사람들
> 의 이야기를 제대로 듣지 않는 것 같았습니다.

시의원에 당선된 실라는 의회가 무관심하다는
생각이 자신의 오해였음을 깨닫고는 의회 업무에 열중했
다. 그러다 나중에는 마을에서 활동하는 다양한 그룹에서
더 좋은 의견을 듣기 위해 1년간 시장이 되는 데 동의했다.
"시장이 된 시의원들은 완전히 다른 시각으로 마을을 보게
됩니다. 시장이 되지 않았다면, 로터리 클럽이나 라이온스
클럽에는 가지 않았을 겁니다. 그들이 마을 곳곳에서 통합
을 이루는 데 얼마나 큰 역할을 하는지도 알지 못했겠죠.
그런 데 갈 일이 없었을 테니까요."

실라는 프롬의 공동체 생활을 활성화하는 측면
에서 시의회가 맡은 중요한 역할을 이렇게 설명했다.

의회는 제니 하트놀이 얼마나 뜻깊은 일을 했는지 알 수 있었습니다. 그녀는 오랫동안 프롬 전 지역에서 개인과 그룹을 연결하는 일을 해 왔습니다. 우리는 그녀가 하는 일을 지원하고자 커뮤니티 커넥터 훈련에 투자했습니다. 우리는 주민들의 이야기에 귀 기울이고자 마을에 다양한 전문가 집단을 운영했는데, 그중에는 건강과 복지 분야도 있었습니다. 제니도 여러 단체의 대표들과 함께 그 모임에 참석했습니다. 우리가 받은 가장 확실한 피드백은 지역에서 활발하게 활동하는 많은 모임들이 서로 연결되길 원한다는 것이었습니다. 그런 면에서 커뮤니티 커넥터를 만드는 계획은 큰 도움이 되었습니다.

실라는 마을의 물리적 기반 시설을 개선했을 때 일어나는 사회적 영향에도 시의회가 똑같이 신경 쓰고 있다고 지적했다.

최근 시의회에서 운영하는 공원에 아름다운 정원을 꾸미고 벤치를 두었습니다. 원래 멘딥 시의회 공원에는 잔디만 있고 사람은 없었습니다. 개발되지 않았죠. 우리는 지역 협의체를 꾸려 사람들이 어떤 공원을 원하는지 물었습니다. 야외 체육 시설을 원하는 사람도 있고, 놀이터를 원하는 사람도 있었습니다. 투표 결과, 과일나무를 심기로 했어요. 그래서 시민참여예산(people's budget, 시민들의 뜻에 따라 지출하는 시의회 예산)을 사용했죠. 이제 공원은 개를 산책시키고 아이들이 뛰어노는 멋진 사회적 공간으로 변모했습니다. 사람들이 아이디어를 내놓았고, 눈에 띄는 변화를 확인하게 된 거죠.

이 이야기는 지역 주민이야말로 자신들에게 중요한 일을 결정하고 최선의 해결책을 이끌어 내는 적임자라는 사실을 보여 준다. 주민들과 의회, 다른 법정 단체가 어우러져 열린 협의를 하는 것이 최선의 방식일 때가 많다. 실라의 말대로 정치란 사람들에게 무언가를 해 주는 것이 아니라, 사람들과 함께 일하는 것이다.

❧ 시민운동 방식의 변화 ❧

주민과 여러 기관은 사회에서 컴패션 활동을 실행하는 중추 역할을 한다. 하지만 이들의 노력만으로는 컴패션 넘치는 공동체 생활을 포괄적으로 실현하는 데 필요한 문화 전반의 변화를 일으키기 어렵다. 이 책에서 계속 주장했듯, 컴패션을 주고받는 상호작용은 새로운 무언가를 탄생시키는 힘이어야 하고, 그 힘은 사람들이 삶의 모든 영역에서 관계를 맺을 때 드러난다. 그렇지만 그런 상호작용을 일관성 있게 오래 유지하려면, 지역사회가 공적인 일을 추진할 때 적용하는 전제와 과정 모두에 큰 변화가 있어야 한다.

인간이 활동하는 수많은 영역에 원한 맺힌 분열

과 역기능적 분위기가 만연해서 흡사 염세주의라는 유독
성 구름이 가득 차 있다. 그러니 이런 컴패션 넘치는 사회
는 상상 속 바람처럼 들릴지도 모른다. 하지만 전 세계로
눈을 돌리면, 이를 실현하기 위해 실제적으로 움직이는 곳
들을 발견할 수 있다.

이 책을 쓰고 있는 2019년에 다섯 대륙에 걸쳐
수많은 도시와 마을이 시민 차원에서 컴패션을 근본 가치
로 삼기로 약속했다. 이것이 실생활에서 무슨 의미를 지
니는지는 앨런 켈리허가 만든 컴패션 도시 헌장(Compas-
sionate City Charter)이 잘 알려 준다. 앨런은 특히 중증 질
환과 임종 돌봄으로 불거진 사회문제에 관심이 많았고, 헌
장에 실린 특정한 표현과 용어는 그로부터 나온 것이다.
하지만 헌장의 조항은 많은 시험을 겪으며 난관에 부딪힌
사람을 컴패션 넘치는 도시가 어떻게 대해야 하는지 알려
주기도 한다.

이 헌장은 컴패션 넘치는 도시를 이런 공동체로
정의한다. 그 공동체는 건강 악화나 다른 개인적 문제로
누군가 힘들어할 때 그 돌봄을 사회복지 분야의 과제로만
여기지 않고, 모든 사람의 책임이라고 생각한다. 헌장은
이렇게 이어진다.

> 지방정부는 우리 중 가장 약한 사람을 위한 최선
> 의 서비스를 유지하고 강화하기 위해 힘써야 하
> 지만, 그들만이 취약한 사람은 아니다. 신체적·
> 정신적 질병, 임종, 죽음, 상실 같은 심각한 개인
> 의 위기는 누구에게라도, 평범한 일상 어느 때라

도 찾아올 수 있기 때문이다. 컴패션 도시는 이런 사회 현실을 똑바로 인식하고 대처하는 공동체다.

헌장 전문은 원문을 조금 각색해 수록한 이 책의 부록에서 볼 수 있다(291쪽).

영국에서는 플리머스와 인버클라이드, 그리고 웨일스주 전체가 컴패션 도시 헌장을 채택했다는 점에 주목해야 한다. 독일의 쾰른과 스페인 몇몇 도시도 이 프로그램에 동참했고, 캐나다, 브라질, 아르헨티나, 콜롬비아는 관련 계획을 세웠다. 인도 케랄라에서는 12년 넘게 안정된 프로그램을 운영하고 있다.

🌿 입소문 내기 🌿

대중의 참여는 살아 있는 컴패션 공동체 문화를 만드는 핵심 요소다. 확장된 사회적 관계의 혜택을 알고 경험함으로써 사람들은 컴패션 문화가 얼마나 큰 변화를 불러올 수 있는지 알게 된다. 그래서 컴패션 공동체가 개인과 사회에 가져다주는 가치를 반드시 지역민과 공유해야 한다. 제니 하트놀이 보여 주듯, 텔레비전, 라디오, 트위터나 페이스북 같은 소셜 미디어, 지역신문 등 여러 매체를 창의적으로 활용하는 것은 대중의 인식을 환기하는 효과적인 방법이다. 박물관, 미술관, 체육관 같은 공공 공간도 이런 면에서 수행할 역할이 있다. 컴패션 도시 헌장에서 추천하는 대로, 컴패션이라는 주제와 연관된 연례 전시회는 사람들의 마음과 생각을 바꾸어 그들 삶의 질을 높이는 데 크게 기여할 수 있다.

🌿 운영 위원회 조직 🌿

아래에서 위로 올라가는 방식이 컴패션 공동체를 형성하는 기초 원리지만, 실행 과정에서는 위에서 아래로 내려오는 지원을 받을 수 있다. 프로젝트를 진행하는 동안 운영 위원회를 조직해 지원과 지도를 받는 것이 많은 주민의 참여를 보장하는 방법이기도 하다. 위원회는 특정 지역이나 지방, 전국 단위로 조직할 수 있는데, 자신만의 특별한 기술과 지식을 가지고 있는 다양한 배경의 사람들을 위원으로 선정한다. 고위 공무원이 이끌어 주면 광범위한 지원을 얻는 데 도움이 될 수 있기에 시장실이나 그와 유사한 기관에서 컴패션 도시 헌장을 시작하는 것도 추천할 만하다.

　　　지역 상공회의소는 그 지역의 유력 기업가로 구성되는데, 그들의 적극적인 참여는 지역 회사들을 설득해 컴패션 조직으로 개편하는 데 도움을 줄 수 있다. 한 지역이나 국가가 컴패션 공동체 문화를 수용한다면, 수천 명을 고용하는 대기업의 협조로 좋은 사례가 탄생할 수 있으며, 그렇게 되면 다른 기업에도 동참하라고 격려할 수 있다.

　　　또 컴패션은 여러 종교에서 지지하고 옹호하는 가치다. 따라서 종교 단체 대표를 운영 위원으로 위촉하는 것도 좋다. 전 세계 종교 단체는 어려운 사람들을 돕기 위한 계획을 주도적으로 실행하고 있다. 신도를 돌보는 일은 당연히 해야 할 일이지만, 아무런 보상도 바라지 않고 비신자를 돌보는 행위는 컴패션을 전파하는 중요한 도구가 될 수 있다. 지역 종교 단체들은 큰 힘 들이지 않고 간단하게 입소문을 통해 아프거나 가난한 사람들, 이동이 어려워 자신의 상황을 알리기 힘든 약하고 나이 든 사람들을 찾아 구제하는 일을 도울 수 있다. 많은 사람이 장례식에 종교 지도자를 초대하는데, 사별한 사람을 위한 모임을 교회나 절에서 만든다면, 가족을 잃고 힘들어하는 사람들이 만나 교류하고, 다른 이들에게 이런 소중한 지원을 받을 수 있다는 사실을 알릴 수 있다.

실라 고어가 프롬 시장으로 한 일들이 보여 주듯, 정치인들에게는 대개 지역사회와 강력한 연결 고리가 있다. 정치인은 폭넓은 참여를 유도하는 설득력 있는 목소리를 낼 수 있기에 그들도 운영 위원회에 참여시켜야 한다. 정치인이라면 적어도 친절한 것으로 명성이 높아야 하는데, 인간의 가장 기본적인 가치를 장려하지 않는다면 유권자를 위해 봉사할 사람으로는 부적절하다.

시의회는 정부의 재정 지원과 지방세로 축적된 자원을 어떻게 투입할지 결정하는 핵심 기관이다. 따라서 시의회도 운영 위원회에 포함시켜야 한다. 이들은 지역 경제를 활성화하는 수단인 물리적 기반 시설에 주로 집중하느라 사회적 기반 시설에 대한 긴급한 필요는 간과하는 경우가 있다. 하지만 사회적 인프라야말로 이들의 책임에서 중요한 부분이라고 할 수 있다.

예를 들어 계획 허가제◊는 사회적 관계가 좋아

질지 여부에 커다란 영향을 미칠 수 있다. 실라가 프롬에서 경험한 일이 암시하듯, 슈퍼마켓들은 지역 계획 위원회를 설득해 교외에 대형 상점 건설을 허용하게 만드는 데도가 텄다. 그 결과 상권이 빠져나간 도심에는 은행과 부동산, 중고 가게만 남는다. 다양한 상점이 사라져 버린 도심에서는 많은 소상공이 설 곳을 잃을 뿐 아니라, 사람들이 쇼핑을 통해 주고받는 사회적 교류 기회도 줄어든다.

도로망 계획도 공익을 위해 세심하게 관리하지 않으면 바람직하지 않은 효과를 가져올 수 있다. 믹 코넷은 테드 강연에서 '어느 도시의 비만 탈출기'를 들려준다. 그가 시장으로 당선되었을 무렵, 오클라호마시는 미국에서 비만 인구가 가장 많은 곳으로 유명했다. 그는 시에서 시민을 위해 훌륭한 시설을 많이 만들었지만, 이 시설들을 연결하는 보도가 없다는 사실을 깨달았다. 도로망 때문에 길을 건너기도 어려웠다. 기반 시설 투자의 초점을 바꾸어 사람들이 걸어 다니기 좋은 도시를 만들자 2004년에서 2012년까지 시민들은 총 45만여 킬로그램을 감량했다. 컴패션 커뮤니티 개발을 위한 운영 위원회가 물리적·사회적 기반 시설 건설을 계획할 때마다 이 같은 문제와 그에 따른 잠재적 결과에 관심이 쏠릴 것이다.

컴패션 접근법을 채택한 교육기관은 컴패션 공동체에 관한 감각을 더 생생하게 개발하는 데 중요한 역할을 할 수 있기에, 주요 교육자도 운영 위원회의 소중한 일

◇ planning applications : 특정 토지나 공간을 이용하거나 개발하려는 계획을 국가나 공공 기관이 허가하는 제도. —역주

원이 될 수 있다. 컴패션 공동체의 가능성을 홍보하고 그에 따른 유익한 효과를 널리 알리기 위해서는 언론 매체 대표도 필요할 것이다.

오늘날 언론은 부정적이고 파괴적인 면에만 집중하는 경향이 있다. "자극적일수록 잘 팔린다"라는 말은 뉴스 편집자들이 오랫동안 입버릇처럼 써 온 표현이다. 하지만 일상의 사건 사고에서 자극적인 소식만 편향적으로 선별한다면, 세계를 있는 그대로가 아니라 훨씬 더 위험한 곳으로 그려 내게 된다. 이는 만연한 걱정과 두려움을 더욱 키울 것이다. 안타깝게도 정치인은 이렇게 왜곡된 세계상을 악용한다. 자신의 목적을 위해 대중을 조종하는 것이다. 라디오, 텔레비전, 신문 등 언론계 인사가 컴패션 커뮤니티 프로그램을 채택하기 위해 힘쓰는 운영 위원회에 동참한다면, 컴패션을 지닌 인간의 상상력이 불러올 긍정적인 효과를 지면에 실을 필요성을 더 깊이 깨달을 것이다.

이외에도 운영 위원회에 기여할 수 있는 사람들은 많다. 어떤 분야의 인물을 선택할지는 지역의 선호도와 필요, 관심사에 따라 다를 것이다. 하지만 위원회 출범을 구성원이 다 채워질 때까지 기다릴 필요는 없다. 그러다 관료주의로 인한 지연이나 동정심이 부족한 정치인이 자리를 차지하는 바람에 계획이 어긋날 수도 있기 때문이다. 그럴 경우 필요한 지원을 얻는 과정을 처음부터 다시 시작해야 할 수도 있다. 얼마나 많은 시간이 더 걸릴지 모를 일이다. 그보다는 강한 동기를 지닌 핵심 인원을 모아 일단 위원회를 시작하면서, 프로젝트에 조금씩 속도를 붙이면서 다른 사람들에게 동참하도록 권하는 편이 낫다.

한편으로 좀 더 야심 차게, 국가 차원에서 정부가 컴패션 프로그램을 적극적으로 채택할 수도 있다. 중앙정부는 컴패션을 베푸는 주체가 될 수 있고, 마땅히 되어야 한다. 정책 결정이 국민의 삶에 미치는 영향을 평가할 때 컴패션이라는 가치를 일상적인 기준으로 삼아야 한다.

요즘같이 변덕스럽고 분열을 초래하는 정치 환경에서는 지나치게 이상적인 이야기로 들릴 수 있지만, 그런 발전이 이미 이루어지고 있다는 긍정적인 예가 있다. 이 글을 쓰고 있는 현재, 웨일스 정부가 컴패션 도시 헌장을 채택해 주요 부처의 승인을 모두 통과했다.

컴패션의 정치

우리는 전쟁이 없는 상태를 평화로 생각하곤 한다. 강대국들이 무기를 줄이면 평화가 찾아오기라도 하는 것처럼 말이다. 하지만 그 무기를 자세히 들여다보면, 편견과 두려움과 무지 같은 자신의 마음이 보인다. 지구의 폭탄을 모두 달로 보낸다 해도, 전쟁과 폭탄의 뿌리는 아직 여기에, 곧 우리 마음과 생각에 남아 머지않아 또다시 폭탄을 만들 것이다. 평화를 일구는 것은 우리 자신과 사람들의 마음에서 전쟁을 뿌리 뽑는 것이다.

* 틱낫한, <살아 계신 붓다, 살아 계신 그리스도
(Living Buddha, Living Christ)> *

2019년, 50개국 전문가 450명이 정리한 유엔 보고서는 100만 종이 넘는 동식물이 멸종 위기에 처했다고 경고했다. 이 보고서에 따르면, 땅에 사는 50만 종 이상은 '장기 생존을 위한 서식지가 부족하고', 바다도 이와 비슷하게 심각한 상태이며, 이 엄청난 파국을 부른 것은 인간이다. 보고서는 세계 지도자들에게 이 죽음의 길을 멈출 조치를 즉각 취하라고 촉구한다. 동식물은 물론 인류의 생존을 좌우하는 지구환경을 개선할 시간이 아직은 남아 있기 때문이다. 정부와 기업, 개인이 지구 생태계와 생물 다양성 보호라는 긴급한 문제를 최우선에 두고 지금까지와는 다르게 행동할 때 개선 가능할 것이다.

다른 한편, 탄소 배출을 제한해 지구온난화라는 끔찍한 환경 재앙을 줄이는 중요한 행동을 간과하는 바람에 상황은 더 심각해졌다. 대중의 희망을 비웃으며 조작을 일삼는 정치체제는 권력과 부를 이미 틀어쥔 자들의 이익만 대변하고, 최근에 세계 여러 나라가 채택하는 경제정책은 부유층과 빈곤층의 말도 안 되는 격차를 더 넓히기 위해 만든 듯하다. 이런 우울한 상황에 맞서기에는, 인간의 컴패션은 힘이 너무 보잘것없어서 변화를 끌어내기는 무리인 듯 보인다. 그러나 컴패션에 관한 세계적인 사례를 보면 희망이 아예 없는 것은 아니다.

철학자 에드먼드 버크는 토머스 머서에게 보내는 편지에 '선한 사람들이 아무것도 하지 않으면 악은 저절로 번성한다네'라고 썼다. 그는 이 문구를 통해 개인의 행동이 긍정적인 결과를 낼 수 있다고 은연중에 주장했다. 역사는 선한 사람들이 아무것도 하지 않을 때 끔찍한 결과가 벌어질 수 있음을 확실히 보여 주었다. 그래서 이 장에서는 개인들의 행동이 모여 사회의 변화를 일으키는 방법을 살펴보고, 변화에 가장 강력하게 저항하는 사람들에게 영향을 주는 방법도 알아보려 한다. 후자의 도전은 특히 어려운데, 미국의 소설가 업턴 싱클레어가 지적했듯 '무언가를 이해하지 않아야 돈을 벌 수 있는 사람에게 그 무언가를 이해시키기란 참으로 힘들기' 때문이다.

하지만 부의 획득에만 집중하면, 앞에서 언급한 심각한 문제들을 제대로 다루지 못할 확률이 높다. 부의 획득은 개인의 행복을 보장하지는 않는다. 국가가 경제성장과 국내총생산 통계 같은 야심에서 눈을 돌릴 때―개인을 위해서나 지구를 위해서나―전반적인 삶의 질은 물론이고, 궁극적으로는 우리의 생존 가능성이 높아질 것이다.

하지만 물질적 재화를 획득하는 데, 심지어 돈을 위해 돈을 축적하는 데 이골이 난 세상에서 어떻게 그런 변화가 일어날 수 있을까? 가능하기는 할까?

히말라야의 작은 왕국 부탄은 이미 그 길을 알려 준 듯하다.

부탄은 국내총생산에 지나치게 집착하는 대신 '국내총행복' 등급을 개발해 국민의 행복과 만족을 평가했다. 국내총행복이 측정하는 기준은 다음과 같다. 심리적 안정, 건강, 시간 사용, 교육, 문화적 다양성과 회복력, 올바른 통치, 지역사회 활력, 생태 다양성과 회복력, 전반적인 생활수준.

이러한 인간적인 기준점과 많은 국가에서 복지와 행복의 기준으로 사용하는 OECD의 국내총생산 정의는 극명하게 대조된다. '한 나라에서 일정 기간 생산과 서비스 활동에 참여한 모든 경제 주체가 창출한 부가가치의 합과 같다. 세금은 더하고, 가치가 포함되지 않은 생산물에 부과된 보조금은 뺀다.' 이런 정의에 사용된 추상적이고 비인격적인 언어 자체가 두 현상의 차이를 보여 준다.

이 두 세계관의 차이는 우리에게 가장 중요한 가치가 무엇인지 근본적인 질문을 할 뿐 아니라, 둘 중 어느 것이 인간 공동체에 더 큰 행복과 만족을 주고 자연 질서가 번성하는 환경을 조성하는지 숙고해 보라고 촉구한다.

행복과 복지의 원천이 무엇인지 좀 더 넓은 시선으로 보는 변화는 무척 중요하다. 그러한 변화를 통해 세계 평화를 조성할 기회도 더 생기고 지구의 생존도 확실히 보장되기 때문인데, 그것만큼이나 개인적 차원에서도 아주 중요하다. 그러고서 우리가 넘어야 할 산은 컴패션 넘치는 동기로 행동할 준비가 되어 있는 개개인의 헌신을 어떻게 정치적 힘으로 모으느냐다. 그때야 비로소 인간이 저지르는 파괴적인 행동의 추이를 뒤바꿀 수 있다.

❧ 컴패션과 이기심 ❧

인간은 자기 존재를 지지해 주고 의미와 가치를 제공하는 사회 집단에서 소속감을 느껴야 한다. 그 필요에 따라 우리 몸의 생화학적 반응과 행동, 우리의 문화와 생존 방식은 바뀌어 왔다. 우리 아이들도 그 방식을 배우고 있으며, 세대를 거치면서 그 방식은 계속 진화할 것이다. 그런데 인간에게 소속감을 주는 사회 집단은 그 어떤 것이든 구성원을 하나로 묶는 질서와 통제 수단을 필요로 한다. 인류 역사에서는 그 질서 유지를 위해 엘리트 지배 계급이 어김없이 등장하는데, 문제는 그들이 종종 자신의 이익을 위해 그 질서를 강제한다는 점이다.

　　타인에게 보여 줄 수 있는 컴패션이 큰 사람일수록 자기중심성이 낮다. 사회 지배 성향(social dominance orientation)은 이런 상관관계를 수치로 나타낸 점수인데, 이 점수가 높은 사람은 폭력, 인종차별, 편견이 심하고 무자비한 성향을 보인다. 당연히 이들은 자신을 위해 부와 권력을 축적하려는 열망이 강하고 그 갈망을 실행에 옮기려는 의지 또한 확고하다. 이들이야말로 컴패션이 가장 부족한 부류에 속할 것이다. 이들은 자신의 야망을 좇는 중에 곧잘 유혹의 손길에 노출된다. 그들은 불가피하며 용인할 만한 일이라고 생각할지 모른다. 하지만 그들을 노리는 유혹은 윤리적 행위를 절충하게 만들고, 개인의 성실성을 뭉개뜨리고, 공공선으로 간주되는 공공의 이익을 무시하게 만든다.

　　컴패션과 이기심 사이에서 갈등하는 마음의 뿌리에는, "어떤 가치를 선택해서 살 것인가"라는 근본적 질문이 자리 잡고 있다. 물론 그런 갈등은 많은 사람의 일상에서 늘 일어나지만, 권력을 차지한 사람들의 삶에서는 훨씬 강렬하게 일어나며, 그 결과 역시 더 광범위하게 파장을 일으킨다. 그들은 권력과 부를 얻을 기회가 보통 사람들보다 더 많고, 특권을 누리는 환경 덕분에 물질적 이익을 손에 넣을 수 있는 복잡한 과정을 조종하기가 더 수월할 것이다.

그들의 성품이 어떻든, 종교나 정치, 계층, 계급 등 어떤 이유로 이익을 얻든, 엘리트들은 역사적으로 비슷한 전략을 통해 자신의 지위와 권력을 정당화했다. 그들은 신화와 사회적 관습의 수호자인데, 그 신화와 관습에 힘입어 한 사회의 모습이 만들어지고 일관성까지 확보한다. 그 사회 사람들이라면 누구나 의지해 살아가는 현실에 대한 감각 역시 그 결과로 생겨난다. 그 신화는 신이 부여한 통치권을 이야기하거나 국민의, 국민을 위한, 국민에 의한 정부를 이야기할 수도 있다. 혹은 다수의 찬성과 충성을 보장하는 다른 어떤 신념이나 이데올로기를 이야기할 수도 있다. 하지만 옛 속담에도 있듯 권력, 특히 절대 권력은 부패하기 마련이다. 따라서 안타깝지만 왕위 계승, 파벌, 후원, 박해, 진압, 비밀 유지, 검열 등 엘리트들이 권력을 유지하기 위해 취하는 전략은 부패하기 쉽다. 그중에서도 가장 극악무도한 부패는 개인이나 통치 집단의 이익을 인류의 공공선보다 앞세우는 것이다. 다시 말해 이들의 활동에는 컴패션이 빠져 있다.

권력자들이 타인에게 해를 끼치는 방식으로 행동한다면, 그들이 컴패션을 무시했기 때문이다. 삶의 질에 큰 영향을 미치는 정치, 경제, 보건, 교육 등 여러 문제에 관해 의사 결정을 할 때마다 우선 고려해야 하는 사항이 컴패션인데, 권력자들의 그런 행동은 컴패션을 완전히 묵살한 결과다.

　　이 윤리적 기준은 인간의 영역에만 적용되는 것이 아니다. 지구의 생물 다양성과 생태계의 위기를 알린 유엔 보고서는 인류가 생존을 위해 더 책임 있게 행동해야 한다는 질책에 그치는 것이 아니다. 인류가 지구의 선물인 생명을 다른 종들과 공유하고 관계를 맺으면서 컴패션을 베푸는 데 실패했다는 충격적인 고백이기도 하다. 우월한 뇌와 막강한 기술력을 갖춘 인간은 스스로를 유력한 통치 엘리트로 내세웠고, 탐욕과 공포라는 인간의 기본 감정과 함께 야망과 욕구를 통해 수많은 종의 운명을 결정하고 그들을 죽음으로 내몰았다.

　　지난 세기에 목격한 가혹한 대량 학살 행위가 그랬듯, 법원이 인정하든 인정하지 않든, 컴패션의 부재라는 비극이 불러온 생태계 파괴는 실제로 존재하는 범죄다. 이는 도덕적 부패를 상징하므로, 전 지구적 차원의 잘못을 바로잡기 위한 진지하고 긴급한 행동이 없다면, 이 책에서 강조한 다른 모든 영역에서 이루어지는 노력도 수포로 돌아갈 것이다. 하지만 다른 영역에서처럼 이 분야에서도 컴패션을 인류에게 꼭 필요한 추진력으로 보는 새롭고 진지한 평가야말로 잘못을 바로잡는 해결책이 될 것이다. 개인의 결단과 집단 활동에 컴패션을 적용하면 우리를 자기 파괴적 결말로 이끄는 어두운 감정을 극복하는 데 도움을 줄 수 있다.

잃을 게 많은 사람일수록 변화를 거부할 가능성이 크다. 도나카 매카시는 <부패한 국가: 영국은 어떻게 민주주의를 팔아 치웠나(The Prostitute State: How Britain's Democracy Has Been Bought)>에서 엘리트들이 스스로 획득해서 받을 자격이 있다고 느끼는 혜택을 유지하기 위해 엘리트주의의 네 기둥이 어떻게 의기투합하는지 보여 준다.

첫 번째 기둥은 부패한 민주주의다. 여기에는 기업 로비스트와 정치인의 이해관계와 공작이 깊숙하게 얽혀 있으며, 정치자금과 정·재계 이동을 원활하게 하는 회전문 인사가 이 동맹을 공고하게 만든다.

두 번째 기둥은 학문적 성과와 돈을 맞바꾸는 학계다. 이 기득권 세력은 자기들이 일부 자금을 대는 교육 제도의 의제와 그곳에서 수행하는 연구의 성격을 모두 결정하려고 한다. 이 과정에 부패한 민주주의가 얽히면서 다수의 학문 연구가 타협하고 만다. 그래서 특정 관점을 선전하는 논문은 으레 자기 이익을 극대화하려 애쓰는 법인의 기금을 받게 된다.

세 번째 기둥은 범죄자의 조세 도피처다. 조세 도피처란 별다른 국제적 저항이나 반대 없이 전 세계의 부패한 개인과 사업체의 돈이 모이는 곳이다. 나라를 말아먹을 준비가 된 부유한 사업가와 정치인이 훔치고 비축한 막대한 돈이 그곳에 모인다. 이들은 나라를 위해 일한다고 하면서도, 그 돈으로 도울 수 있는 물과 음식이 부족한 수

많은 사람들에게는 아무 관심이 없다. 그런 무관심 때문에 전 세계에 부의 불균형이 만연하다. 2017년, 미국 인구의 1퍼센트가 나머지 99퍼센트보다 더 많은 돈을 소유한 것으로 나타났다. 또 세계 인구의 1퍼센트가 전 세계 부의 38퍼센트를 소유하고 있다.

네 번째이자 마지막 기둥은 보도 기사를 돈과 맞바꾸는 언론이다. 영국에서는 백만장자 5명이 전체 언론의 80퍼센트를 소유하고 있다. 매카시가 이런 개탄할 만한 상황을 요약한 말을 인용하자면, "부유한 엘리트와 기업이 사상의 생산, 사상의 전파, 사상의 구현, 사상의 연구 지원금을 장악한다면, 우리는 민주주의국가가 아니라 부패한 국가에 살게 된다."

컴패션 변화를 위한 단합

이토록 위태로운 상황을 냉정하게 고려하고, 처참하게 흘러가는 역사의 과정과 파멸을 불러오는 환경 위기가 세계 곳곳에서 일어나고 있다는 사실을 떠올리면, 무력감과 절망을 느끼게 된다. 그러나 앞에서 언급했듯, 우리는 자신의 절망은 물론 희망도 쓸 수 있는 존재다. 미래에 대한 전망이 밝다면, 그것은 책임감 있는 개인과 그런 개인이 모여서 만든 집단이 취한 행동 덕분일 것이다. 이런 노력이 성공하려면 합리성과 동료애가 생산적으로 협력해야 한다. 마음과 머리와 손이 연합해 동맹을 이루면, 컴패션 넘치는 상상의 힘이 강력한 변화의 동력을 제공할 것이다.

다행히 최근 긍정적인 전망을 보여 주는 예가 두 가지 있었다. 이런 예들은 체제 전반에 변화를 일으킨 과정에 관해 소중한 교훈을 준다. 첫 번째 예는 정치학 교수 진 샤프다. 그는 <독재에서 민주주의로(From Dictatorship to Democracy)>에서 비폭력 방식으로 억압적인 독재를 타도한 방법을 설명한다. 두 번째는 그레타 툰베리와 환경 단체 '멸종 저항(Extinction Rebellion)'이다. 이들은 가속화하는 환경 위기에 각국 정부가 진지하고 긴급하게 대응하기를 원했고, 이를 정부에 직접 요구할 사람들을 전 세계에서 불러 모았다. 그 과정에서 이들은 진 샤프가 권장한 비폭력 시민 불복종 운동 방식을 사용했다.

진 샤프는 자신의 책에서 독재 정권이 계속 존재하는 이유는 그 정권의 지배를 받는 사람들이 순응하기 때문이라고 지적한다. 그는 정부가 이러한 동의를 끌어내는 과정을 분석해 다음과 같은 핵심 요소를 찾아냈다.

- 복종해야 할 도덕적 권위로 인정하고, 그 정당성을 믿는 신념의 확립
- 정권의 통치에 기꺼이 협조하려는 사람들의 중요성과 숫자
- 필수 기술과 지식 획득
- 심리적·이념적 방식 채택
- 꼭 필요한 물질 자원의 통제
- 저항 세력에 대한 처벌

이 모든 요소는 지배를 받는 사람들의 수동적 동

의에 달렸지만, 이런 동의는 언제든 철회될 수 있다. 마키아벨리가 오래전에 경고했듯 '온 대중을 적으로 둔' 왕자는 '자신의 안전을 보장할 수 없다. 그의 잔학 행위가 심해질수록 정권은 더 약해질 것이다'.

샤프는 온라인에서 무료로 읽을 수 있는 이 책에서 독재 정권을 무너뜨리는 데 사용한 비폭력 시민 불복종 전략 200가지를 소개한다. 이 방법들은 아주 다양한 상황에서 성공을 거두었는데, 단 몇 주 만에 정권을 무너뜨린 예도 있었다. 동독의 베를린장벽 붕괴, 루마니아 혁명, 아랍의 봄이 유명한 예다.

독재 정권이 국민을 지배하는 방식이 현재의 민주 정권에서도 미묘하게 작용하고 있다는 점을 깨닫는 것이 중요하다.

이는 기업이 경제를 통제하는 방식에서 확실히 드러나고, 매카시가 부패한 국가의 네 기둥을 분석한 내용에서 알 수 있듯 어느 정도는 문화생활에서도 나타난다. 하지만 같은 이유로, 독재 정치를 무너뜨린 전략이 이런 상황에서도 효과적으로 작동할 수 있다.

컴패션 커뮤니티를 전국으로 확장하려면 기존 가치 체계에 근본적인 변화가 필요할 것이다. 카리스마 있는 사상가와 용감한 지도자가 그런 변화의 필요성을 내세울 것이다. 이질적이고 조화롭지 않은 권력자들의 목소리가 아무리 드높다 해도(심지어 세계적인 유명 인사의 목소리라 하더라도), 그들의 영향력은 금세 사라질 수 있다. 우리가 최근 세계 뉴스를 장악하고 있는 쓰라린 분열과 분노, 분개, 불만, 증오, 폭력, 우울, 고통의 수렁을 빠져나와 더 유쾌하고 궁극적으로는 더 의미 있는 삶의 방식으로 향하는 길을 찾으려 한다면, 컴패션을 인생의 근본 가치로 삼는 많은 사람이 창의적이고 비폭력적인 행동을 취해야 한다.

그린피스와 앰네스티, 그리고 적십자 같은 구호 단체가 각자의 방식으로 보여 주듯, 커뮤니케이션 전략이 발달한 장기 캠페인은 성공할 가능성이 크다. 하지만 인간적인 가치를 실질적인 정치적 압력으로 전환해 변화를 일으키려면 '멸종 저항'이 채택한 것 같은 전략적 행동 프로그램을 조직하고 실행해야 한다. 그런 식으로, 폭력 혁명이 실패하거나 그런 혁명이 문제 해결은커녕 더 큰 문제를 일으킨 곳에서 비폭력, 국민 기반, 상향식 컴패션 운동을 일으켜 현재 절실히 필요한 의식의 변화를 도모하고 선의로 가득한 사회 변화를 꾀할 수 있다.

컴패션의 정치

자기만 챙기는 이기심은 전 세계 정치를 좀먹는 특징이다. 그 결과 대중은 정치인과 정부가 일하는 방식에 더 냉소적으로 반응한다. 정부가 모든 활동을 투명하게 드러낸 적은 거의 없지만, 탐사 언론 덕분에 모든 사건을 영원히 감출 수 없는 시대에 살고 있다. 개인의 이익을 위해서든 당의 이익을 위해서든, 공무에서 정치인의 부패가 드러나면 사람들은 큰 충격을 받는다.

그런 인물들은 고대 중국의 철학자 장자가 권력

남용과 전쟁의 결과에 대해 다음과 같이 경고한 말을 곱씹어 보아야 할 것이다(토머스 머턴 번역).

> (…)
> 일단 성공한 것처럼 보일지라도
> 성공은 더한 갈등을 불러옵니다.
> 궁궐 대문에, 신전 제단 주변에
> 온통 사방에 왕의 경비대가
> 부동자세로 경계를 서는 이유가 뭡니까?
>
> 당신은 자신과 싸우고 있습니다.
> 당신은 정의를 믿지 않습니다.
> 권력과 성공만 믿을 뿐이지요.
> 원수를 이기고 그의 나라를 차지한다면
> 지금보다 훨씬 더 불안에 시달릴 것입니다.
> 당신의 열정이 당신을 가만두지 않을 것입니다.
> 좀 더 완벽한 '정의'를 실천한다면서
> 싸우고 또 싸울 것입니다!

이와 대조적으로, 저신다 아던 총리가 2019년 뉴질랜드 크라이스트처치 총기 사건 이후에 한 감동적인 연설은 컴패션의 정치는 가능하고, 꼭 필요하다고 주장한다. 국가 추도식에서 그녀는 이렇게 말했다.

> 목숨을 잃은 50명과 부상당한 수많은 사람이 겪은 고통과 괴로움을 무슨 말로 표현할 수 있을까

요? 표현할 말이 없을 거라고 생각했습니다. 그런 생각을 하고 여기 왔는데 사람들이 제게 "앗살람 알라이쿰(당신에게 평화가 깃들기를)"이라고 인사를 건넸습니다. 증오와 폭력 앞에서 얼마든 증오를 드러낼 수도 있는 공동체 구성원들이 이렇게 말한 것입니다. 이들은 문을 활짝 열고 우리 모두가 그들과 함께 슬퍼할 수 있게 해주었습니다. 그래서 우리는 가장 많은 것을 잃은 사람들에게, 항상 말이 필요한 것은 아닐지도 모른다고 말합니다. 우리는 꽃을 놓아두기도 하고, 전통 춤을 추기도 하고, 노래를 부르거나 그냥 안아 주기도 했습니다. 표현할 말이 없을 때도 여러분의 말을 들어줄 수는 있습니다. 그리고 여러분의 말은 우리를 겸손하게 하고 하나로 만들어 주었습니다.

지난 2주간, 우리는 이 끔찍한 사건에 영향을 받은 사람들의 이야기를 들었습니다. 그것은 용감한 이야기였습니다. 여기서 태어나서 성장한 사람들, 자신이나 가족을 위해 더 나은 삶을 찾아서 또는 망명해서 뉴질랜드를 고향으로 삼은 사람들의 이야기였습니다. 그 이야기들은 이제 우리 모두의 기억 속 일부가 되었습니다. 이 이야기들은 우리 기억에 영원히 남을 것입니다. 그 이야기가 곧 우리입니다. 그렇지만 그런 기억에는 책임이 따릅니다. 우리가 바라는 곳, 곧 다양하고, 누구든 환영하며, 친절과 컴패션이 있는 곳을 만들어야 한다는 책임 말입니다. 이런 가치들은 우리가 최선의 상태일 때 나타나는 모습입니다. (…)

이제 우리가 당면한 과제는 최선의 모습을 일상의 현실로 만드는 것입니다. 우리는 증오와 타인에 대한 공포라는 바이러스에 면역이 되지 않기 때문입니다. 우리는 늘 그런 바이러스의 영향을 받았습니다. 그러나 치료법을 발견할 수 있습니다. 우리 한 사람 한 사람이 이 자리를 떠나면서부터 할 일이 있습니다. 증오와의 싸움을 정부에만 맡겨 두지는 마십시오. 각자에게는 힘이 있습니다. 우리의 말과 행동에, 일상의 친절한 행위에 힘이 있습니다. 그것을 3월 15일의 유산으로 삼읍시다. 우리가 되어야 한다고 믿는 나라가 됩시다. (…)

세상은 극단주의가 또 다른 극단주의를 낳는 악순환에 빠졌습니다. 이 악순환은 반드시 멈춰야 합니다. 혼자서는 이런 문제를 상대할 수 없습니다. 국경의 제한을 받지도 않고, 민족성에 기초하지도 않는 단순한 개념에 해답이 있습니다. 그 답은 바로 인류에게 있습니다.

이 연설은 끔찍하게 잔혹한 사건에서 비롯되었지만, 모든 일상에 동일하게 적용된다. 이는 컴패션을 적극적으로 추구하는 정치가 존재한다는 증거이자, 동시에 그런 정치가 간절히 필요하다는 긴급한 요청이다.

전 세계에 확산된 코로나 바이러스는 지금 인간이라는 종이 맞닥뜨린 문제가 전 지구에 걸쳐 대규모로 퍼져 있다는 의식을 한층 더 실감하게 했다. 물론 이런 문제 중 다수는 인간 스스로가 만들어 냈고, 이제 그 문제들은 어마어마한 재앙을 초래할 정도가 되었다. 그러나 코로나19에 대처하는 문제에서든, 우리가 자연 질서를 망가뜨림으로써 우리 생명을 지켜 주는 환경을 파괴했다고 인정하는 문제에서든, 진짜 재앙은 따로 있다. 선의를 지닌 사람들이 절망에 빠져 자포자기한 채 냉소주의와 위선, 고의적인 무지라는 음모에 가담하는 것이다. 고의적인 무지는 오늘날 사회의 많은 곳을 어둡게 만들고 있다.

　　　역설적이게도 인간의 생활 방식을 크게 위협하는 코로나 바이러스가 지구의 건강에는 여러모로 유익한 듯하다. 공장이 강제로 문을 닫고 항공기와 차량 이동이 줄어들면서 탄소 배출이 눈에 띄게 줄었다. 도시의 공기 질이 좋아지고, 베네치아 운하의 물이 맑아져 물고기가 돌아왔다는 보도까지 나올 정도다.

　　　신속하게 이루어진 연구에서 사람 대 사람의 긴밀한 접촉이 코로나 바이러스를 확산시킨다는 점이 밝혀졌기에 이런 바람직한 변화가 일어났다. 그러나 정부의 조치가 성공할지는 사람들이 개인의 자유를 엄격하게 제한하는 조치를 받아들일 의향이 있는지에 달려 있다. 이렇듯 스트레스가 많은 상황에서 '사회적 거리 두기'라는 딱딱한 용어가 일상에 급속하게 파고들었다.

　　인간이 사회적 동물이라는 엄연한 사실에서 어려움이 발생한다. 그리고 거기에는 우리가 사람들을 사귈 때 느끼는 단순한 기쁨을 넘어서야 하는 타당한 이유가 있다. 이 책은 긴밀한 사회적 관계가 건강과 행복의 토대라는 사실을 증명하는 의학 연구에 관심을 집중했다. 이런 사회적 관계는 약보다 더 좋은 고혈압 치료제이고, 체중 감량과 식단 조절, 금연이나 금주보다 사망 위험을 낮추는 데 더 큰 효과를 낸다. 이러한 연구는 인간이 서로에게서 배우는 방식인 협력 활동의 산물이다. 우리가 제한된 대면 상호작용으로도 그렇게 할 수 있다는 것이 얼마나 다행인지 모른다. 특히 그런 상호작용이 정서적으로 중요하기에 우리는 서로 떨어져 있을 때도 연결될 방법을 찾는다. 이는 우리가 의무적으로 사회적 거리 두기를 할 때조차 서로 가까이할 필요가 있다는 뜻이다. 우리가 컴패션 공동체에 대한 감각을 적극적으로 창조해서 그 감각을 지니고 살아간다면, 멀리 있어도 가깝게 지낼 방법을 찾기가 한결 수월해질 것이다.

　　물론 음식과 온기, 돌봄이 필요한 고립된 개인을 지원하는 경우와 같이 실제적인 이유도 있다. 하지만 이 책에서 보여 주려 애쓴 것처럼, 컴패션을 베푸는 행동을 통해 사람들은 자신의 건강과 행복, 특히 면역력을 증진할 수 있다. 의식하든 의식하지 못하든, 지금 같은 위기의 시기에 대유행에 따른 제약 조건을 지키면서도 개인과 공동체 모두 좋은 관계를 형성한 여러 성공 사례가 있고, 그 배후에는 이러한 사실에 대한 직관적인 이해가 있다.

이런 예는 어디에서나 볼 수 있다. 가장 간단하게는 사람들은 정원 울타리를 사이에 두고, 혹은 창문 너머로 (어쩌면 난생처음) 이웃과 대화한다. 격리되었지만 각자의 발코니에서 함께 노래를 불러 기운을 북돋아 준 이탈리아 사람들에게서 영감을 받아, 온라인에서 '소파 합창단'이 함께 노래하기도 했다. 이는 현대 기술이 우리를 도운 수많은 예 중 하나다. 노트북이나 스마트폰 사용에 익숙하지 않은 나이 든 사람들도 컴패션 네트워크에 속한 가족이나 친구에게 사용법을 배워 사회적 관계를 유지하고, 새로운 관계를 맺을 수 있게 되었다.

컴패션은 삶의 질을 높여 주는 상상력의 활동인데, 위기는 창의적 행동을 불러일으킨다. 전 세계 개인과 공동체는 대유행이 불러온 도전에 자발적이고 따스한 마음으로, 창의적으로 반응했다. 코로나19 감염으로 사망하는 경우에는 특히 그런 반응이 중요하다. 평상시에도 사별은 굉장히 힘든 경험이다. 나이 들고 취약한 사람들이 혼자 죽음을 맞이해야 한다면, 위생상의 요구와 사회적 격리에 대한 강조 때문에 슬픔이 더 커질 수 있다. 이 위기가 다 지나간 후, 국가적으로 그런 감정을 느낀 사람들을 위로하는 추모의 시간이 필요할지도 모르겠다.

그때까지는 사람들이 서로 물리적으로는 거리를 유지하면서도 정서적으로 친밀한 관계를 유지하는 것이 중요하다. 그렇게 우리는 인류가 하나가 되는 것을 더욱 중요하게 의식하고, 컴패션이 진정한 인간의 요구일 뿐 아니라 건전하고 건강하며 제대로 된 공동체 생활의 확실한 토대임을 이해하면서 이 시련을 벗어나 우뚝 설 것이다.

이 책은 지금과 같은 전 지구적 위기가 시작되기 몇 해 전 프롬에서 이룬 진정한 변화를 출발점으로 삼아, 컴패션에 관련된 인간의 타고난 능력에 기초해 희망이 있다고 강력하게 주장했다. 이 능력은 성별, 국적, 인종, 정치적 신념, 종교적 신념, 문화적 관행 같은 분리를 초월해 우리 모두를 하나로 묶는다. 그러한 공통성이라는 심오한 토대에 인류의 생존이 달려 있다.

우리는 현재 인간이 살아가는 방식이 불공평하고 지속 가능하지 않다는 사실을 안다. 일부 집단의 재앙이나 생태계의 재앙, 그에 따른 전 세계의 충돌 때문이든, (좀 더 긍정적으로는) 지금 시급하게 필요한 인간 의식과 행동의 점진적 변화가 일어나서든, 변화는 불가피하다.

이 책에서 보여 주려고 애썼듯, 컴패션을 주요 원리로 도입하면 우리가 현재 살아가는 방식에, 그리고 우리가 안정적이라고 느끼는 환상에 불과한 삶의 토대에 의문을 제기하게 된다. 그런 의문은 곧 저항에 부딪히는데, 그 저항은 공공선을 위해 힘쓰는 많은 이들의 설득력 있는 행동으로만 극복할 수 있다. 그러나 저항을 극복하는 행동은 개인의 선택에서 출발하므로, 변화의 책임은 오롯이 각자에게 있다.

우리 인간이 바라는 것과 필요로 하는 것이 서로의 차이를 훨씬 능가한다는 사실을 무시하기로 작정할 때, 우리 손으로 재앙을 만들게 된다. 모든 사람은 나름의 신체적 강점과 약점을 지니고 있다. 그리고 결국 병에 걸리고 죽음을 맞는다. 조만간 우리는 다른 사람이 줄 수 있는 동정 어린 관심이 필요한 상황 혹은 사랑하는 사람에게 그런 관심을 기울여야 하는 상황을 맞는다. 그러나 개인이 창의적인 방식으로 각자의 기술과 자원을 모으고, 함께 용기를 내 행동할 때 안전할 확률은 크게 높아진다.

컴패션에 중요한 가치를 부여하는 사회에서는 개인이 잘 성장해 자신의 재능과 능력을 지역사회에서 자유롭게 펼치도록 허용한다. 그럴 때 예상치 못한 잠재력을 발휘해, 이전에는 해결할 수 없을 것처럼 보였던 문제에 대처하는 새로운 방식으로 이어질 것이다. 그런 자비로운 환경에서는 사람들의 마음이 고양되고 확실한 희망의 증거가 드러난다. 이런 식으로 함께 일하는 사람들이 주변 세상을 바꾸어 나갈 때 전 세계가 서서히 변하기 시작할 것이다.

부록 1

컴패션 커뮤니티 선언

이 선언문은 모든 사람에게 보내는 요청이다. 우리 모두에게는 잠재해 있든 실천하고 있든 인간의 근본적 특징인 컴패션이 있다. 이를 알고 더 많은 컴패션 커뮤니티를 창조하자고 이 선언문은 요청한다.

사람은 누구나 친구와 가족을 보살핀다. 어려움에 빠진 이웃과 낯선 사람들에게 기꺼이 친절과 도움을 베푼다. 그런 돌봄이 우정과 신뢰의 기초다. 이런 온정이 없다면, 인도적인 사회는 실현할 수 없을 것이다. 세계 전역에서 탐욕과 질투, 편협, 폭력, 억압, 공포가 지배하는 사회가 점점 더 늘어나고 있다. 이런 현실은 컴패션과 감정 파악 능력이 부재하다는 방증이며, 개인 차원에서나 조직과 국가 활동에서 모두 나타난다.

개개인은 그 어떤 폭력과 침해에도, 그것이 사적이든 공적이든 굴하지 말고 거부해야 한다. 동시에 본 컴패션 커뮤니티 선언문은 구체적인 정치 활동으로 나타나는 사회 운동이 필요하다고 주장한다. 그 사회 운동은 컴패션이라는 근본 가치를 우리 생활의 모든 중요한 분야 곧 교육, 상업, 보건복지, 종교, 정치에서 활용하되, 지역에서도 국가 전체에서도 국가 간에도 적용하도록 권장한다. 그뿐만 아니라, 우리의 모든 삶을 지탱하고 있는 자연 환경을 적절히 돌보는 데에도 컴패션을 활용하게 만든다.

개인

서로를 돌보는 것이야말로 유일하게 온당한, 인간 사회를 이루는 기초다. 가족, 친구, 이웃, 공동체 구성원에게 베푸는 친절이 삶의 질을 좌우한다. 우리 모두는 주변 사람에 대한 책임이 있고, 컴패션 커뮤니티는 그 책임을 가벼이 여기지 말라고 요구한다. 또한 어려움이 생기면 대화와 온정 어린 도움으로 힘을 합쳐서 해결해야 한다고 주장한다.

감정과 욕망은, 그것이 신체적이든 성적이든 심리적이든 누구에게나 있으며, 인간이 벗어날 수 없는 현실이다. 하지만 이를 해소하기 위해 폭력을 쓰고 타인의 권리를 침해하는 것은 컴패션과 감정 파악 능력의 부재를 드러낸다. 즉 우리 모두가 태어나서 죽을 때까지 길러야 하는 그 자질을 결여한 것이다. 감정 파악 능력은 때로는 까다롭기까지 한 인간의 다양한 정서를 상대에게 휘둘리지 않으면서 존중하는 방법이며, 컴패션 커뮤니티 생활에 없어서는 안 되는 요소다. 또한 정서 문해력은 다른 사람을 돌볼 때 상대에게 신체적·성적·심리적 해를 끼치지 않고 감정을 표현하는 방법을 찾도록 도와준다. 컴패션 커뮤니티는 개인이 인종차별, 성차별, 그 밖의 어떤 억압도 하지 못하게 하며, 공동체 차원에서도 인종, 성별, 성적 취향, 정치, 종교의 다양성을 인정하고 환영한다.

교육

진정한 교육은 단순한 지식 습득의 차원을 넘어선다. 진정한 교육에는 도덕적이고 윤리적인 목적이 있고, 그러므로 모든 교육 프로그램에 컴패션 개발을 포함시켜야 한다. 그러기 위해서는 감정 파악 능력의 가치를 교육해서 까다로운 감정들에 대처하는 성숙한 방법을 알려 줘야 하고, 동시에 까다로운 감정들이 일으키는 해악을 피하게 해야 한다.

지금은 온라인 기기에 접근할 수 있는 사람이면 누구나 정보를 이용할 수 있다. 따라서 많은 지식을 암기해 두었다가 기억해 내는 능력은 조화로운 사회를 만드는 데 더는 필요하지 않다. 오히려 우리가 익혀야 할 것은 그런 정보와 그 정보를 지혜롭게 사용하는 방법에 접근하는 기술이다. 컴패션은 다른 사람의 처지에 공감하며 함께하면 달라지는 상황을 상상하는 행위다. 따라서 상상력의 창의적 활용은 윤리적 기술이다. 우리 자녀가 다른 사람을, 그들의 공동체를, 궁극적으로는 자기 자녀를 적절하게 돌보는 모습을 보여 주고 싶다면, 이 기술을 획득해야 한다. 그와 함께 그들의 삶을 유지시켜 주는 자연환경에 관해서도 잘 알고 세심하게 돌보는 기술을 길러야 한다.

기업과 매체

기업이 성장하려면 반드시 이윤을 창출해야 한다. 그렇지만 컴패션 비즈니스가 맡아야 할 책임은 이윤 창출만이 아니다. 컴패션 비즈니스는 직원들도 돌보아야 한다. 기업 활동을 통해 우리 자녀와 자녀가 살아갈 세상이 더 나은 세상이 되도록 보장해 주어야 한다. 이는 사업 방식이 인류 건강과 복지, 그리고 자연환경에 해가 되지 않도록 보장한다는 뜻이다. 컴패션 커뮤니티는 모든 사업체가 다음과 같은 컴패션 넘치는 활동을 채택하고 촉진하기를 요구한다.

- 컴패션 기업 정책: 스트레스, 질병, 사별에 관련된 지원을 포함해 직원의 복지와 사기를 진작하기 위한 적절한 돌봄을 보장한다.
- 환경 돌봄: 기업 활동은 환경 개선을 지원하고, 어떤 형태의 환경 피해든 피하고 바로잡도록 책임 있게 행동해야 한다.
- 부정부패 거부: 부패는 그것이 다른 사람에게 미치는 영향을 고려하지 않고, 컴패션이 없을 때 나타난다. 부패는 뇌물을 주고받는 개인 모두의 탐욕이 드러나는 것이다. 컴패션과 감정 파악 능력 개발이 실패한 결과다.
- 정의상 군수산업의 생산품처럼 인간과 환경에 해를 끼치는 상품은 컴패션 커뮤니티에서 설 자리가 없다.
- 컴패션 커뮤니티는 모든 형태의 매체가 평등, 컴패션, 돌봄이라는 인간의 가치를 홍보하고, 착취, 인종주의, 억압을 선전하는 일을 멈추도록 요청한다.

컴패션 커뮤니티는 인간 사회에서 얼마든 부와 권력을 축적할 수 있다고 인정하면서도, 유리한 고지에 오른 사람이 자신의 자산과 자원을 현재와 미래의 인간과 자연환경을 위해 사용하기를 요청한다.

종교

영성 표현은 인류가 이룬 문화적 진화의 한 부분이다. 컴패션 커뮤니티는 모든 종교가 다양한 믿음을 존중하고, 어떤 신조를 따르고 어떤 실천을 추구하든 컴패션과 친절을 인간의 근본 가치로 받아들이기를 바란다. 이런 가치가 없다면, 종교는 개인이나 사회에 아무 도움도 줄 수 없다. 컴패션 커뮤니티는 모든 종교가 어떤 종류의 폭력이든 거부하고, 자신들의 신앙을 채택하고 따르도록 강압하지 않기를 요청한다. 그리고 강압 대신 관용과 다양성의 존중을 윤리적·영적 근본 가치로 삼길 주장한다.

정치

컴패션이 없는 정치는 사람들에게 해를 끼친다. 컴패션 커뮤니티는 모든 정치 행위가 개인부터 국가나 국제 차원에 이르기까지 그 어떤 형태의 폭력과 억압도 거부할 것을 요구한다. 컴패션 커뮤니티는 개인들이 정부에 컴패션을 반영한 정책을 채택하도록 목소리를 높이라고 요청하고, 정부가 인종, 문화적 다양성, 종교적 신념, 성별을 떠나 모든 사람의 복지를 강화하는 법안을 추진하도록 개인들이 도전하라고 요구한다. 각 나라의 경계를 존중해야 하겠지만, 그것 자체가 목적이어서는 안 되며, 가능한 한 열려 있어야 한다.

컴패션 있는 국가는 자신의 영향력이나 권력이나 부를 동원해 무언가를 획득하는 것보다 국민의 삶의 질을 우선순위에 둔다.

컴패션 정치는

- 모든 종류의 폭력과 억압을 거부한다.
- 개인의 권리와 복지를 세심하게 살핀다.
- 부패와 탐욕을 행동 수단과 동기로 삼지 않는다.
- 생산성, 성장, 수익이라는 가치에만 기대서는 공공복지를 확실히 달성하기 어려우므로, 컴패션 정부는 이웃에, 직장에, 교육 기관에 컴패션 커뮤니티가 세워지게 하고 그 속도를 앞당기는 법률을 제정할 것이다.
- 재생 가능한 자원을 에너지 생산의 주요 수단으로 사용한다.
- 환경과 미래 세대의 건강에 관심을 둔다.

건강과 복지

의료 서비스는 수익을 내기 위해서가 아니라 오로지 인간을 이롭게 하기 위해 제공하는 것이다. 제약 업계는 자신들의 제품이 해를 끼치지 않으며, 이익만 추구해서 만들거나 팔지 않는다고 확실히 보장할 책임이 있다. 건강은 단순히 신체에 질병이 없는 상태가 아니다. 컴패션 있는 사회에서 안전하게 살아가야 건강한 것이다.

컴패션 커뮤니티는 질병에 걸리거나 사별했을 때 서로 돌보는 일이 보건과 사회복지 분야만의 업무가 아니고, 모든 사람의 일이라고 생각한다. 하지만 힘든 시기에 지원을 받는 사람에게는 책임이 따른다. 부자든 가난한 사람이든, 컴패션 커뮤니티의 모든 구성원은 주변 사람의 삶을 개선하고, 자신의 환경을 적절히 돌보는 일에 힘쓴다.

환경

환경 파괴는 인류에게 가장 큰 위협이다. 이제는 누구나 알다시피 환경 파괴의 위험은 화석연료를 비롯해 환경을 훼손하는 에너지원을 사용하고, 천연자원을 과도하게 개발한 데서 비롯된다. 컴패션 커뮤니티는 재생에너지를 주요 에너지원으로 사용한다. 공해를 비롯해 생태계 다양성을 해치는 모든 행태를 중단하는 것은 개인과 기업, 국가의 책임이다. 그 책임에는 동물 복지에 대한 적극적인 관심도 포함된다. 동물도 감정을 느끼고 행복을 추구하기 때문이다. 인간에게는 이 행성의 생명체와 모든 종과 조화롭게 살아갈 책임, 우리가 처음 그것들을 발견했을 때보다 더 나은 상태로 만들어 다음 세대에 물려줄 책임이 있다.

www.resurgence.org

컴패션 도시 헌장

컴패션 도시 헌장은 컴패션을 도시 생활에 도입하는 방법을 잘 요약해 준다. 아래의 최신판은 앨런 캘리허 교수가 임종 돌봄에 중점을 두고 만든 내용을 수정한 안이다. 이 헌정은 도시 생활의 13개 영역을 구조화된 접근법으로 개괄한 내용이다. 하지만 염두에 둔 커뮤니티가 도시든 농촌이든, 큰 마을이든 작은 동네든 상관없이, 공동체 생활에 관심 있는 사람이라면 초점을 어디에 맞춰야 하는지에 관해 이 헌장은 도움을 준다.

컴패션 도시

컴패션 도시는 어려움을 겪는 사람들을 공적으로 확인하고 찾아서 도우려는 공동체다. 컴패션 도시는 그들을 지원하고, 질병과 간병, 사별 등의 부정적인 사회적·심리적·의학적 영향력을 최소화하기 위해 지역사회 주요 분야에 도움을 요청한다. 이렇게 하는 것이 모든 사람의 책임이라는 사실을 인식한다.

지방정부는 우리 중 가장 취약한 사람들을 위한 최선의 서비스를 유지하고 강화하기 위해 힘써야 하지만, 그들만이 취약한 사람은 아니다. 신체적·정신적 질병, 임종, 죽음, 상실 같은 심각한 개인의 위기는 누구에게라도, 평범한 일상의 어느 때라도 찾아올 수 있기 때문이다. 컴패션 도시는 이런 사회 현실을 똑바로 인식하고 대처하는 공동체다.

따라서 컴패션 도시 헌장은 다음과 같이 진술하고 요구한다.

시장의 후원-공공 마케팅과 광고, 도시의 네트워크와 영향력 활용, 협업과 협력, 소셜 미디어와의 파트너십 등-을 받아, 도시의 핵심 기관과 활동에 사회적 변화가 일어나도록 지원한다. 13가지 변화는 다음과 같다.

- 우리 학교는 매년 정책과 지침 문서를 검토해 컴패션 학교를 지향한다.
- 우리 직장은 매년 정책과 지침 문서를 검토해 컴패션 조직을 개발한다.
- 우리 노동조합은 매년 정책과 지침 문서를 검토해 신체적·정신적 질병, 임종, 죽음, 상실 등 개인적으로 심각한 위기를 겪는 노조원들에게 컴패션 어린 지원을 제공한다.
- 우리 교회와 사찰은 컴패션.커뮤니티를 지원하는 그룹을 최소한 1개 이상 보유한다.
- 우리 도시의 보건 및 복지 기관은 시민들이 병원, 호스피스, 요양원 등에 소속된 이들을 지원하도록 돕는 지역사회 개발 프로그램을 운영한다.
- 우리 도시의 주요 박물관과 미술관은 신체적·정

신적 질병, 임종, 죽음, 상실, 간병 등 위기를 겪
은 경험을 주제로 한 전시회를 매년 개최한다.

- 우리 도시는 주요 사회 부문을 대표해 매년 추모
퍼레이드를 개최하여 컴패션 커뮤니티를 기리
고, 신체적·정신적 질병, 임종, 죽음, 상실, 간병
같은 위기를 겪고 있는 사람들을 돕는다.

- 우리 도시는 가장 창의적인 컴패션 기관과 행사,
개인(들)을 기리고 강조하기 위해 인센티브 제
도를 만든다. 이 제도는 위원회에서 주관하는 연
례 시상식 형태를 띤다. '시장상'은 컴패션 돌봄
이라는 도시의 가치를 가장 잘 실현한 그해의 개
인(들)에게 수상한다.

- 우리 도시는 인쇄물과 소셜 미디어를 통해 컴패
션 관련 관심사-질병과 함께 사는 삶, 노화, 삶을
위협하고 제약하는 질병, 상실과 사별, 장기 간병
등-를 다루는 지방정부 정책, 서비스, 펀딩 기회,
파트너십, 공개 행사를 공개적으로 알리고 홍보
한다.

- 우리 도시는 매년 지역 소셜 미디어나 언론 매체
와 함께, 신체적·정신적 질병, 임종, 죽음, 상실,
간병 위기에 대한 인식을 높여 주는 짧은 이야기
나 미술 작품을 공모한다.

- 우리 도시의 모든 컴패션 정책과 서비스는, 또한
우리의 공식 컴패션 파트너와 연합 단체는 노화,
신체적·정신적 질병, 임종, 죽음, 상실, 간병 경험
이 얼마나 다양한지 잘 이해하고 있음을 보여 준

다. 그 경험들은 민족, 종교, 성별, 성적 지향에 따라 달라지며, 빈곤, 불평등, 시민권 박탈 같은 사회적 경험에도 영향을 받는다.

· 우리는 노숙인과 재소자를 위한 기관에서 신체적·정신적 질병, 임종, 죽음, 상실, 간병 위기에 대비한 지원 계획을 갖도록 권장하고 그 증거를 요청한다.

· 우리 도시는 2년 내에 앞서 언급한 대상과 목표를 확정하고 평가한다. 이후로는 해마다 컴패션 도시 행동 계획에 한 분야씩 추가한다. 예를 들면 병원, 고등교육, 자선단체, 자원봉사 단체, 응급 서비스 등이다.

이 헌장은 우리 도시가 건강과 행복에 관해 공동체가 공감하는 관점을 적극적으로 받아들이겠다는 약속이다. 이를 증명하기 위해 컴패션 도시는 사회적 불평등과 신체적·정신적 질병, 임종, 죽음, 상실, 간병으로 인한 소외가 건강에 미치는 부정적 영향에 대처하기 위해 주민들을 직접 지원한다.

이 헌장의 내용은 이 도시가 단순히 일하고 물건을 사고 필요한 서비스를 얻는 곳만이 아님을 일깨워 준다. 이 도시는 사회적 환경이기도 해서 학교에서, 직장에서, 예배하고 휴양하는 장소에서, 문화적 토론장과 사회적 네트워크에서, 이 도시의 영향 안에 있는 어디에서든 우리가 서로 함께 즐거움과 안전과 보호를 누릴 수 있는 곳이

다. 컴패션 도시는 남녀노소 모두의 각 생애 주기에 그런
존재가 되어 주어야 한다.

www.compassionate-communities.co.uk

도서출판 남해의봄날. 비전북스 26
우리 인생의 모범답안은 정해져 있지 않습니다. 대다수가 선택하고, 원하는
길이라 해서 그곳이 내 삶의 동일한 목적지는 될 수 없습니다. 진정한 자유를 위해
용기 있는 삶을 선택한 이들의 가슴 뛰는 이야기에 독자 여러분을 초대합니다.

누구도 홀로 외롭게 병들지 않도록
영국 사회를 뒤흔든 프롬 마을의 컴패션 프로젝트

초판 1쇄 펴낸날 2021년 7월 15일

지은이 줄리안 아벨, 린지 클라크
옮긴이 이지혜

편집인 박소희 책임편집, 천혜란   펴낸이 정은영 편집인
교정 이정현   펴낸곳 남해의봄날
마케팅 황지영, 이다석   주소 경상남도 통영시 봉수1길 12, 1층
디자인 이기준   전화 055-646-0512
종이와 인쇄 미래상상   팩스 055-646-0513
                                        이메일 books@namhaebomnal.com
                                        페이스북 /namhaebomnal
                                        인스타그램 @namhaebomnal
                                        블로그 blog.naver.com/namhaebomnal

ISBN 979-11-85823-73-7 03330